ヨナのしるし

旧約聖書と新約聖書を結ぶもの

土岐健治

Kenji Toki

一麦出版社

Soli Deo Gloria

目次

凡例・略号

c.=circa=（年）頃
E=English（英語）
G=Greek（ギリシア語）
H=Hebrew（ヘブル語）
LXX=Septuagint (a)＝七十人訳（ギリシア語訳旧約）聖書
MT=Masoretic Text=マソラ本文＝旧約聖書ヘブル語（一部アラム語）本文
pl.=plural=複数（形）
sg.=singular=単数（形）
V=Vulgata=ウルガタ（ラテン語訳）聖書
後＝紀元後
前＝紀元前

ギリシア語とヘブル語はラテン文字で転記した。これは基本的に『聖書外典偽典』（日本聖書学研究所編、教文館）の転記法に準拠。ただし長母音符号（macron）は省略し、h. の下の点は省いた。読者はこれをローマ字読みすることによって、おおよその発音を知ることができる。ギリシア語動詞は普通一般の辞書の見出し語形で挙げた場合と不定詞形で挙げた場合とがある。「外典偽典」の引用は基本的に右記『聖書外典偽典』により、必要に応じて若干手を加えた。聖書と古典文献の邦訳は、断り書きのないものは、基本的に著者の私訳。序章の末尾参照。

翻訳聖書略号

【口】　口語訳

【共】　新共同訳

【改】　新改訳

Tanakh=*Tanakh. A New Translation of the Holy Scriptures According to the Traditional Hebrew Text.* (The Jewish Publication Society, 1985)

NRSV=*New Revised Standard Version.* (1989)

REB=*Revised English Bible.* (1989)

ヨナのしるし

序章

マタイ福音書一二38—42によれば、イエスに向かって「あなたからしるしを見たい（見せてくれ）」と言う「法学者たち（grammateis）とパリサイ派の人々」に対して、イエスは次のように答えている。「悪い（ponera）浮気な（姦淫をおかす moikhalis）世代（genea）はしるし（semeion）を探し求め（るが）、預言者ヨナのしるし以外にはそれにはしるしは与えられない。というのもヨナは（海の）怪魚（ketos）の腹の中に三日三晩いたが、そのように人の子は（大）地の心（kardia）の中（内部？）に三日三晩いるであろう。ニネベの人々（andres. 直訳＝男たち）が裁きの際にこの世（の人々）と共に立ち上がって（あるいは「復活して」anistemi）、それに対して有罪の判決を下す（katakrinousin）。彼らはヨナの宣教（ケーリュグマ）に直面して（直訳＝の中へと）悔い改めた（metanoein）からである。そして見よ、ヨナよりも偉大なもの（pleion. 中性単数形）がここに（ある）。南の女王が裁きの際にこの世と共に起こされ（甦り egerthesetai）、それ（この世）を断罪する（katakrinei）。（彼女は）ソロモンの知恵を聞くために地の境界の向こう側（地のはて）から（ek ton peraton tes ges）やって来たからである。見よソロモンよりも偉大なもの（pleion）がここに（ある）」。ヨナ書ではヨナは一度も預言者と言われていない。ちなみに新約聖書の中に「悔い改める」metanoein が約三十四回（ルカ福音書と使徒行伝とヨハネ黙示録に集中し、それらに次いでマタイ福音書に多い)、「悔い改め」metanoia が約二十二回(ルカ福音書と使徒行伝に多い)現れる。また「預言者のしるし」は普通「ことば」と行動の両者を含むものとみなされていた。

マタイ福音書一六4によれば、イエスに近づいて、イエスを「試みる(試す)」(peirazo)べく、「天からのしるしを示せ」(「天からの」が加わる)と求める「パリサイ派とサドカイ派の人々」に対して、イエスは再び次のように答えている。「悪い浮気な世はしるしを探し求め(るが)、ヨナのしるし以外にはそれにはしるしは与えられない」。このすぐあとの一六17では、イエスに向かって「あなたこそ生ける神の子キリストです」と告白したペテロに対して、イエスが「バル・ヨナ、シモン」と呼びかけている。シモンはペテロ(あだ名)の元々の名前で、「バル・ヨナ」はアラム語で「ヨナの息子」という意味である。この箇所以外にペテロの父親が「ヨナ」であったという証言はなく、ヨハネ福音書一42と二一15—17ではシモン(ペテロ)の父親は「ヨハネ」となっている。ただしこの二か所の「ヨハネ」については「ヨナ」とする重要な写本の異読がある。このヨハネとヨナの混同あるいは意図的な使い分けが、ギリシア語伝承の段階で起きたものなのか、ヘブル語(ないしアラム語)伝承の段階に由来するものなのかが問題になる(よくわからない)。なおシメオン(→シモン)はヘブル語で「聞く者」の意であるが、ギリシア語では人名シモーンは「しし鼻の(人)」の意の simos と重ねられてたようである。ソクラテスも simos(しし鼻)であったと伝えられる(プラトン『パイドロス』二五三Eや『国家』四七四Dなど)。

マタイ福音書一二38—42に並行するルカ福音書一一16、29—32によれば、「他の者たちが(イエスを)試みる(peirazo)べく、天からのしるしを(示すように)彼に(彼から)求めた」のに対して、イエスはすぐにこれに答えようとせず、一見無関係な発言を続けたあとで、「群衆がさらに集まってくると、イエスは語りはじめた」という導入句をうけて、イエスは次のように語っている。「この世代（genea）は悪い世代である。それはしるしを探し求め（るが）、ヨナのしるし以外にはそれにはしるしは与えられない。というのも、ヨナがニネベ市民たちに対してしるしとなったように、そのように人の子もこの世に対して（しるしと）なるであろう〈*〉。南の女王がこの世の人々（男たち）と共に裁きに際して起こされ（甦って）て、彼らを断罪する。（彼女は）ソロモンの知恵を聞くために地の境界の向こう側（地のはて）からやって来たからである。見よ、ソロモンよりも偉大なもの（pleion）がここに（ある）。ニネベの人々（男たち）は裁きの際にこの世（の人々）と共に立ち上がり（復活して）、それを断罪する。彼らはヨナの宣教（ケーリュグマ）に直面して（の中へと）悔い改めたからである。そして見よ、ヨナよりも偉大なもの（pleion）がここに（ある）」。ルカはヨナ書と同じく「預言者」ということばを使っていないこと、「浮気な」を用いていないこと、「怪魚の腹の中の三日三晩」（復活への暗示？）に言及しないこと、そしてニネベの人々の前に南の女王が挙げられている点において、マタイと異なる。なお使徒行伝一〇章はペテロを第二のヨナとして描いている可能性がある。

佐藤研氏は〈*〉の箇所の訳註で、ここが解釈の困難な句であると断った上で、次のように説明している。ここは、ヨナがニネベ市民たちに審きを告知し審きのしるしとなったように、イエス（と弟子たち）も「審きのしるし」となることを告げている（一部省略した要約）。「この句は、ヨナになぞらえた改心の要求の句であると同時に、それが聞かれない時の審きの告知の句でもある」（『新約聖書』岩波書店、二〇〇四年）。この解釈の難点は、ヨナ書ではヨナは（審判の結果としての？）ニネベの滅亡を預言してはいるが、「審きの告知者」でもなく、「審きのしるしと化し」てもおらず、ヨナはニネベ市民たちにも異邦人乗船者たちにも「改心」を要求してはいないことである。「思い直し（改心し）」ているのは「神」のみである。さらに私の手もとにある『広辞苑』にも『大辞林』にも、「さばき」には「裁き」とのみあって「審き」はなく、私の用いているワープロソフトでも「さばき」の変換候補には「審き」は現れない。漢和辞典を見ても「審」には「さばく」という読みも意味もない。このような「専門家」によるさりげない（おそらく無意識の）作為、微妙に不正確なあるいは微妙に歪んだことば遣いが、問題をはらんでいる。

「天からのしるし」と関連して、共観福音書において、指導者たちからのイエスの権威（権能）の根拠を問う問いに対して、イエスが「ヨハネの洗礼は天からか人間からか」と問い返していることが注目される。マタイ二一25、マルコ一一30、ルカ二〇4。これは、「天からのしるし」は（預言者とみなされていた）ヨハネとその洗礼であり、それ（彼）がさし示していた（ヨハネを超える預言者）イエス（とその奇跡）でもあることを、暗示している。ヨハネとヨナはヘブル語では音がやや似ている。

ルカ福音書一一16の直前には、イエスが悪霊祓いによって唖者を癒した記事（14）があり、これをうけてイエスの治癒奇跡は悪霊の頭によるものだという者たちがいたのに対して（15）、「他の者たちが」と続いている。彼らの「求め」にイエスはすぐに応じようとせず、自分の悪霊祓い（治癒奇跡）は「神の指（daktylos）」によるものであることを示唆している。「神の指」については出エジプト記八19、三一18、申命記九10参照。出エジプト記八（LXX八15）では「神の指（daktylos）」は、エジプトの魔術師たちが失敗した奇跡をモーセが成功したこととの関連で、エジプトの魔術師のことばの中に現れる。

ルカ福音書一一章でイエスはこれをうけて「神の王国は到来した」という宣言を中心とする、やや長めの話（17―26）をしている。これにルカのみの伝えている27―28が続き、その後に右に訳した29―32節がくる。ルカ一一14―15はマタイ一二22―23に対応しており、マタイではイエスは悪霊につかれた「唖者で盲目の人」を「癒した」とある。ルカ一一17―23はマタイ一二25―30（「神の指」が「神の霊」にかわっている）に、ルカ一一24―26はマタイ一二43―45に対応。つまりルカでは「しるしの要求」と「ヨナのしるし」との間に挿入されているものが、マタイでは「ヨナのしるし」の少し前とその直後に置かれていることになる。いずれにおいても「ヨナのしるし」発言の前に悪霊祓いによる治癒奇跡が行われており、いわば「しるし」がすでに示されているにもかかわらず、人々（法学者など）は「しるし」を示すように要求していることになる。

マタイとルカがヨナと並べて挙げている「南の女王」は、列王紀上一〇（歴代志下九）の「シ（エ）バの女王」をさす。シバはアラビア南（西）部の地方とのことであるが、ヨブ記一15、六19などにもシバ人が否定的な含みで現れ、ヨブの住むウズもほぼ同じあるいは近い地域にあったことがうかがわれる。いずれにせよシバの女王もヨブも非ユダヤ人であり、それもアラビア（アラブ人）と結びつけられている。初期ユダヤ教がヨブをユダヤ民族の内部に取り込もうとしていたことについては、拙著『初期ユダヤ教研究』（二〇〇六年、新教出版社）第4章参照。

列王紀上一〇1（歴代志下九1）にはシバの女王はソロモンの知恵を「試す」ためにエルサレムへやって来たとある。「試す」はLXX（七十人訳聖書）では peirazo で、マタイとルカの右記の文脈をも含めて、パリサイ派などがイエスを「試そう」として質問する際の「試す」も peirazo である。ギリシア語の「試す」と「境界」は共に「横切る、渡る」の意の語根 per- にさかのぼる。そして悪魔（試みる者）の誘惑（試み）の際にも悪魔がイエスを「試そう」(peirazo) としたのに対して、イエスは「神を試（そうと ekpeirazo）してはならない」（マタイ四7、ルカ四12）と答えている。これは LXX 申命記六16の引用であり、申命記六16は出エジプト記一七1―7のイスラエル民族が神を試みた (peirazo) 故事に言及している。そこではモーセが杖で石（岩、ペトラ petra）を打つと水が流れ出す。コリント前書一〇1―4はこの故事にふれて、この石（岩 petra）はキリストであったと解釈し、紅海（葦の海 Re[e]d Sea）徒渉の奇跡を洗礼の原型であるとしている。マタイ福音書一六18はこの「ペトラ」をペテロ (Petros) にかけている。

クムラン文書の一つ「感謝の詩篇」一四（六）・二二―二八は著者を船乗りにたとえ、ヨナ書一、二章と同じヘブル語を用いて暴風に襲われて荒波にもまれる様子を描いた後に（「死の門」が現れる）、そこからの救いを神が「岩」の土台の上に建てた堅固な都市へ入ることにたとえ、その都市の頑丈な門とその「かぎ（かんぬき）」にも言及している。これらはマタイ福音書一六18に光を投ずるであろう。後述参照。

さらにシバの女王はソロモンの知恵を確認して、ソロモンの王位ないし権威の神に由来する正統性を言い表すに至っている。マタイ福音書一二6ではイエスが自分自身をさして「ここには聖域（to hieron ≒神殿）よりも大きなもの（meizon. 中性単数）がある」と語っている。つまりイエスの権威は、神殿（体制）「よりも大きい（まさる）」というのである。それをうけて、一二38―42は、さらにイエスの権威はヨナに代表される預言者よりも、ソロモンに代表される賢者である王（哲人王）よりも、まさるものであると主張している。イエスは神殿（体制の象徴である大祭司）、預言者、王をしのぐ権威を一身に担う者であるとされていることになる。

後一世紀のユダヤ人歴史家ヨセフス『ユダヤ古代誌』一三・二二九によれば、ハスモン家のヒュルカノス一世（前一三四―一〇四年在位）は、神によって「民の支配（王位）と大祭司職と預言者の地位」という「三つの最大の栄誉にふさわしい者と認められた」とある。この記述は並行する『ユダヤ戦記』第一巻の該当箇所には存在しない。つまり『戦記』（後七五―七九年頃）と『古代誌』（後九三―九四年頃擱筆）の間、つまりマタイ福音書がまとめられたのとほぼ同時期（後八〇年代？）に、ヨセフスが三つの伝統的な栄誉ある地位をヒュルカノス一世に付与し、マタイはそれらの栄誉にまさる地位をナザレのイエスに帰していたことになる。（これは後の三位《さんい》一体説の背景の一つであろう）。なおヨナもソロモンも共に非ユダヤ人異邦人異教徒をヤハウェ崇拝へと導いた功績と結びつけて、名前を挙げられている。ただし旧約聖書と初期ユダヤ教においてヨナは預言者の代表（模範、典型）とみなされて（注目されたり重視されたりして）はいない。このようなマタイとルカにおけるヨナへの顧慮は、ヨナがイエスと同じガリラヤ、それもナザレの隣村の出身者である（とされていた）ことと無関係ではないであろう。

なおヘレニズム時代のユダヤ教文献では、モーセが同じようなことばで称賛されている。たとえばユダヤ人思想家フィロン（前二〇年頃―後五〇年頃）は、モーセを「理想的な王、立法者、大祭司、預言者」として描いている。『モーセの生涯』参照。フィロンはモーセを、哲学者（ギリシア哲学の祖）、さらに「神のごとき（神的な）人間」でもあると称え、モーセは実質的に神によって神とされた（『アベルとカインの犠牲』八―一〇）とまで称えている。これがイエスの神格化の背景（の一つ）であろう。これらは出エジプト記七1や三三11などに由来する（二二六頁参照）。ヨセフスも同様にモーセをほめそやしているが、モーセを神格化してはいない。ヘレニズム時代のユダヤ教におけるモーセ像（称賛）については、拙著『初期ユダヤ教研究』第4章「旧約聖書外典偽典の語るもの」（初出は一九八五年）参照。そこで紹介しているものを含めて、関連資料は近刊予定の筆者編訳『ヘレニズム・ローマ時代のユダヤ人ギリシア語文献断片集』（仮題、教文館）にその邦訳を収録し詳しく紹介する。

マタイ福音書一二42、ルカ福音書一一31の「ソロモンの知恵」はシバの女王の記事の中の「ソロモンの知恵」（sophia Solomonos. LXX歴代志下九6など）によっており、前一世紀の旧約外典「ソロモンの知恵」の標題と全く同じことばである。箴言の冒頭は「ダビデの子、イスラエルの王ソロモンの箴言（LXX: paroimiai）」であり、伝道の書（コヘレトの言葉）の冒頭は「エルサレムの王、ダビデの子のことば」であり（ダビデの子はソロモンをさす）、雅歌の冒頭は「ソロモンの雅歌」である。さらに前一世紀の旧約偽典（LXXに収録）の標題は「ソロモンの詩篇」であり、前一世紀頃にさかのぼるユダヤ教文書に基づくキリスト教文書「ソロモンの遺訓」と、（何らかの意味においてユダヤ教の伝統を背景とする）キリスト教文書「ソロモンの頌歌」（二世紀頃）などの存在が示すように、古代ユダヤ教とキリスト教におけるソロモンの名声はダビデのそれをはるかにしのいでいた。イエスもダビデの（息）子と呼ばれている。これは「ダビデの子孫」という意味かもしれないが、おそらくそれ以上に現代の「ソロモン」をさしている可能性が高い。キリスト（メシア）としての「ダビデの（息）子」がソロモンをさすか否かについては、稿を改めて検討したい。

ソロモンはサムエル記下一二25によれば誕生直後に預言者ナタンによって「エデデア＝ヤハウェに愛された者」と名付けられており、ソロモン（シェローモー）という名前はシャーローム（平安、平和）にちなむあだ名あるいは後代につけられた尊称である可能性がある。また列王紀上一一3はソロモンは神の誡めに背いて「七〇〇人の妻（王妃）と三〇〇人の側室」をかかえていたと記しており（第一王妃はエジプト人）、この前後の文脈はソロモンを厳しく非難断罪している。この弾劾はLXXと、対応する歴代志下では、弱められやわらげられている。

またマタイとルカの同じ箇所の「地の境界の向こう側（地のはて）から」(ek ton peraton tes ges)は、LXX詩篇六〇3（MT六一3）のほとんど同じ表現apo ton peraton tes gesと、おそらくアポロニオス・ロディオス『アルゴナウティカ』二・一六五（ek peraton）に由来する。アポロニオス・ロディオスは前三世紀のアレクサンドリアの詩人で、『アルゴナウティカ（アルゴー船遠征記）』（邦訳あり）は、ギリシア最古の（前八世紀頃の）詩人ホメロスとローマ帝国時代を代表する前一世紀後半の詩人ウェルギリウスとの間に書かれた、唯一の残存する（ホメロスとウェルギリウスに共通の）六脚韻叙事詩であり、ホメロスをウェルギリウスへとつなぐ大きな役割を果たしている。これが古代イスラエル宗教（旧約聖書）を新約聖書へとつなぐ七十人訳聖書の役割と類比的であることなどについて、詳しくは近刊予定の拙著『七十人訳聖書入門』（教文館）参照。

マタイとルカではニネベ市民たちの「悔い改め」が明言（強調？）されている。あとで見るようにヨナ書ではニネベ市民たちと王の「悔い改め」は、含意されているかもしれないが、明言されてはいない。余談であるが『岩波 キリスト教辞典』（大貫隆他編、二〇〇二年）の「悔い改め」の項には「回心」

を見よとあり、「回心」の項（現新約聖書学会会長・畏友青野太潮氏執筆）の冒頭に〔ギ〕metanoiaとあり、文中に「いずれにしても新約聖書の中に回心にあたる単語はない」と明記されている。これはいったい何を意味するのであろうか。「悔い改め」はあるが「回心」はないとでも言いたいのであろうか。[註]

イエスの「ヨナのしるし」発言とソロモンとの関連を考える際に、ヨセフス『ユダヤ古代誌』八・四二―九が重要な参考資料である。そこにはソロモンが「たとえ（parabole）と比喩（eikon=allegory?）の書物三〇〇〇をまとめ」（列王紀上四32＝【共】五12の「三〇〇〇のマーシャール」（池田裕氏の「マーシャル」は誤り）参照。paraboleはLXXにおけるmashalの訳語の一つである）、「各種の樹木についてたとえ（parabole）を語った」とあり、また「神は彼に、人間たちに対する、悪霊を退治して（悪霊が引き起こす病を）癒す（therapeia）のに役立つ技術（tekhne）を学ぶことをお許しになった」とある。つまり福音書におけるイエスの「たとえ（と比喩）」と「悪霊祓いによる癒し」と同じものがほぼ同時期にソロモンに帰されているのである。福音書によれば、まさにこの二つによって、つまりことば（たとえ）と行動（病気の治癒）をもって、イエスは神の国（の到来）を宣言している。ことばと行動による宣告は旧約聖書の預言者の特徴であり、しるしである。しかしイエス（伝承）はおそらく普通考えられているのとは異なる意味と仕方において、預言者のことばと行動による宣言を理解していたように思われる。他の預言者たちとは全く異なる、異色の預言者ヨナに注目した上での「ヨナのしるし」への言及が、このことを暗示している。

ヨナのしるしとソロモンの知恵の結びつきと、洗礼者ヨハネとの関連が、マタイ福音書一一19とルカ福音書七35で暗示されている。そこには、「この世代（genea）（の人々）」を婚礼ごっこと葬式ごっこをする子どもたちにたとえて、人々が洗礼者ヨハネとイエスを拒んだことにふれることによって二人の密接な関連を示した後、唐突に「知恵はその（すべての）わざ（子どもたち）によって義とされる」とある。これはヨナのしるしがイエスのみでなく、（あるいはもしかするとイエスではなく）、洗礼者ヨハネをもさして（意味して）いたことを、示唆している。ヨナのしるしが「悔い改め」と結びつけられていることが、これを補強する。悔い改めはイエスよりはむしろヨハネの宣言と洗礼の第一義的な特徴である。そもそもキリスト教の入信儀式としての洗礼はイエスにではなくヨハネに起源由来することも思い起こされたい。イエスは洗礼を施してはいない。ヨナが海中に没して陸地へ戻ったことは洗礼（浸礼）の原型（の一つ）である。

あとでふれるように「ヨナ」（ヨーナー）は「鳩」という意味のヘブル語で、ギリシア語ではペリステラー、ラテン語では columba（ないし columbus）で、columba には「かわいい人（女性に対する呼びかけ）」の意もある。また columba は「鷲や鷹（や鳥）など」の猛禽類と対比されて「穏やかさ、純心、純潔」の象徴でもある。「アメリカ大陸」発見者（ないし到達者）として有名なコロンブスの（そしてあくまでもソフトな刑事コロンボの）名前はこのラテン語に由来する。D・ボヤーリン『ユダヤ教の福音書』（二〇一三年、教文館）の「解説」参照。

新約聖書の四福音書とも、イエスの受洗の際に神の（聖）霊が「鳩のように」イエスに降ったと伝えている（マルコ一10、マタイ三16、ルカ三22、ヨハネ一32）。この直前のマルコのみに認められる表現「諸天が裂ける」は、同一五38の（イエスの死の直後に）「神殿の幕が真っ二つに裂けた」（skhizo の受動態）に対応しており（後者は一四63の「大祭司は着衣を引き裂いて」をうけたもの）、エゼキエル書一4（LXX:

skhizo の受動態）などの「裂ける」に由来する。「十二族長の遺訓」の「ベニヤミンの遺訓」九4「（主が木にかけられた後に）神殿の幕は裂かれ（skhizomenon）、神の霊は火が広がるように異邦人に移される」は、マルコ福音書の二か所の「裂ける」を結び合わせて解釈を加えている。

コリント前書一22―23には「ユダヤ人はしるしを求め（semeia aitein）、ギリシア人は知恵を探し求める。私たちは十字架にかけられたキリストをのべ伝える（keryssein）。それはユダヤ人には躓き、異邦人（諸民族）には愚かさ（moria）である」とある。これらの記述から、「ヨナ（書）とそのしるし」は新約聖書とりわけイエス・キリストを理解する上で、何らかの鍵を、それも決定的に重要な鍵を提供する役割を担っていることが予想される。さらに怪魚にのみ込まれたヨナが怪魚の口から吐き出される場面をはじめとするヨナ書のいくつかの場面の図像は、古代キリスト教のお気に入りの定番であった。

右記のマタイとルカに並行するマルコ福音書八11―13は、マタイとルカと異なって、ヨナにも、「悪い浮気な世」にも言及しない。そこではパリサイ人がイエスを「試みて（peirazontes）」、イエスに「天からのしるし」を求めたのに対して、イエスが「その霊（pneuma）において（深い）ため息をついて（anastenaxas. 新約聖書の用例はここのみ）」（この文はマルコのみ）、「この世はなぜしるしを求めるのか。……この世にはしるしは（断じて）与えられない（字義どおりには「もしもこの世に（将来）しるしが与えられるならば」）」と答えている。これはマタイ福音書二四24とマルコ福音書一三22の「偽キリストたちと偽預言者たちがしるしと不思議（奇跡）を行う（与える）」と関連している。その直前には、「誰かが、見よ、キリストはここに（いる）、あそこに（いる）、と言っても、信じるな」（ルカ一七23参照）とある。

ここでマルコは明らかにLXXイザヤ書七9―17を前提している。このイザヤ書の段落は、処女（parthenos）が息子を産み、その名をインマヌエルと名付けることを伝える有名な箇所であり、言うまでもなくキリスト教の処女降誕信仰の背景根拠である。この処女（MTでは若い女）とその息子への言及の直前で、ヤハウェがユダ王国の王アハズに対して「（よみの）深みへ、（天の）高みへ、主なる神からのしるしを求めよ（aitein semeion）」と語ると、アハズは「（しるしを）求めて、主を試みる（peirazo）ようなことは断じていたしません」と控えめに答え、これをうけて彼（イザヤ？）が「主（kyrios）ご自身（MTアドーナーイ＝我が主）が諸君にしるしを与えるであろう。乙女（処女parthenos）が懐妊して、息子を産む。あなたは（MT彼女は）その名をインマヌエルと名付け（呼び）なさい（であろう）」と預言する。神がしるしを求めよと命ずるのに対して、人間がそれを拒み、これをうけて神がしるしを与えると、イザヤが預言している。マルコ福音書八11―13はこの（後代のキリスト教にとって）決定的に重要な段落を前提しながら、一面においてそれをひっくり返しつつ、同時にその預言の成就であるイエスこそが神から与えられたしるしなので、もはやこれ以上のしるしは無用であると宣言していることになる。しかもLXXのこの箇所を思い起こすであろう読者に対して、本文では明記されていない処女降誕を暗示（ほのめか）してもいる。

右記のように「（深い）ため息をつく、うめく」の意味のanastenazoの用例はここのみであるが、「ため息をつく、うめく」の意味のstenazoの新約聖書の用例は六つで、マルコ福音書の唯一の用例である七34でイエスはろうあ者を癒す際に、「天へと目を向け（仰ぎ見）て、ため息をつき（うめき）」「開け」と語っている。動詞stenazoと同語根の「うめき（stenagmos）」と「霊（pneuma）」が結びついて現れるロマ書八26「霊自身がことばにならないうめきをもって執りなす」参照。「ため息をつく、うめく」は古代における魔術の技法の一つでもある。後述するように、ヘブル語の「ヨナ」には「うめく者、ため息をつく者」という意味もある。

ここで注目すべきは、イザヤ書五九9―11の「私たちは暗闇の中を歩き……強健な者たち（墓穴、暗闇？）の中の死者のようだ。私たちは皆……鳩のように悲しそうにうめく」が、LXXでは「彼らは夜明けを待ち望みながら真夜中に（暗闇と静寂の中を）歩きまわった。……彼らは死につつある者たち（apothneiskontes）のようにうめく（ため息をつく）ことになる（stenazo）。彼らは……鳩のように歩む（進む）」となっていることである。イエスも「死に行く者」のように「うめき」つつ、「鳩のように歩んで」いると見ることもできよう。これは後述する後代のユダヤ民族の姿そのものである。

ここで従来のヨナ書に関する学説を短くふり返ってみよう。

木田献一は「（ヨナ書は）ユダヤ人の選民意識の狭さをユーモラスに批判した興味深い作品である。紀元前五世紀後半にエズラ、ネヘミヤによる改革が行われ、ユダヤ教団の戒律が確立され、選民意識が再び強化された。このことはペルシア時代の比較的寛容な支配の下にあって、ユダヤ人の間に律法主義のゆえに、異邦人に対する不要な硬直化を生む面があったのであろう。ヨエル書などにも依然として……諸国民をエルサレムに集めて滅ぼし尽くすというような預言がくり返されている。そういう狭さをヨナ書の著者は風刺した。紀元前四世紀前半の作と考えるのが妥当であろう」（『総説旧約聖書』日本基督教団出版局、一九八四年、四一九頁）と書いているが、ヨナ書には「律法」（トーラー）ということばも「律法主義」の問題も全く出てこない。とりわけトーラーの不在は示唆に富む。

関根正雄と西村俊昭は「（ヨナ書は）神の愛は選ばれた民に限られない、という教説を述べて」おり、本書には「神に選ばれた者にとって神の命令に従順であることがいかに難しいかというテーマ」が認められ、本書は「ユダヤ教の不寛容に対する戦闘文書である。神の愛を強調する寛大に、すでに異教伝道の精神が感じ取られる」（『旧約新約聖書大事典』教文館、一九八九年、項目「ヨナ書」）と書いている。

鈴木佳秀（『旧約聖書・十二小預言書』岩波書店、一九九九年）によれば、ヨナ書には「異教徒が悔い改めて救われることに対するヨナの立腹という主題（選民思想への抵抗と神の憐れみ）」（三六六頁）があり、ヨナ書は「イスラエル以外の民に対する神ヤハウェの自由な救いの意志を物語り、悔い改める者への憐れみを強調している」（三六七頁）。前述（と後述）のようにヨナ書の中で悔い改め（思い直し）ているのは神のみである。

西村俊昭によれば、ヨナ書において神は「人間の努力（ʻml）の無意味でないことを教え……人間の自由と洞察に訴え、人間の理性と意志に訴えて納得を迫」っている。西村の註解書の最後は、神の「ダーバール（ことば）に対する信頼が欠けるとき、予言の限界と知恵の限界が分離した形であらわになる〔私にはこの文章は意味不明〕。ヨナ書にはそれが明瞭な形で示される……この物語は人々をして『死んだ方がましだ』と言わしめるような時代に、イスラエルの存在の理由が疑われた時代に、人々に生きる勇気を与えた物語である。……ヨナ書は、生きる意味の問いが産んだ物語である。そしてその意味を神の摂理として受け取り、神の言葉の歴史的創造的な力として受け入れていくことを問うた神の作品なのである」と結ばれている（『ヨナ書注解』日本基督教団出版局、一九七五年、一八七―八頁）。ここには日本の誠実な聖書学者の洞察が認められると同時に、その限界と問題もまた明瞭である。たとえば「神の摂理」や「生きる勇気を与えた物語」というようなさりげない伝統的でありきたりの、それゆえにあまりにも問題の多いことばを無意識無反省に用い、最後にヨナ書を「神の作品」と総括してしまうことには、違和感と疑問を感じざるをえない。しかしこの『ヨナ書注解』は以下の論述にとって必要不可欠である。

北博は、おそらくヨナ書の「背景にはエズラ・ネヘミヤ以後のユダヤ共同体の排他的傾向への危惧があるのだろうが、それに対する正面からの批判ではなく、むしろ異教の大国による支配の恒常化という現実をどう受け入れるかという捕囚後の難題への一つの回答として、知恵的発想から風刺を交えて書かれた小作品ではないだろうか」(『新版総説旧約聖書』日本キリスト教団出版局、二〇〇七年、三八二頁)と書いている。

A・J・ヘッシェルによれば「ヨナに対する神の答えは憐れみの至上性を強調することによって、神が世界を扱う仕方に合理主義的首尾一貫性をさがしあてる可能性をくつがえしている」(『イスラエル預言者下』教文館、一九九二年、一〇二頁)。

M・エリアーデ(宗教学者。一九〇七―八六年)によれば、ヨナ書はいく人かの神学者によって旧約聖書の中の最も重要な書物であるとみなされており、古く普遍的な宗教思想(宗教的世界＝象徴と、神話・祭儀の複合体)の転換ないし改造のみごとな実例である(LaCoque の Foreword)。

これらを参照し心に留めながら、ヨナ書を(歴史学的)文献学的に改めて読み直し、読み解いてみたい。

右に例示した、従来の伝統的な研究は、外国人学者のものも日本人研究者のものも、ヨナ書の根本的核心的なメッセージを十分にとらえきれていないように思われる。さらにそのことと関連して、ヨナ書と新約聖書との関係、とりわけそれと関連した「ヨナのしるし」の含意についての問題意識が、そして七十人訳聖書（以下LXXと略記）の重要性への顧慮が、（きわめてわずかな例外を除いて）従来の研究者の視野からはほとんど抜け落ちているように思われる。ただしこれらを取り扱っている研究書と註解書は、当初予想していたよりもはるかに多く、近年次々と出版され増え続けて膨大な数に上るので、それらすべてを読みこなすことは事実上不可能である。もちろん主なものをおさえておけばおよそのこと（趨勢）はわかるが、この原稿執筆の後半ないし最後の段階でこのような努力を意識的に基本的に放棄した。『ユダヤ教の福音書』の「解説・訳者あとがき」に記しておいたように、これは昔から考えていたことであり、当初よりの私の学問の基本的な姿勢である。丁寧に時間をかけて原資料と取り組みそれに集中することを二次（研究）文献の網羅的な渉猟よりも優先すべきであることを、日々いっそう強く痛感し、再確認させせられている。

以下に私が記すところと同じようなことを、さらには一層優れた知見（洞察）を、おそらくはすでに誰かがどこかで書いているかもしれない。それを調べることに多くの時間とエネルギーをさくことよりも、私自身の置かれている状況との（身を切る）対話と、それを踏まえた上での一次（原）資料の解読とそれらとの対話の積み重ねこそが大切であろう。現在の私にとっての新しい発見（の喜び）を、そのままにすなおに記すのみである。このように自己限定してですら、人生の幕引きを意識せざるをえない年齢に達し、（体調不良による健康上の不安を抱えている身にとって）、すべては残された時間とのたたかいである。学問の道は、自分の(洞察の)無力さを思い知らされ、なお学ばねばならないものがいかに多いかに気づかされることである。一つの発見はその何倍もの問い(謎)を誘発する。以下の内容の多く(ほとんど)の部分は、いくつかの教会での「聖書を学ぶ会」などで話し、そこでの質疑応答と対話を踏まえている。ひとりよがりにならないように、ましてや唯我独尊に陥ることのないように、常に心がけている。

なお本書のもととなった拙稿「ヨナ書——新約聖書と旧約聖書を結ぶもの」(『一橋論叢』二〇〇三年。拙著『初期ユダヤ教研究』に改訂版を収録)を本書に再録することはせず、必要に応じてその内容を踏まえ、それを特に断ることなく利用してそこから引用する。この拙稿(の初出形)はインターネット上で容易に見ることができるので(hermes-ir. lib. hit-u. ac. jp/)、興味関心のある方はそれをお読みくださるようにお願いする。以下これを「前稿」と略記する。

列王紀下一四章

最初に、列王紀下一四25の「預言者ヨナ」の現れる文脈を見ることにしたい。一四23—29は、(北)イスラエル王国の(最悪の)王ヤラベアム(ヤロブアム)二世(在位、前七八七—七四七年)の統治を描いているが、それによれば四十一年間というイスラエル王国最長の統治期間を誇るこの王は、「ヤハウェの目(の前)に悪事(ラー[アー])を行い、イスラエルに罪を犯させたネバテの息子ヤラベアム(一世。北イスラエル王国の初代王。在位、前九二六—九〇七年頃)の罪から全く離れ(LXX: apeste)」ず

（24）、「ヤハウェはイスラエル（の民）の悩みが非常に深いのをご覧になり……イスラエルを助ける者は誰もいなかった。……主はヤラベアム（二世）の手によって彼ら（イスラエルの民）を救った」（26、27）とある。（池田裕氏は「の手（によって）」を訳出しない）。「救った」のMT: yashaʿ（LXX: soizo）に由来するエホシュア（ヨシュア。「ヤハウェは救い」の意）は、後代のユダヤ教で「我らのラビ」と呼ばれることになるモーセの直弟子・後継者である。このヨシュアのギリシア語形がイエースース、つまり新約聖書のイエスである。

ここで注目されるのは、「悪事」と訳した①ラー（rʿ）あるいは同語根の②ラーアー（rʿh）が実にさまざまな多くの意味を担っていることである。①についてClinesの挙げる語義は、形容詞としてbad, evil, mean, poor, harmful, grievous, sadなど、名詞としてevil one, wicked one, bad thing, what is unpleasantなど、②については名詞として（ethical）evil, evil deed, wickedness, harm, injury, mischief, distress, trouble, misfortune, disasterなど。古代ヘブル語は古代には（基本的に）子音のみ（母音なし）で表記されており、①と同じ子音のrʿは（名詞）badness, evil, sadness,「頑固、わがまま、卑劣さ」「思い」「叫び、叫ぶこと、（雷の）とどろき」「友（人）、仲間、隣人」などを意味する。②と同じ子音rʿhは（動詞）「（羊などを）飼う、放牧する、牧草を食べさせる（食べる）」など、支配者・指導者・預言者について「（民を）導く、（民の）世話をする」→（名詞）「羊飼い」など、また（動詞）「（人と）交際する、付き合う、友人になる」→（名詞）「友（人）、仲間（companion）、愛する人、隣人」を意味し、さらに（動詞）「喜ぶ、好意を示す、敬う」をも意味する。こまごましたことばの列挙になったが、あとでこの点について振り返ることにしたい。

列王紀上一二26―33は、ヤラベアム一世が金の子牛像（出エジプト記三二章参照）を作ってそれにいけにえを献げ、民にエルサレムへの巡礼を禁じたことを断罪する。ホセア書八5―6、一〇5―6によればヤラベアム二世も子牛像を設置しており、アモス書八14もこれを暗示している。ちなみに「（雄）牛」は古代オリエント神話の（最高）神「エ（ー）ル」をさし、子牛像の崇拝はイスラエルの神ヤハウェをエルの子ども（息子）として崇めたことを示す可能性が高い。

列王紀上一三33―34は「ヤラベアム（一世）はその悪の道から立ち返らず……ヤラベアムの家は罪を犯し、地の面から滅ぼし去られることとなった」と記し、一四16は預言者アヒヤの「ヤハウェはヤラベアムが自ら犯した罪、彼がイスラエルに犯させた罪のゆえに、イスラエルを見捨てる」ということばを伝えている。

列王紀下一四章によれば、ヤラベアム二世はこのような「ヤラベアム一世の罪から全く離れなかった」悪王であったにもかかわらず、その統治下にイスラエルは、「ヤハウェのしもべ、ガテ・ヘペル出身の預言者アミッタイの子ヨナの手において、イスラエルの神ヤハウェが語ったことばのとおりに」、それまで他民族（アラム人、アンモン人、モアブ人？）によって支配されていた旧領土を奪還し、北は（ダビデ）ソロモン王時代の領土の最北端であったレボ・ハマテ（LXXハマテの入り口。列王紀上八65の「レボ・ハマテ」参照）から南は「アラバの海」＝死海まで（アモス書六14「レボ・ハマテからアラバの海まで」参照）領土を「回復」し拡大した。LXX以外の翻訳では明示されていない「手において」については後述（池田は「を通して」と訳す）。「回復した」に対応するLXX: apestesenは、「遠ざけた、切り離した、移した」の意で、MTとは全く逆の意味である。

しかし26節には、ヤハウェは「イスラエル（の民）の悩み（オニー）が非常に深い（激しい）（モーレー）」のを見たとあり、続けて「つながれた者も自由な者もいなくなり」（【口】。「つながれている者も解き放たれている者もいなくなり」【共】、「奴隷も自由の者もいなくなり」【改】）とある。

「悩み」と訳したオニーとそのLXXの訳語タペイノーシスについては拙著『初期ユダヤ教研究』（一五七—一六〇頁）参照。ちなみにオニーを、【口】が「悩み」と訳している箇所のほとんどを【共】は「苦しみ」と訳し換え、【口】が「苦しみ」と訳している箇所のほとんどを【共】は「悩み」と訳し換えている。

「深い（激しい）」と訳したモーレー（mrh）は普通このような意味の形容詞ではない。これに近いマル（mr）には「苦い、ひどい、つらい、厳しい、激しい」などの意味がある。BHSはモーレーをハッマル（ハッは冠詞）と読み替えるよう提案している。Hatch-Redpath（1897）によればここのLXXの訳語ピクロス（右記マルと同義）はヘブル語マーラー（mrh）に対応しており、LXXの中でピクロスがマーラーの訳語として用いられているのはここ一か所のみである。マーラーはまれに「強い」を意味するが、普通は以下に挙げるさまざまな意味で用いられる。伝統的な訳「悩みが非常に深い（激しい）」はLXXによるものと思われる。*Tanakh:* For the Lord saw the very bitter plight of Israel がそのことを示唆する。LXXのタペイノーシン・ピクラン（苦い・厳しい悩みを）をVはほぼ同義のadflictionem amaramと訳している。

mrhは（動詞）「～に反抗する、刃向かう、～を挑発（に挑戦）する、怒らせる」「（家畜に）牧草を食べさせる、えさをやる、養う、（家畜が）牧草を食う」「強い」、（名詞）「教え（ること）、指示、お告げ、啓示」「苦さ」などを意味する。ここでmrhと前に紹介したr'hの語義の一部が重なっていることが注目される。

列王紀上一四10にもヤラベアム一世時代についてここと同じ二つのことばを用いて「つながれた者も自由な者も」とある。これは偶然ではありえない。英訳は*NRSV*: there was no one left, bond or free; *Tanakh*: with neither bond nor free left（脚註で、ヘブル語の意味不明だが、おそらくkinsman and freeと説明）などと訳しており、民は一人も（誰も）いなくなったということらしく、奇妙な文である。池田裕訳は「まだ胎にいる者もすでに生まれた者もなく」（この奇妙な訳の根拠由来は私には不明）と訳し、右記の二か所への脚註で、原語のアーツールとアーズーブは字義どおりには「閉じ込められている者と解き放たれている者」→「ことごとく」「すべて」という意味で、列王紀下一四26の後半の文は「例外なくすべての人々が苦しんだ」という意味であると説明しているが、腑に落ちない。*REB*: no one was safe, whether under the protection of his family or not はいちおう意味の通る明快な訳である。このように意味不明ないし違和感を感ずる文章が、何らかの（それ自身に違和感を感ずるいろいろな）しかたで合理的に説明される場合には、そこに何らかの核心的な問題そしてメッセージがひそむことが予想される。

ヤラベアム二世の統治下に領土拡張に伴って、イスラエルが経済的に繁栄したものの、貧富の格差が生まれ、社会的なゆがみと宗教的な堕落が増大したようである。この状況の中にイスラエルの最初の記述預言者アモスとホセアが登場し、彼らは一方で強者による弱者の抑圧や不正の横行を告発し、他方では形骸化したヤハウェ礼拝や異教的要素の蔓延《まんえん》を糾弾し、避けがたい神の怒りの審判としての民と国の滅亡を預言した（山我哲雄『聖書時代史旧約篇』岩波書店、二〇〇三年、一三〇—一頁、並木・八一—七頁参照）。アモス書二6—8、13—16、四章など、ホセア書四1—3、6—19、五章などを参照。これらにおいて「姦淫」ということばが用いられていることが、マタイ福音書における「姦淫をおかす世代」との関連で注目される。また同時期にヨナ書の主人公ヨナがアッシリア帝国の首都ニネベへ派遣されていることとの関連では、ホセア書一〇9に「(イスラエルないしサマリアの)子牛はアッシリアへと運び去られ、大王への贈り物とされる」とあることが注目される。

このような悪く罪深い王が、このように例外的に長い治世を恵まれ、イスラエルは領土を拡張し(もしかするとかつてないほどの繁栄を謳歌し)、それは「神ヤハウェがガト・ヘペル出身の彼(ヤハウェ)のしもべ、アミッタイの息子預言者ヨナの手によって告げたことばのとおりであった」(一四25)というのである。これは何か異様で、常識的に考えて(常識に照らして)理解困難(不能)であり、旧約聖書の中ではこのような人物は偽預言者と呼ばれている。このような記述に対して疑問を抱いた者たちがいた。歴代志の編著者(たち)は資料として用いた列王紀下から、ヤラベアム二世に関する部分を採用せず、完全に削除(黙殺)した。もう一人はヨナ書の著者で、彼は同じ「アミッタイの息子ヨナ」を主人公にした全く別の物語(パロディー)を作ることによって、列王紀(申命記史書)に対して、そしておそらく歴代志に対しても、痛烈な批判を展開した。

関根正雄と西村俊昭は、列王紀下一四章のヨナとヨナ書のヨナは「名前だけが共通していたにすぎないように思われる」と書き、同じ『旧約新約聖書大事典』の「ヨナ」の項目では両者を別人として扱う。鈴木は列王紀下一四章のヨナとヨナ書のヨナは「関係がない」(三六六頁)と断定し、池田は前者は「後に『ヨナ書』の主人公と結びつけられた」と註記するのみである。しかし共に旧約聖書に登場し、父親の名前も一致し、他にはこの名前の人物は皆無であることから、同名の別人という可能性は、限りなく低いと考えられる。確かにヨナ書ではヨナは一度も預言者と言われていないが、ヨナ書が（前二〇〇年頃以降）いわゆる「十二小預言者（書）」の一つに数えられ、後一世紀頃の旧約偽典「預言者（たち）の生涯」に「ヨナ」の項目が含まれているのは、両方のヨナが同一人物であるとみなされていたためであろう。「預言者の生涯」の「ヨナ」の最後に、ヨナが「エルサレムと全地に対して、もしも石が憐れみの叫びを発する（ハバクク書二11参照）のを見るならば、終わりは近い。エルサレムに全異邦人が集うのを見るならば、町は崩壊し尽くされるであろう」と預言した、とあることは、ヨナのしるしとの関連において示唆に富んでいる。「石の叫び」については、ルカ福音書一九40の、イエスのエルサレム入城の描写の最後、エルサレムの滅亡に対する嘆きの直前の、「石が叫ぶ」と言うイエスのことばを参照。

さらに後一世紀のユダヤ人歴史家ヨセフスは、その著『ユダヤ古代誌』九・二〇五―一五で列王紀下一四23―29とヨナ書の内容とを結びつけ、まとめて要約敷衍している。ここでも両者は同一視されている。このように、たまたま「名前が同じであったにすぎ」ず「無関係」どころか、ヨナ書は列王紀下一四章のパロディーであると考える方が、後述するようにはるかに自然であろう。

予備知識

いくつかの基本的な事柄をあらかじめおさえておきたい。ヨナの父親の名前「アミッタイ」は「私の信実（誠実）」あるいはむしろ「ヤハウェは信実（誠実、真実）である、裏切らない」という意味で、「真理、信頼、信、誠実」の意味の「エメス」、「信頼する」「信じる」の意味の「アーマン」、「確かに」

の意味の「アーメーン（アーメン）」などと同じ語根（ʼmn）のことばである。アミッタイは新約聖書のことばではピスティス・テウー（神の信実）あるいはピストス・ホ・テオス（神は信実である）などにあたると考えてよいであろう。

「ヨナ」（ヨーナー）は前述のように「鳩」という意味で、まず創世記八6—12のノアの洪水物語に現れる鳩が思い浮かぶ。（山頂が現れてから）「四〇日たって……」、「（さらに）七日待って」ノアが放った鳩がくわえてきたのは「摘み取ったばかりのオリーブの葉」ないし「若葉」（【口】、月本）で、【共】の「葉」は誤訳。ここでは鳩（ヨナ）には（カラスと対比的に）委ねられた役割・使命を「忠実に」果たして、神が人類に下した（ノアとその家族以外の）全人類滅亡という災いの終結を伝え、神の祝福と恵みを告げるもの、という含みを読み取ることができるかもしれない。ここから進んで鳩は「穏やかさ、平和、穏健」の象徴とされ、「ハト派」ということばにつながる。世界中で市街地や広場などの鳩（と鳩にえさやりする老人や子どもの姿）は心を和ませる風景の一部として受け止められているようであるが、同時にかなり以前から鳩のフンが「公害」として嫌われて問題になってもいる。

詩篇五五7—8には「ああ、私に鳩（ヨナ）のような翼があれば、飛び去って……荒野（LXX: he eremos）で夜を過ごすことができるのに（LXX五四7誰が私に鳩のような翼を与えてくれるだろう）」とある。

ノアの洪水の記事の中の「オリーブの若葉」（ʻaleh- zaith taraph）は「若枝」（ネーツェル）に通じ、「若枝」ないし「枝」は、オリーブの木と結びついて、聖書と初期ユダヤ教においてはメシア（油注がれた者）をさす称号の一つである。拙著『はじめての死海写本』（講談社現代新書、二〇〇三年）、イザヤ書四2、エレミヤ書二三5、三三15、ゼカリヤ書六12などを参照。鳩（ヨナ）とオリーブの若枝・若葉との結びつきはこのような背景と視野のもとにあり（あるいはそれらを提供し）、そのような含みをもって新約聖書とキリスト教に受け継がれている。日本のたばこ「ピース（peace）」の箱の（同じ）図案の由来は不明。

ちなみにゼカリヤ書六12の「見よ、（この）人、その名は若枝」をLXXは「見よ、男（人 aner）、その名はアナトレー」と訳しており、anatole は普通「陽の昇ること、東」（LXX民数記二一1参照）を意味する（が、ここでは三8、エレミヤ二三5、エゼキエル一六7と共に「若枝」という意味で理解されていた可能性もある）。地域名アナトリア（世界最古の鉄器使用地域。現在のトルコのアジア領、ほぼ小アジアに相当）はこのアナトレーに由来する（ギリシアの東側にあるため）。ゼカリヤ六12をVは ecce vir, Oriens nomen eius「見よ、男（人）、その名はオリエンス」と訳しており、オリエンスは「昇る太陽、夜明け、東、東方の国や住民」という意味なので、LXXの anatole と一致する。これには若枝を意味する可能性はない。これがヨハネ福音書一九5のイドゥー・ホ・アントローポス「見よ、人間」とそのVの訳 ecce homo「見よ、人間」の背景である。*Ecce Homo* は一八六五年の John Robert Seeley の著書のタイトルでもある。これはおそらくニーチェの影響による。

オリーブは地中海を取り囲む諸地域に共通する貴重な農産物であり、シリア（ないしトルコ）が原産地であるとも言われる。一〇〇〇年以上の生命力をもち、岩地にも生育する常緑樹であることから、オリーブは不老長寿の象徴である。旧約聖書におけるオリーブの象徴的な意味は、新約聖書にも引き継がれて重要な役割を担っている。とりわけ「オリーブの山」のもつ終末論的な重要な象徴的役割は、そのまま新約聖書に引き継がれている。これについては後述。

創世記の洪水物語の背景とみなされている『ギルガメシュ叙事詩』の洪水物語には以下のようにある。「七日目になって、わたし（ウトナピシュティム）は鳩を放った。……鳩は舞い戻ってきた。……わたしは燕を……放った。……燕は舞い戻ってきた。わたしは烏を……放った。烏は……水が退いたのを見て、ついばみ、身繕いをし、〔尾羽を〕高く掲げて、引き返しては来なかった」（月本訳）。創世記はこれを踏まえた上で、鳩と烏を入れ替えて、手を加えているのかもしれない。日本の記紀伝承の神武天皇を先導した「八咫烏」参照。

また鳩はきよい鳥として神への供え物とされており（レビ記一14など）、それもとりわけ貧者のまかなうことのできる供え物（同五7など）、あるいはナジル人の献げる供え物（民数記六10）とされている。ナジル人（ノーズィール）とナザレ人の音韻上の類似は顕著である。ラテン語では前者はNazaraeus、後者はNazarenusである。旧約聖書にも、初期ユダヤ教文献にも、新約聖書と同時代のパレスティナとりわけガリラヤの事情に精通していたヨセフスの浩瀚な著作にも、そして後代のそれらよりはるかに膨大なラビ文献にも、ナザレという名前の村は現れない。両タルムードではノーツリーは「ナザレ人＝キリスト教徒」を意味する。『バビロニア・タルムード』は、鳩は最も迫害される鳥なので犠牲として供されるにふさわしいと説明している。

また雅歌では愛する恋人が鳩と呼ばれている（二14、五2、六9）。前述のラテン語columba参照。鳩はいわば「愛」の象徴である。雅歌五2と六9では鳩は「完全な、完璧な、（けがれのない？）（LXX: teleios=perfect）」と形容されている。聖書の中では「完全な」はとりわけ神の属性であり、「憐れみ深い」（や「純真な」など）と意味内容が重なっている。拙著『初期ユダヤ教と聖書』（一九九四年、日本キリスト教団出版局）参照。
鳩は豊穣の女神イシュタル（＝アシタロテ）の聖なる鳥でもあった。その鳴き声は「愛のささやきとも嘆きの声とも解釈されていた」（鈴木）とのこと。ヘブル語ヨーナーをアーナーと結びつけ関連させて「嘆く（者）、うめく（者）」という意味に解する学者もいる。メソポタミア（バビロニア）地方に起源するイシュタル（＝アシタロテ）は愛と「戦い」の、そして金星の女神である。さらにイシュタルはニネベの守護女神であり、その祭儀は（シリアやメソポタミアの先住民族）フルリ人の宗教の影響をうけており、ニネベの守護神イシュタルの側近には「病をもたらす悪霊ども（demons of desease）」も含まれていた。これがニネベとヨナの結びつきの背景（の一つ）である

後述するカドモスの場合と同じように、イシュタルは、フェニキア人によってギリシアへもたらされ、ギリシア神話のアプロディテとなり、ローマ神話のウェヌス（Venus→ヴィーナス）に相当する（あるいはそれらの起源）とみなされている。ラテン語と英語のVenusには「金星」という意味もあり、「宵の明星」でもあり、「明けの明星」でもある。「明けの明星」の意のLuciferは「光をもたらす者」であると同時に、「魔王（悪魔）」をも意味する。鳩はアプロディテ＝ウェヌスの聖鳥である。またローマ建国の祖とされるアェネアスは神話伝説上アプロディテ＝ウェヌスの息子であるとされている。

アプロディテもウェヌスも愛と美の女神であり、戦いの女神でもある。アプロディテの誕生にまつわる「グロテスク」な物語については後述。おそらくアシタロテ（イシュタル）自身、アダムの妻エバ（イヴ）の原型（祖型）の一つであり、それと共にエバの原型の一つ（ないしエバ以前の女性）であると想定されるリリス（リリト＝メソポタミア起源の女悪魔。イザヤ書三四14の伝統的な訳「夜の魔女」のヘブ

ル語）の起源であるとも、指摘されている。これらはエバの裏返しとしての聖母マリア（マリヤ）像を構成する重要な要素（背景）であろう。処女マリア像の背景の一つである処女神アテナ（アテナイはその複数形）も、知恵・学問・工芸の神であると共に、（完全武装したまま生まれた）戦争の神でもある。

本書の後述する内容との関連では、アシタロテが旧約聖書において、テュロス（ツロ）と並ぶテュロスの近くのフェニキアの重要な港町（港湾都市）シドンと結びつけられて、偶像（崇拝）の代表格として現れていることが注目される。列王紀上一一5、33、列王紀下二三13など。

雅歌の「完全な」と重なりつつ、マタイ福音書一〇16では鳩は「混じりけがない、無垢、素直」（akeraios）の象徴とされている（同時にLXX創世記三1と同じことばで、しかしその内容は逆転させて、蛇が賢さの象徴として肯定されている）。LXX中のakeraiosの用例がエステル記八12―13（＝付加E6）のみであるという事実は、他の証拠によっても示されるLXXエステル記と新約聖書との密接な関係を裏付けている。

さらにイザヤ書六〇8―9「鳩のように鳩小屋（巣）へ飛び帰るものは誰か。……タルシシの船は真っ先に君の子らを遠くから運んで来る」の鳩とタルシシの船との結合は、直前の6節に「シバの人々は黄金（LXX: khrysion）と乳香（LXX: libanon）を携えて来る」とあり、続いてLXXでは「そして彼らは主の救い（という福音）をのべ伝える（soterion kyriou euangeliountai）」（マタイ二11参照）とあることと共に注目される。前に紹介した、ヨナのしるしとの関連で登場するシバの女王も、「香料とたくさんの黄金（LXX: khryson）と宝石」を携えてエルサレムへ来訪している（列王紀上一〇2）。プラトンは何か所かで、「心」を鳩小屋に、「知識」を鳩にたとえている。

また列王紀下一四章のヨナとホセアとの関連を考えると、ホセア書七11の「エフライム（イスラエル）は鳩のように愚かで思慮（直訳＝心。H: lebh, G: kardia）がない。エジプトを呼び求め、アッシリアへ行く（LXX行った）」（この箇所がヨナ書の著者の念頭にあった可能性が高い）や、同一一11「彼らはアッシリアの地から鳩のように（やって来る）」が注目される。ここでも鳩がイスラエルを象徴しており、アッシリアと（「来る」とヨナ書の「行く」が逆転した形で）結びついている。また鳩ではないが、ホセア書一〇6に「（イスラエルないしサマリアの）子牛はアッシリアへと運び去られ、大王への贈り物とされる」とあることも付記しておく。

同じような否定的な含みとしてはイエスが神殿境内で「鳩」を売る者たちの椅子をひっくり返していること（マタイ二一12、マルコ一一15。ヨハネ二16参照）も思い浮かぶ。この「ひっくり返す」については後述。

詩篇七四19には「（ヤハウェよ）あなたの鳩（イスラエル民族）を野獣に引き渡さないでください。あなたにより頼む低い（身を低くする、謙虚な、貧しい、悩み苦しむ）者たちをとこしえに忘れないでください」とある（この箇所は後で再検討する）。鳩は鷲や鷹のような猛禽類に襲われることはあっても他の鳥獣を襲うことはないことから、このように、ひたすら受難（迫害）を耐え忍び続けるユダヤ民族そのものの象徴ともみなされる。それはいわば悪の跳梁する闇の世界のただ中における受難者の「無罪と潔白」の、否むしろ「存在、生存」の象徴である。

なおヨナ（ヨーナー）には「鳩」の他に「抑圧者」（oppressor）という意味もあり、貧者や弱者を「抑圧」したヤラベアムの「御用預言者」にふさわしい名前であるということができる。

さらにヨーナー（yonah, ywnh）の最後の子音h（ヘー）を除くと、ヘブル語辞典の見出し語としてはヨーナーのすぐ前（または後）の単語ヤーワーン（yawan, ywn）となり、ヤワンはノアの息子ヤペテの息子の一人の名前である。またヤワンの息子たちの中の二人はタルシシとキッティムである。創世記一〇章参照。ヤワンは小アジア西部のイオニア地方を、そこからさらに西のギリシア全体を意味する。ヤワンとイオニアは同じ語源に遡る。LXXイザヤ書六六19とエゼキエル書二七13はヤワンを「ギリシア」（Hellas）と訳している。イオニアは古典ギリシア文化発祥の地である。ギリシア哲学が（オルペウスやムウサイオスなどを別にすれば）イオニアにおいて始まったとされていることは周知のとおりである。ギリシアの伝承では、最古のイオニア自然哲学者タレスはフェニキア人でカドモスの子孫とされている。

ギリシア最古の詩人（文学者）ホメロスがイオニア出身であったか否かはともかく、ホメロスの『イリアス』はイオニアのトロイアを舞台にしたトロイア軍とギリシア軍との間の戦争の物語であり、ホメロスのギリシア語が基本的にイオニア方言であることは広く認められている。ホメロスの二大叙事詩の成立（文字化）は、後述するアルファベットのフェニキアからギリシアへの導入と、ほぼ同時期であろうと考えられている。古典期のギリシア人とギリシア文化のアイデンティティーの最も重要な構成要素であるギリシア神話に登場する英雄たちの偉業（姿）は、『イリアス』に集約され象徴的に描かれている彼らの総力をあげてのトロイア遠征（戦争）の物語の中に最も顕著な形で示されている。『イリアス』というタイトルはトロイアの別名イリオス（イリオン）に由来する。

キッティムはフェニキア（シリア）に近い地中海のキプロス（キュプロス）島の町キティオン（前九世紀頃以降フェニキア人の植民市）と関連がある。キッティムは、ギリシア沿岸地帯や地中海ないしエーゲ海諸島を、ヘレニズム時代のユダヤ教文献では（ギリシア北部の）マケドニアを、さらにしばしばローマ（イタリア）をさす。いずれにせよヤワンもキッティムもイスラエルの西方地域と考えられている。タルシシについては後述。

ヤワンの父親ヤペテはギリシア神話のイアペトスに対応する。ヘシオドス『神統記』によれば、イアペトスは「大地」（ガイア）と、（女性である）大地が生んだ息子である「天（空）」（ウーラノス）の間に生まれた子どもたちの一人である。

ヤペテとイアペトスの間には音と綴り字の類似にとどまらない共通点がある。イアペトスの一番下の弟クロノス（Kronos は、「時間」の意のクロノス khronos とは綴りが異なるが、おそらく発音はほとんど同じ。ゼウスの父）は父親ウラノスの陰茎（男根）を母親ガイアとの交合中に大鎌で切断する。ヤペテの兄弟ハムは（ぶどう酒を飲んで酔って寝込んだ）父親ノアの裸体を見つけても覆い隠そうとせずに、兄弟セムとヤペテに父の醜態を知らせる。これをうけてハム自身ではなくてハムの息子カナンが呪われる。言うまでもなくこの呪いはこの物語伝説の担い手にとっての先住民族であり同時代の敵対民族でもあるカナン人→ペリシテ人（パレスティナ人）に対するものである。創世記九章参照。

なお『神統記』では、クロノスが切断して放り投げたウラノスの陰茎が海上に落ち、そのまわりに白い泡（アプロス。精子はしばしば泡にたとえられる）がたち、その泡の中からアプロディテが生まれたとされている。ギリシア人はアプロディテが東方起源であることを記憶しており、またしばしばアプロディテはキュプリス（キュプロス＝キプロス女性）とも呼ばれている。キプロス島は前記のようにフェニキアに近い地中海の島で、古くからフェニキア人が植民し、フェニキアとクレタ島との間に位置する。後述するエウローペーの神話を参照。

ヤペテの父ノアの場合と同様、イアペトスの孫（イアペトスの息子プロメテウスの息子）であるデウカリオンの時代に、人類の罪・暴虐の増大に「怒った」ゼウスが大洪水を引き起こし、敬虔な善人・義人デウカリオンとその妻が（父親プロメテウスの助言によって建造した）「箱船」（larnax. LXX創世記六14ではkibotos）に乗って生きのび、洪水後ゼウスに犠牲を献げている。このギリシア神話の洪水物語は、オリエントの（『ギルガメシュ叙事詩』に認められるような）洪水物語伝説に由来する、あるいは関連する。古代インドの神話でも、原初の人間（人類の始祖）マヌは（魚を助けた）その功徳によって大洪水の難を逃れ、洪水後に神々へ最初の供儀を献げる者となる。ノアも同じ。マヌmanuないしマヌシヤは「考える者」という意味であり、マヌはマヌ法典で知られるが、これは「考える」の意の印欧基語men-に由来する可能性が高く、ラテン語のmens（→英語mind）も同じ基語に由来する。マヌは英語のmanやドイツ語のManの語源である可能性が高い。これと並んで「人間」を意味するもう一つのサンスクリット語ヌリはギリシア語のアネール「男、人」（前出LXXゼカリヤ六12参照）の語源であろう。本章冒頭部分の「人々」（andres）はアネールの複数形。創世記のノアの洪水物語とこれらの他の洪水物語との関係（影響ないし依存関係）については、諸説があり、正確なところはよくわからない。

さらにデウカリオンの息子（長男？）はヘッレーンで、ヘッレーンは「ギリシア人」という意味である。つまりギリシア人が自分たちの祖先をデウカリオンの息子に求めていたことになる。ただし一般にギリシア人をさしてヘッレーンという単数形が用いられることはまれで、普通複数形ヘッレーネスで現れるが、ヘッレーネスは「ギリシア人」と並んで、（後代に）「異邦人、異教徒」という意味でも用いられるようになる。ホメロス『イリアス』では、ヘッレーネスは基本的にヘッラスの住民という意味で、ヘッラスは「元来は（ギリシア中部の）テッサリア地方南部の一地域の名称」であったが、「次第にその示す範囲が拡がって、遂には全ギリシアの名称となった」（松平千秋）。現代のギリシアも正式名称（の英訳）は Hellenic Republic である。『イリアス』ではデウカリオンはクレタの王ミノスの息子とされている（後述参照）。これとプロメテウスの息子との関係は不明。後で紹介するようにミノスはフェニキアの王女エウローペーの息子である。地名としての Europe（北部ギリシア?）の初出は「ホメロス賛歌」の一つ「アポロンへの賛歌」のようである。

プロメテウスとエピメテウスはイアペトスから生まれた子どもたちの中の二人である。プロメテウス（先知恵男）は、天上の火を盗み（大ウイキョウの茎の中に隠して）人間に与えたことに代表されるように、人間に文化文明をもたらした「恩恵付与者（恩人）」である（プロメテウスは粘土から人間を造ったとする神話伝承もある）。これを「神々への反抗反逆」とみなして怒ったゼウスは、クラトス（権力）とビアー（暴力）の二神に命じてプロメテウスをスキュティア（スキタイ。黒海北岸）あるいはカウカソス（コーカサス、カフカス。黒海とカスピ海の間の山脈）の峨々たる岩壁に釘で「はりつけ（磔）」にする。アイスキュロス『縛られたプロメテウス』参照。

黒海と黒海北岸のスキュティア（Scythia）ないしウクライナは古代には野蛮・未開・無知蒙昧の代表（象徴）である。古典ギリシア語では黒海は古くは Ax(e)inos（Pontos）（よそ者を歓迎しない海）と呼ばれていたが、後に Eux(e)inos Pontos（よそ者を歓迎する［親切な］海）と呼ばれるようになり、これは反語（皮肉）である。これにより英語では Black Sea は the Euxine Sea とも呼ばれる。ウクライナが語源的に「境界、国境」ないし「辺境、僻地」という意味であるか否かはともかく、ウクライナは「ヨーロッパのみちのく（陸奥）」と呼ばれる。西方のヨーロッパの辺境でもあり、東方のロシアの辺境でもある。黒海沿岸には、前六世紀頃以降多くのギリシア人が植民し、ヘレニズム時代以降はユダヤ人も植民していた。これと関連して、ウクライナが、ナチスによるホロコーストに先行する、十九世紀終わり頃以降のポグロム（ユダヤ人集団迫害・虐殺を意味するロシア語）の最初のそして（くり返し）主要な舞台となったことを指摘しておく。

Aposkythizo は「スキュティア人のような（野蛮で残虐な）やり方で頭皮をはぐ」という意味で、LXX に収録されている旧約偽典（後一世紀）「第四マカベア書」一〇7でも用いられている。なおプロメテウス神話の「火」は、アブラハムの故郷であるウルが「火、炎」と結びつけられていることと類比的である（拙著『初期ユダヤ教と聖書』参照）。古代ペルシア宗教に由来するゾロアスター教も「拝火教」とも呼ばれる。ここではアブラハムの故郷は古代ペルシアに近く、イスラエル民族のバビロン捕囚からの解放・パレスティナへの帰還は古代ペルシア帝国が前六世紀後半にバビロニア帝国に勝利を収めた結果であること、古代イスラエル宗教（旧約聖書）の中核はバビロン捕囚とそれに続くペルシア帝国支配時代に形成されたことを、指摘しておく。『初期ユダヤ教と聖書』参照。前五世紀に古典ギリシア文化が花開いたのは、五世紀前半の数次にわたる対ペルシア戦争での予想外の勝利をうけたものである。

　このプロメテウスの物語は古代ギリシア神話・文学の中に、中心的ではないかもしれないが、広く認められ、神であるプロメテウスは「賢者（sophistes）」とも呼ばれている。これがイエスの磔刑の背景の一つであり、イエスの磔刑の記事は、ヨナ書の検討の後で紹介するソクラテスとイソップ（アイソポス）の処刑と重ねて、このような背景と文脈の中に位置付けられる。キリスト教を批判したルキアノス（後一二〇年頃生）はこれをうけて、キリスト教徒を「ギリシアの神々を否定して、その代わりにあの磔刑に処せられた賢者（sophistes＝イエス）を崇拝（礼拝）し、彼の法（nomoi）に従って生きている」「みじめな連中」とあざけっている。M・ヘンゲル『十字架――その歴史的背景』（土岐正策・土岐健治訳、ヨルダン社、一九八三年。古書で入手可能）参照。

なお古代アテナイ（アテネ）ではプロメテウスの恩恵を記念する祭の際に、たいまつ（torch）をかかげて競走する習慣がうまれた。これが近現代オリンピック開会式典にあわせて行われる聖火リレーの起源であるが、聖火リレーは一九三六年の第十一回オリンピック・ベルリン大会から始まった。これは一九三四年にヒトラーが大統領兼総統に就任してナチスが台頭した直後に、ナチス政権の国際社会における孤立化を避け（て糊塗す）るべく国威発揚をめざして開催された政治的なものである。最近のソチ・オリンピックも同じ（政治利用）である。ソチが黒海沿岸でクリミア（ウクライナ）に近いことは偶然ではないであろう。ソチ五輪はロシアによるクリミア（ウクライナ）併合への布石である。

一九六四年の東京オリンピックも同様に「国威発揚」をめざした国家的政治的事業として、アジアで最初に開催されたオリンピックである（この東京オリンピックの期間中に旧ソ連のフルシチョフ首相が失脚したが、フルシチョフはウクライナ共産党第一書記として政治家としての経歴をつみ、クリミアをウクライナに併合した）。六〇年安保闘争から十年後の一九七〇年の大阪万博はこの流れをうけこの動きをさらに推し進めるべく、（いかにもいかがわしい）「人類の進歩と調和」を基本テーマにアジアで最初の万国博覧会として開催されたものであり（その象徴が「太陽の塔」であることのもつ意味については後述参照）、日本の戦後の高度経済成長つまり（東南）アジア諸国を主要なターゲットにした経済的な「侵略」の象徴である（『ユダヤ教の福音書』「解説」参照）。まさにこの動きと並行する形で全国で大学紛争が激化し、全共闘運動が高まりを見せたのは、このような背景において解釈することができる。

「たいまつ競走（リレー）」は古代ギリシアのいくつかの祭典において行われていたが、オリュンピア（オリンピック）祭において行われていたことを示す資料は見当たらない。「たいまつ」はギリシア語ではランパス（ランプの語源）で、前五世紀以降の詩文では「太陽」の象徴として用いられていた。たとえば「神の近づきつつあるランパス」は「翌朝」を意味する。同様にウガリット（シリア西部、地中海沿岸の古代都市。後述）の詩の中でも「神々のランプ」は太陽を、「諸天のランプ」は月をさし、アッカド（古代アッシリアとバビロニア）神話の太陽神シャマシュは「たいまつ」と、宵の明星としてのイシュタルは「神々のたいまつ」ないし「天地のたいまつ」と呼ばれている。シャマシュは太陽を意味するヘブル語シェメシュと同語源である。士師記に登場するサムソンという名前はシェメシュに由来する、ないし関連する。右記の「太陽の塔」は、このように東京オリンピックを大阪万博につなぐ役割を果たしている。「太陽の塔」の背景には石原慎太郎の芥川賞受賞作『太陽の季節』（一九五五年）に由来する「太陽族」の存在（流行）がある。太陽族は、既成の社会秩序にとらわれることなく自由奔放に行動するプチブル青年男女というほどの意味で用いられた。太陽族は後の全共闘運動へとつながる道ぞなえの一つであろう。

旧約聖書でも「たいまつ」の意のラッピードは、「エルサレムの救い」（イザヤ六二―1）や、神のごときもの・姿（エゼキエル一13、ナホム二4、ダニエル一〇6など）をさして用いられており、このヘブル語はLXXではランパスと訳されている。ラッピードとランパスは同じ語源にさかのぼる可能性があり、シリア語の「たいまつ」の意のランピーダーがこのことを示唆している。これらが新約聖書の「たいまつ（あかり）」(lampas）の背景である（マタイ福音書二五1―8、ヨハネ黙示録四5、八10など参照）。ヨハネ福音書五35でイエスは洗礼者ヨハネを「燃えて（kaiomenos）輝くあかり（たいまつ lykhnos）」と呼んでいるが、これはLXX詩篇一三一17の「私（神）は私のキリスト（khristos）のためにあかり（たいまつ lykhnos）を備えた」による。ヨハネ福音書一6―8がヨハネを、光（phos. イエス・キリスト）について証しする者としていることを参照。「ベン・シラの知恵」四八1には「預言者エリヤが火のように立ち上がった。そして彼のことばはたいまつ（lampas）のように燃えた（ekaieto）」とある。これらによって、洗礼者ヨハネがエリヤになぞらえられつつ、キリスト（メシア）の道ぞなえ（証し）としての「たいまつ」ととらえられていたことが明らかになる。これは、「ヨナのしるし」としての「洗礼者ヨハネ」理解にとって重要な意味をもつ。

東京オリンピック開会式典では聖火点灯と共に（平和の象徴としての）鳩の群れが放たれた。そもそも近代オリンピックは、フランス人貴族クーベルタン（一八六三―一九三七年）が英国留学中に、スポーツが青少年の（健全な？）教育育成に役立つことを学び、フランスの青少年をスポーツをとおして育成し、もって祖国を再建しようと思いついたことに端を発している。その後クーベルタンは、古代ギリシアにおいてオリュンピア祭の開催中は戦争を中断していたことにも着目して、スポーツによる国際交流による世界平和の実現をもめざす祭典としての近代オリンピックを一八九六年に始めたのである。近現代ヨーロッパと聖書学とユダヤ民族にとってこの時期がもつ意味については『ユダヤ教の福音書』「解説・訳者あとがき」参照。なお古代オリュンピア祭では優勝者に「オリーブ」の枝で編んだ冠が贈られていた。これと紛らわしいのが月桂樹と月桂冠で、オリュンピア祭と並ぶ古代ギリシアのピュティア大祭（デルポイで開催）で優勝者に与えられたのが月桂樹の葉の冠で、後代にこちらの方が有名になった。

ゼウスはプロメテウスが（ゼウスが人間から隠した）天上の火を盗んだことに対するもう一つの刑罰あるいは復讐を企てた。ゼウスは（鍛冶の神で、アプロディテの夫、足が不自由で醜男の）へパイストスに命じて女神に似た美しい乙女（G: parthenos）をつくらせ、オリュンポスのすべての神々がその乙女にそれぞれ贈り物をしたことから、この最初の人間の女をパンドラと名付けた。パンドラは「すべて（の）」と「贈り物」の合成語で、「すべての贈り物」という意味である。これはすべての神々が贈り物をしてつくられた「完璧な美女」あるいは、「すべての賜物を与えられ（あらゆる美質を備え）た女」、という意味でもあり、同時にパンドラが「人間（男）にとってのあらゆる（この上ない）贈り物」であるという意味でもある。まさに（ヘシオドスに始まるとも見られる）ギリシア神話の伝承では、このパンドラこそが人間（男）にとって「ありとあらゆる災厄の源」であるとされている。これは創世記におけるエバ（アダムに善悪の知識の木の実を手渡した）エバの姿、悪（罪）と災いの源としてのエバ像にみごとに対応し合致している。

エピメテウス（後知恵男）は兄プロメテウス（先知恵男）の事前の忠告を忘れて（背いて）、ゼウスから送られたパンドラを受け容れてしまう。パンドラがあらゆる災いの詰まった「大瓶」のふたを開けたため、すべての災疫が世界中にまき散らされ、パンドラがあわててふたを閉めたが時すでに遅く、「希望」のみが瓶の中に残った。以上ヘシオドス『仕事と日々』による。この大きな瓶ないし壺（G: pithos）が後代に「手箱」(L: pyxis）に変わったのは、エラスムス（一四六九年頃―一五三六年）（の誤訳？）に由来する。

最後に、ヨナの出身地である「ガテ・ヘペル（ヘフェル）」はイエスの出身地「ナザレ」の北東約五キロメートルに位置する村で、いわばナザレの非常に近い隣村である。

ヨナ書の成立年代は、前「四世紀前半」（木田献一）、「前五世紀の中葉から四世紀の始まりまでの間」（鈴木）などとされ、多くの学者が成立年代をバビロン捕囚からの帰還（前五三八年）以降、そしておそらくヘレニズム時代以前であると考えている。筆者は LaCoque などと共におそらくヘレニズム時代以降の年代（前四世紀終わり頃~前二〇〇年頃）を想定するのが適切であろうと考えている。しかしいずれにせよ決定的な論拠（根拠、証拠）はなく、推測の域を出ない。

いずれにせよこれは、ニネベの陥落（前六一二年）とアッシリア帝国の消滅（前六一〇年）よりもずっとあと、ということになる。つまりヨナ書自体の中には記されておらず、むしろヨナ書からは逆の印象をうけるが、ヨナ書がまとめられた時代には、ニネベもアッシリアもとうの昔に滅んでいたことになる。二十一世紀の読者である私たちにとってよりも、ヨナ書が生まれた時代の読者たちにとって、ヨナ書ははるかに不可解な書物であったものと思われる。しかし、この事実が、つまりヨナ書におけるヨナの「ニネベ滅亡」の預言が成就していることが、ヨナ書が旧約聖書（正典）に入れられた理由

（の一つ）であろう。前に紹介した後一世紀のユダヤ人歴史家ヨセフスがヨナ書を敷衍しながら、ヨナ書三5以降、つまりヨナの預言に対するニネベの人々の反応とその結果ニネベが滅亡しなかった（らしい）ことを全く伝えていないのも、その点を考慮したためであると思われる。

最後にヨナ書の語彙と文体がフェニキア語の影響の下にあるとする有力な説の存在を指摘しておく。Cf. LaCoque, 15, 38.

以下、ヨナ書の内容を章を追って見ていくことにしたい。なお、聖書の引用は特定の邦訳によらず、ヘブル語とギリシア語の原典に基づきつつ、諸現代語訳を参照したものであるが、意識・無意識を問わず、【口】に依拠した（近い）ケイスが多い（ある？）かもしれない。

＊　＊　＊

本書執筆に際しての著者の立場は、一言で言えば「無前提」である。それは、あらかじめ結論ありきではなく、一切の先入観から自由な立場である。「あとがき」参照。Bibleが「聖書、正典」であるか否かを、あらかじめ前提しないで取り扱うことにしたい。それはBibleを単なる古典の一つであるとする見方とも異なる。本書は註解書でもなく（学術）研究書でもなく、かと言ってエッセイでもない。

〔註〕畏友青野氏は「さだまさし」にいれこんでいることを公言している。もちろんそれは御自由であり、何の問題もない。ただ「週刊朝日」二〇一三年十一月二十九日号掲載の「みのもんたとさだまさしの対談」の内容には目を疑わざるをえない。インターネットで簡単に全文を読むことができる。

ヨナ書一章

ヨナ書はワッェヒー「そして臨んだ（起きた）」（LXX: Kai egeneto）というヘブル語で始まる。旧約聖書の中のヨナ書以外の九つの文書（ヨシュア記、士師記、ルツ記、サムエル記上・下、エステル記、ネヘミヤ記、エゼキエル書、「第一マカベア書」）が同じことばで始まるが、いずれにおいてもこの表現に続いてそれぞれの文書の著者は物語を導入している。したがって読者はここでも何らかの物語が続く（始まる）ことを予想したであろう。このことばで始まるヨナ書以外の預言書はエゼキエル書のみであり、このことが何を意味するのかよくわからないが、心に留めておきたいと思う。創世記一3の「すると光があった（成った？）」の「すると……あった」もワッェヒー（LXX: kai egeneto）である。

旧約聖書の預言者は、祭司でもあったサムエル以来、イスラエルに対する神ヤハウェの厳しい審判の意思・ことばを伝え（災いを予告す）る者である。一般民衆は神が自分たちを滅ぼすはずがないという確証（しるし）を求め、この民衆の要望に応えて「平和の預言」を語ったのが「偽りの預言者」であるとされている。「安からざるに安し安し」と口にする者である。エレミヤ書六13―14、八11、一四13―15、二三25―32、ミカ書三5、そしてエゼキエル書一三章、特に8―16節、テサロニケ前書五3などを参照。ヨナ書のヨナも災いを預言する。

前に見たように、列王紀下一四章によれば生涯「罪から全く離れず」悔い改めることもなかった悪王ヤラベアム（ヤロブアム）二世の時代に、神が預言者ヨナをとおして語ったとおりにイスラエル王国はかつてないほどに領土を拡張し（繁栄し）た。その時代に預言者アモスとホセアが現れて、貧富の格差や強者による弱者の抑圧や不正の横行などの社会的な矛盾の増大と、形骸化した礼拝や異教的要素の蔓延を厳しく糾弾し、避けがたい神の怒りの審判としての民と国の滅亡を預言した。そのためアモスとホセアは弾劾され迫害されその活動を阻まれる。アモス七10―16、ホセア九7―8参照。

ホセアは偽りの預言者を告発し（四5）、アモスは「私は預言者ではなく預言者の息子（弟子）でもない」（七14a）と語る。七14bによれば彼は牧畜と農業で生計をたてており、預言活動を飯の種にしていなかったらしい。このアモスのことばは職業的預言者つまり「平和の預言」を語る「偽りの預言者」をさして咎めたものと思われる。以上からアモスとホセアにとっては、ヨナは平和の預言を語り、悪王ヤラベアム二世におもねってその統治を正当化する偽りの預言者であったものと考えられる。

一1から2節冒頭にかけてのことばは、列王紀上一七8の「そしてヤハウェのことばが彼（預言者エリヤ）に臨んで、言った。『立ち上がって（H: qwm, G: アナステーティ）……へ行きなさい』」と全く同じ構文である。序章で紹介した「預言者の生涯」に認められるユダヤ教の伝承では、ヨナはエリヤが生き返らせた「（フェニキアの）シドンに属するザレパテの未亡人の息子」と同一視されている。列王紀上一七24で、死んだ息子を取り戻した未亡人はエリヤに「ヤハウェのことばがあなたの口において真実（ʽemeth, LXX: alethinos）であることが、今私にわかりました」と語る。前述のように「真実（信実）」と訳したヘブル語エメスはヨナの父親の名前「アミッタイ」（ヤハウェは信実である、ヤハウェの信実）と同じ語根に由来することばであり、これらの符合は偶然として片付けられないように思われる。

「立ち上がれ」はクームで、これはヨナ書全体をとおしてくり返し現れる重要なキーワードの一つである（三6「ニネベの王が立ち上がった」など参照）。LXXはこれをanistemi（まれにexanistemi）で訳している。このギリシア語はヨナのしるしということばが出てくる文脈の、マタイ福音書一二41とルカ福音書一一32の「ニネベの人々が裁きに際して立ち上がって」の「立ち上がる」と同じ動詞である。その翻訳で示唆しておいたように「立ち上がらせる、立ち上がる」という意味のanistemiは「甦らせる、甦る」という意味で用いられることもある。3節冒頭に確かにヨナは「そこで立ち上がった」とあるが、それは「ヤハウェの顔の前からタルシシへと逃れるため」であり、痛烈な皮肉である。これ以降、ヨナは「立ち上が」らないで、ひたすら「下り（降り）」続ける。

ニネベを形容するガードールは普通「大きい」と訳されるが、「重要な（町）」という意味かもしれない。前七世紀のニネベには、その王宮、神殿、図書館に象徴されているように、当時のオリエント文明の粋が集められていた。他方で、ニネベ（アッシリア）はイスラエルにとって不倶戴天の宿敵であり、「悪」と「災厄」そのものの象徴であった。

ゼカリヤ書（前七世紀）二13には「ヤハウェはその手を北に差しのべ、アッシリアを滅ぼし、ニネベを荒廃させ、砂漠のような乾燥地とする」と、ナホム書（前七世紀終わり頃）三1には「（ニネベは）災いだ、流血の町よ、そのすべてが偽りで覆われ、掠奪に満ち、人を餌食にすることをやめない」とある。これらの否定的な描写と対照的に、創世記一〇8―11ではニネベは、ノアの息子ハムの孫で「ヤハウェのみ前に勇敢な狩人」と称えられるニムロデが建造したアッシリアの四つの町の筆頭に挙げられており、明らかに栄誉ある古都とされている。この栄誉ある古都としての地位が、ヨナ書で（四11参照）ニネベが神によって大切にされ（惜しまれ）ている理由（の一つ）かもしれない。

やや時代が下るがヘレニズム時代、いずれも前二世紀頃の旧約外典「トビト書」と「ユディト書」でも、ニネベ／アッシリアが重要な役割を担っている。「トビト書」では主人公トビトが（北王国）イスラエルからの捕囚民としてニネベに住んでおり、死の床で息子トビヤに「（ニネベから）メディアへ逃れなさい。ナホム（「ヨナ」と読む有力な写本あり）が語ったこと（災厄）はすべてそのとおりになり、（アッシリア〔？〕と）ニネベに起こるだろう。神がお遣わしになったイスラエルの預言者たちが語ったことはすべて起こるであろう」（一四4）、「子よ、今すぐニネベを出よ。……ニネベには多くの不義があり、多くの欺きがニネベで行われたにもかかわらず、人々がそれを恥じなかったことを、私は見て（知って）いる」（一四8―9）とある。一四15の「ニネベとアッシリア」参照。ここで「ナホム」と「ヨナ」のいずれの読みをとるにせよ、「イスラエルの預言者たち」とあることから、「トビト書」の著者はヨナ書を知らなかったか無視しているのかもしれない。

前二世紀初頭の「ベン・シラの知恵」四九10が、イザヤ、エレミヤ、エゼキエルに続いて、個々の名前を挙げることなく「十二人の預言者たち」に言及しているのが、いわゆる「十二小預言者（書）」への最古の証言であると考えられている。

「ユディト書」では「大いなる都（he polis he megale＝LXXヨナ一2）ニネベでアッシリア人たちを王として支配していたネブカデネザル」（一1）が、メディア王と戦ってこれを倒した後、この戦闘への参戦の呼びかけに応じなかった西方の諸民族の討伐を軍総司令官ホロフェルネスに命じている。西方へ遠征したホロフェルネスはユダヤ民族の町を包囲し、町は風前の灯となるが、敬虔なユダヤ人未亡人ユディトが敵陣に入り込み、美貌を武器にホロフェルネスを籠絡《ろうらく》し泥酔させて文字どおり寝首を掻《か》き、敵将の頭（首）を手に持って町に戻り、これをうけてアッシリア軍は敗走する。これは士師記四章の伝えるヤエルによるシセラ殺害物語をモデルとしている。

ユディトは「ユダヤ人女性」の意味であるが、か弱いヒロインではなく、男勝りの女傑（女丈夫）である。これは創世記二23の「女」（エバをさす）がVで「女傑、女丈夫、女戦士」（virago）と訳されていることとつながり、古代キリスト教ラテン教父はviragoを「アマゾン」と結びつけている。アマゾン（amazon, pl. amazones）とは「乳房のない女」という意味であると考えられており（民間語源説？）、黒海北部沿岸のスキュティアないしカウカソス（あるいはトラキア）に住む女戦士の一族である。武器とりわけ弓を使うために（右の）乳房（mazos=mastos）を切除したことからこのように呼ばれたとされる。南米のアマゾン（川流域）はこのギリシア神話に由来する。序章（四二頁）でふれた、プロメテウスと黒海・スキュティア（ないしカウカソス）との結びつきを思い起こす。「黒海」については後述参照。

ヨナに言及しているもう一つの書物は、前一世紀頃の旧約偽典「第三マカベア書」である。歴史の中におけるイスラエル民族に対する神の恵みを列挙する文脈の中で、「父（なる神）よ、あなたは怪魚の腹の奥深くに閉じ込められて溶けそうになっていたヨナに目を留めて、家族のもとへ無事な姿で連れ戻してくださいました」（六8）と記している。「怪魚」はLXXヨナ二1などと「預言者の生涯」の「ヨナ」の項で用いられているのと同じギリシア語（ketos）である。また、ヨナ書にはない、ヨナが故郷へ戻ったということを付け加えている点において、「預言者の生涯」と一致している。

「呼びかけよ」（［大声で］叫べ、告げよ。カーラー qaraʾ）も重要なキーワードの一つで、これをLXXはケーリュッセインで訳している（ここはケーリュクソン）。このギリシア語は新約聖書では普通「のべ伝える」「宣教する」という意味で重要な役割を担っており、新約聖書に六十回現れる。LXXには二十九回現れ、その内五例がヨナ書である。

ここで「呼びかけ」の内容が記されていないことが注目される。「彼らの悪（ラーアー）が私の前に届いていると告げよ」（鈴木）という訳も不可能ではないが、ほとんどすべての学者（訳）が「〜届いているので（ゆえに）」と理解している（*Tanakh*=*NRSV*=*REB*=for）。参考までに*Tanakh*は proclaim judgment upon it と、J. M. Sasson は declare doom（有罪の宣告・判決）upon it と、「告げよ」の目的語（内容）を原文にない語で補い、D. Stuart は speak against it、*NRSV* は cry out against it、*REB* は denounce（公然と非難する）it とそれぞれ訳している。日本語では「とがめる」あるいは「警告する」にあたるかもしれない。普通「悪」「悪行」「罪」（evil, wickedness）と訳されるラーアー（raʿah）には「悩み」「困りごと」「災難」（trouble, misfortune）という意味もある。ラーアーとラーについては序章参照。

「私の前に届いている」の直訳は「私の顔の前にのぼった（LXX: anebe）」で、これは「配慮の対象である」「心に留めている」という意味であるが、同時にヨナの「下る（降る）」と対照されてもいる。さらに「私の顔の前に」は直後の「神の顔の前から」逃げ出すヨナの姿とも対照されている。LXXでは「のぼった」の主語は「その悪の叫び（krauge）」であり、これもヨナへの「大声で叫べ」という命令に対応する。

イザヤ書四五7には「（私ヤハウェは）光（H: ʾor）をつくり、闇を創造する者（H:bhoreʾ hoshekh）、平安（シャーローム）をつくり、災い（H:ra`）を創造する者」とある。「付論」で取り挙げるが、「光」「闇」「創造する」は創世記一1—3に現れることばに正確に対応している。この箇所については後述参照。「災い」は創造物語には現れない。ヨナ書にはラーアーとラー（悪、災難）はくり返し現れるが、「平安」「光」「闇」は現れない。創造物語とヨナ書に共通するのは後述するように、「（深）淵」と創造された最初の生きものである「怪魚」である。

ヨナは「ヤハウェの顔の前から（離れて）」（*Tanakh:* from the Lord's service）、「タルシシ」へ逃げよう（H: bhrh）とする。「ヤハウェの前から」でなく「顔の前から（離れて）」という表現は、創世記四16の、「（弟殺しカインが）ヤハウェの顔の前から離れて（去って）」の同じ句を連想させる。*Tanakh*が示唆しているように、カインの場合と同様に、ヨナはヤハウェの支配の及ばない、ヤハウェの目の届かない、ヤハウェのことば（命令）を二度と聞くことのない場所へ、逃げようとしたということであろう。

注目されるのは、旧約聖書の中で同じ「逃げる」（bhrh）という動詞が「ヤハウェの顔（の前）から」といっしょに現れるのは、詩篇一三九7の「私はあなた（ヤハウェ）のみ顔（の前）から（mppnykh）どこへ逃げることができるでしょうか」一か所のみであるらしいことである。この詩篇は神の遍在（omnipresence）を、すなわち天上、陰府（よみ、シェオール）、海の果てへ逃れても、神はそこにおいでになるので、神からはどこへも逃れることができないことを、詠んでいる。これは孫悟空の物語を思い起こさせる。（12節には「あなたにとっては暗闇は光と同じです」ともある）。旧約聖書では神は普通シェオールには不在であると考えられている。詩篇六5、三〇9、八八10—11、一一五17、イザヤ書三八18—19、外典ではハーデース（よみ、地獄）について同様に、「ベン・シラ」一七27、「バルク書」二17

など。シェオールにも神が存在するとうたうこの詩篇は異例である。Cf. Brueggemann and Bellinger.

ヨナ書の著者がこの詩篇を知っていたか否かはともかく（おそらく意識している）、そもそもヤハウェがニネベの運命を心に留めていること自体が、そして一9の「私は海と陸をお造りになった天の神ヤハウェをおそれる者です」というヨナのことばそのものが、この詩篇と全く同じではないとしても、ヤハウェの遍在を示し前提している。そしてそのようなヤハウェから（海へと）逃れることなど不可能なはずであり（痛烈な皮肉）、そのことを、「あなたは何ということをしでかしたのか」という一10の船乗りたちのヨナに対することばも端的に語っている。

旧約聖書には神ヤハウェからの呼びかけ（命令）に背いた預言者はヨナ以外には一人もいない。イザヤははじめは尻込みして「私は唇のけがれた者です」（六5）と語り、エレミヤはいったんは「私は主のことばをのべ伝えない、もう主の名で語らない」（二〇9）と言うが、結局は神のことばを預言している。もっともヨナも結局は神の命令に従うことになるが、神からの逃亡に失敗し、死（ぬほど）の経験を経て、無理矢理引き戻された結果、やむをえずそうしているのである。ヨナは、神から逃げることなど不可能なのに、そのことを充分承知しているはずなのに、なぜ命がけで神から逃げ出そうとしたのであろうか。その答えは四章のヨナ自身のことばにまたねばならない。

ちなみに、ヨナは異邦人に向かって異邦人の国（都市）に赴いて神の（くだす災いを予告する）ことばを語った（宣教した）旧約聖書の中で唯一のイスラエル人（預言者）であるが、旧約聖書の中で唯一人イスラエル人に対する神の祝福のことばを語った異邦人預言者がバラムである（民数記二二―二四章）。この二人はいわば逆対応している。これについては後で検討する。イスラエルを呪わせるためにバラムを招いたモアブの王バラクは、怒ってバラムを追い返そうとするが、その時のせりふが「自分のところへ逃げよ（bhrh）」（民数記二四11）で、ヨナ書一3の「逃げる」と同じヘブル語である。はたしてこれは偶然であろうか。なおバラク（Balaq）はつづりは異なるが、「祝福する」という意味のbrkと音がよく似ている。（現アメリカ大統領の名前はBarack Hussein Obamaであり、バラクは「祝福された者」を意味し、フセインはイスラム系の名前）。バラムは後にイエスの予兆とみなされることになる。

バラムは「（やがて）ヤコブから一つの星（コーカーブ）が出、イスラエルから一本の杖（シェーベト）が起こる」（民数記二四17）と預言する（「星」はたとえばイザヤ書一四12を意識しているのかもしれない）。この民数記のバラムの「星と杖」の預言は、創世記四九10の「杖（shebhet）はユダを離れない」などと結びつけられて、後にたとえばクムラン宗団などでは、メシア預言として受け止められ解釈されることになり、これが新約聖書へ受け継がれている。拙著『はじめての死海写本』参照。ベツレヘムの星もこれに起源する伝承による。

民数記二四17の「杖」がLXXでは「人間（anthropos）」と訳され、同じく創世記四九10の「杖」は「支配者（arkhon）」と訳されている。おそらくこれら、とりわけ前者の「人間」は、後の「人（間）の子」の重要な背景の一つであろう。フィロンは民数記二四17の「杖」を「偉大なる（強大な）……諸民族を支配（征服）する戦士」と解釈している（『賞罰』九五）。「十二族長の遺訓」の「ユダの遺訓」二四章参照。

3節全体は一つの文章から成っているが、その中に念を押すように「タルシシ」が三回現れる。前記のように、創世記一〇4には「タルシシ」はノアの息子ヤペテの子孫ヤワンの子孫の一人として

（キッティムと並んで）その名前が挙げられており、ヤワンは前述のように「（小アジア西部の）イオニア」地方ないし「ギリシア」のことであるとみなされている。後一世紀のユダヤ人歴史家ヨセフスは『ユダヤ古代誌』一・一二四で「イオニアと全ギリシア人はヤワンに由来する」と明記している。「タルシシ」は一昔前まで（最近でも一部で）はスペイン南部の港町の名前であろうと考えられていた。これはイスラエルの東に位置するニネベと正反対の方向でヨナが航行しうる最西端の町である可能性があり、それ故に興味深い解釈ではある。

イザヤ書六六19ではタルシシは、神の「名声を聞いたこともなく」、神の「栄光を見たこともない、はるかかなたの沿岸地方」の一つとされている（この直前にも「しるし」[LXX: semeia] が現れる）。タルグム（アラム語訳旧約聖書）とヒエロニュムスは「タルシシ」を「海」と解しており、D. Stuart（1987）はこれに従っている。

ヨセフスは創世記一〇4に対応する『ユダヤ古代誌』一・一二七でヘブル語聖書のタルシシを「タルソス（Tharsos）」とし、「タルソス（Tharsos）は自分の支配する者たちをタルソス人たちと呼んだ。というのも昔キリキアはこのように呼ばれていた。その証拠としてそれらの町々の中で最も注目すべき町は（今でも）タルソス（Tarsos）であり、それは（キリキアの）首都である」と記している。さらに『ユダヤ古代誌』九・二〇八では、ヨナの逃亡先を「キリキアのタルソス（＝タルソ）」と明記している（J. Limburg もこれに気づいている）。このことと新約聖書との関連、とりわけタルソ（ス）市民とされているパウロとの関連、パウロは実際はタルソ市民（出身）ではなかった可能性（が高いこと）については、「前稿」参照。

ヨナは「ヨッパ」へと「下る」（ヤーラド yrd, G: katabainein）。ガリラヤ地方のガテ・ヘペルのヨナにとって、地中海へと出航する港町としては、フェニキアのツロ（テュロス。ガリラヤの北に隣接する）あるいはその北のシドンの方が、かなり遠い南のヨッパよりもはるかに好都合であったはずである。ヨッパは歴代志下二16によれば、第一神殿建立に際してソロモン王がレバノンから切り出した材木をエルサレムへ運ぶ際の経由地（港）であり（ツロの王の書簡の中のことば）、エズラ記三7と外典「第一エズラ書」五53は、シドン人とツロ人への言及に続けて、第二神殿建立に際してレバノンから杉材（香柏）がヨッパを経由してエルサレムへ運ばれたと記している。歴代志の資料である列王紀にはこのヨッパへの言及はない。これらは第二神殿を第一神殿と同列同格に置こうとする歴代志史家の思惑（イデオロギー）によるものであろう。ここに見られるヨッパ（重視）の位置づけと、ヨナ書におけるヨッパの役割との間に、どのような関係があるかは、現段階ではよくわからない。しかし右記の位置づけに加えて、ヨッパはエジプトにも近いという利点があった、あるいはそのことが意識されていたのではないだろうか。なおシリアないしフェニキアと重なり合うレバノン（山）はギリシア語では Libanos で、「乳香」（libanos＝frankincense）と同じ綴りであり、「白い」という意味の lbn（アラビア語の laban＝milk 参照）に由来する。

ヨッパ（現在のテルアビブ・ヤ［ッ］ファ）はエルサレムから最も近い地中海沿岸の港町である。ヨッパが使徒行伝の中で、異邦人伝道（宣教）へ向けての決定的に重要な役割を果たしていることについては「前稿」参照。ヨシュア記一九46で「ヨッパの周辺の（近くの）地域」がダン族の領土とされているが、この「周辺の」ということばが暗示しているようにヨッパは旧約聖書の中ではイスラエル（ユダ［ヤ］）の一部とはなっていない。ヨッパがユダヤに併合されたのは前一四八年頃（「第一マカベア書」一〇76）あるいは前一四五／四年頃（同一一33―34）のことであるらしい。したがって、これ以前の時代のヨナは先に見たようにイスラエル（ユダヤ）の領域の外へと向かったのであり、ヨッパでイスラエル人に出会う可能性は低く、そこから出航する船の船乗りないし乗船者がイスラエル人である可能性はさらに低い。つまりヨナは異邦人の群れの中へと、おそらく名前と身分と共に姿を隠（そうと）したことになる。

旧約聖書ではヨッパはフェニキアの港町ツロとシドンと比べてはるかに出現頻度が低い。著者がガリラヤ人ヨナの逃亡の中継地としてより自然なツロないしシドンではなく、ことさらにヨッパを選んでいることには何らかの（明瞭な）メッセージがこめられている。たとえばフェニキアとの連想を故意に避けることによってそのことを読者に印象づけようとしたのか、あるいはむしろ後述するアンドロメダとペルセウスの神話と関連付けようとしたのかもしれない。ヨッパはヘブル語でヤーフォーであり、ヤーフォーは「美しい」という意味の yphh に由来し「美しさ」という意味の yophi と同義であろう。

ヨセフス『ユダヤ戦記』二・四一九―二〇には、「ヨッパには自然的条件により港がなかった。海岸は岩肌でごつごつして」おり、「海に突き出た岩場……にはアンドロメダを縛っていた鎖の跡がいまなお認められ、伝説の古さを証明している」とある。この記述からは一世紀以前にヨッパに港があったか否かを断定することはできない。

インターネットで有名なヤフー（Yahoo）の名前の由来についてはしかるべき公式の説明の他に、『ガリヴァー旅行記』（一七二六年）の中に登場する（人間の姿をした獣）Yahooにより「粗野で乱暴な人、ぼんくら」というニュアンスがこめられているとも言われているが、ヨッパ＝ヤーフォーがこれらの背景にある可能性がある〔註〕。

長らくアラブ人の港町であったヨッパに、十九世紀末にヨーロッパからエルサレムをめざす帰還ユダヤ人（シオニスト）たちが地中海から上陸し、新たな歴史が始まった。彼らは基本的に先住のパレスティナ・アラブ人の存在を無視しながら、ヨッパの近くにテルアビブを建設した（正確にはヨッパ＝ヤーフォーは都市テルアビブとは区別される）。テルアビブはヘブル語で「春の丘」を意味し、近代シオニズムの祖テオドール・ヘルツルの小説『古くて新しい国』の元々のタイトルにちなんだもの。「古くて新しい国」は言うまでもなくイスラエルのことで、ヘルツルは自分が構想するイスラエル国を希望あふれる春の丘にたとえたのである。一九四八年にこのテルアビブでイスラエル国建国が宣言され、テルアビブは現在に至るまでイスラエルで最大の人口を擁する、最も近代的に整備され（アメリカナイズされ）た町で、実質的な首都である。イスラエルは公式にはエルサレムを首都と宣言しているが、国際的には認められていない。

ヨナは「首尾よく（H:matsa゛にはこの含みがある）タルシシ行きの船を見つけ」、船賃を払ってその船に「下り（H: yrd）」（LXXは embaino.「乗り込む」）、あるいは「その船で（に乗って）、神の顔の前からタルシシへと下ろうとした」。暴風に遭難する直前の順調な船出は、使徒行伝二七13を連想させる。著者は3節の中で「神の顔の前から（離れて）」をくり返して、明らかに強調している。

4節ではヤハウェが「大きな風」を海に向けて吹きつけ、海は「大しけ（暴風）」となる。ヘブル語の散文は普通、動詞＋主語＋目的語（補語）という語順を取るが、4節冒頭の「船が難破しようとした」と5節の「ヨナは船倉に下った」と三3の後半と四11でのみ、主語が（and の意味の we という接続詞の直後の）文頭に置かれている。これは明らかに主語を強調している構文で、ここでは「ヤハウェ」が強調されているのかもしれない。「大きな風」＝ルーアハ・ゲドーラーは、聖書では必ず神が引き起こしている。同じヘブル語が列王紀上一九11で、ヤハウェからエリヤへのメッセージの手段（つまりしるし）の一つとして現れている。こうしてエリヤとヨナのつながりを示唆することばが重ねられていく。なおLXXはこの「大きな風」をプネウマと訳し（て「大きな」を省い）ている。これは「（聖）霊」に通ずる。

「大しけ（暴風）」（H: saʿar gadhol、LXXは「大きな波」）は旧約聖書では神の怒りの表現である。「船が難破しようとした」の「しようとした」（H: hashabh）は、「考える、企てる、計画する」という意味で、船が主語になって擬人化されているのはこの箇所のみである。そのためタルグム（アラム語訳）は「難破しそうになる」と、LXXは「（こなごなに）砕ける危険に陥った（さらされた）（kindyneuei ＋ syntribein）」と訳している。「砕く、砕ける」の syntribein は新約聖書で七回用いられている。「しようとする」には「難破する、こわれる」（shbhr）との語呂合わせが感じられる。

マタイ福音書八23―27、マルコ福音書四35―41、ルカ福音書八22―25にイエスと弟子たちがガリラヤ湖上で嵐に遭う場面があるが、LXXヨナ書と照らし合わせると、後者（ヨナ書）の前者への影響は顕著である。マタイ八23とルカ八22の embainein「（船に）乗る」、マタイ八23とマルコ四36とルカ八22の ploion「（小）船」、マタイ八24の thalassa「海」（実際は「湖」）、ルカ八23の kindyneuein「窮地に陥る、危険に陥る（さらされる）」、マタイ八24とマルコ四38の katheudein「眠る」、マタイ八25とルカ八24の proserkhomai「近づく」、ルカ八24の klydon「波」、マルコ四41とルカ八25の phobeomai（phobon megan）「（非常に）おそれる」（ヨナ書一5、16）が、ヨナ書のLXXに現れることばと一致している。これらの一致は偶然ではありえない。使徒行伝の伝えるパウロの一行の海難記事についてはあとで見ることにする。

5節は「そしておそれた（ヤーラー H:yr'）、船乗りたちは」と始まり、「それぞれが自分の神（'elohim）に（助けを求めて）呼び（叫び）かけ」と続く。「ヤーラー」も重要なキーワードで、物語が進むにつれて「畏敬の念を抱く」「信仰する」という意味に近づいていく。「下る」（yrd）との語呂合わせがあるかもしれない。

ここではじめて「神」の意の「エローヒーム」が現れる。ヨナ書にはヤハウェが二十二回、エローヒームが十三回、ヤハウェ・エローヒームが四回現れる。この三つの表現の使い分けは間違いなく意図的であろう。どのような意図をもって使い分けられているかに注意を払いながら読み進めたい。

「呼び（叫び）かけた」はツァーアク（ts'q[cry out]）でLXXは anaboao である。これは2節の「呼びかける」（カーラー）と同義である。つまり2節で神がヨナに命じたことを、異邦人水夫たちが実行し始めている。厳密に言えば同じ動詞ではないので、その点についてはひとまず留保するとしても、窮地に陥った場合に「（自分のより頼む）神に（助けを求めて）呼びかける」のは自然な反応であり、ヨナではなく異邦人水夫たちがそうしたと描いている点に、著者のメッセージがこめられている。

ここで「呼び（叫び）かける」に対応しているLXXのギリシア語アナボアオーは、ヨナ書の中であと二回、一14と三8に現れるが、その二例とも2節で用いられているヘブル語カーラーの訳であり、一

14は「彼ら（乗船者たち）はヤハウェ（LXXでは「主」）に向かって呼びかけた」、三8は「彼ら（ニネベの人々と家畜）は神（H: elohim, G: theos）に向かって熱心に呼びかけよ」（LXXは「呼びかけた」）である。いずれも異邦人が主語になっている。この二か所以外にも、LXXの中で六回アナボアオーがカーラーの訳語として用いられている。これによって先ほどの留保は解除してもよいであろう。以上によって、神がヨナに命じたことをヨナがしないで異邦人がしているというメッセージを読み取ることができる。このメッセージは物語の進行につれていっそう明らかになる。

なお列王紀上一七20の（フェニキアのシドンのザレパテの未亡人の死んだ息子を階上の部屋の寝台に寝かせて）、「彼（エリヤ）はヤハウェに向かって呼びかけた（カーラー）」をLXXは「エリヤは呼びかけ（anaboao）て、言った『主よ、ああ何と恐ろしいことでしょう（oimmoi）……』」と訳している。LXXヨエル書一17（MT一15）はこのoimmoiを三度くり返して「ああ、ああ、ああ何と恐ろしいことでしょう、主の日が近いとは……」と記している。列王紀上一七22のMTの「その子どもの生命はその体に戻り、彼は甦った」をLXXは「その子どもは叫んだ（anaboao）」と読み、一八36にも「エリヤは天に向かって呼び（叫び）かけた（anaboao）」（MTに対応なし）とあり、これに「そして言った『主よ、神よ……私のことばに耳を傾けてください（同じ願いが四度くり返される。後の二回はMTでは「私に答えてください」）』」が続く。重ねてヨナ書とエリヤの記事との対応が認められる。

なおこのギリシア語anaboaoの新約聖書中の用例はマタイ福音書二七46の「イエスは大声で（神に向かって）呼び（叫び）かけた（anaboao）……『わが神、わが神、あなたはなぜ私を見捨てた（enkatelipes）のですか』」一か所のみである。普通これは詩篇二二篇の冒頭部分の引用とされているが、同時に今紹介したLXX列王紀上一七20、22、一八36（「主よ、神よ……耳を傾け［答え］てください」）とヨナ書も意識されていた可能性がある、あるいはその可能性が高い。

船員たちが「船の積み荷を海に放り投げて船を軽くしようと悪戦苦闘している」のを尻目に、「ヨナは船底（船の奥まったところ、奥深いところ、船倉）に下って（降りて、H: yaradh、G: katabainein）、横になって（H: wayyishkabh）、深く眠り込んでいた」。重ねてのヤーラド（下る）に注目。「奥まった（奥深い）ところ」は、船長からの連絡が遅れたことを説明するかもしれない。LXXのkoile（船倉）はあとの「怪魚の腹（koilia）」（二1、2）を連想させる。ヨナはkoileからkoiliaへ移動したことになる。

5節の「積み荷を海に投げ捨てる」はLXXではエクボレーン・エポイエーサント（エポイウーントと読む写本あり）・トーン・スケウオーンで、使徒行伝二七18の同様の状況の描写のエクボレーン・エポイウーントと酷似し（同じ名詞と動詞が用いられ）ている。「眠っていた」をLXXは「眠り込んでいびきをかいていた（rhenkhein）」と読んでいる。rhenkheinはLXX中ここと次節にのみ現れるまれなことばで、新約聖書やその他のユダヤ教文献にも現れない。「深く眠り込んだ」はラーダムで、創世記二21の「神ヤハウェは人（アダム）の上に深い眠りを送り込んだ」やイザヤ書二九10の「ヤハウェはあなたがたの上に深い眠りの霊を注いだ」の「深い眠り」（thardemah）と同じ語根のことばである。これらの用例はいずれも「熟睡」に言及しており、LXXの「いびきをかく」も同趣旨である。ヨナは暴風にも、船員たちの叫び声や大騒ぎにも、全く気づかないほどに「熟睡」していたのである。

箴言一〇5の「刈り入れ時に眠る者は恥を招く」の「眠る」でも同じ動詞が用いられ、同一九15の「怠惰は人を熟睡させ、怠け者は飢える」の「熟睡」は同じ語根に由来する名詞タルデーマーである。

ヨナ書の著者はこれらの箇所の含みをも意識していたものと思われる。

列王紀上一九4―5には（迫害から逃れたエリヤがヤハウェに自分の死を願い求めて）「『ヤハウェよ、もう充分です、今私の生命を取ってください（ヨナ書四3に酷似）。……』と語り、彼（エリヤ）はえにしだの木の下で横になって（wayyishkabh＝ヨナ書一5）、眠り込み（wayyishan）……（そこに現れた）天使が『立ち上がれ（H: qwm、G: アナステーティ＝ヨナ一2）……』と語りかけた」とある（天使の命令は7節でくり返されている）。この箇所はあとでもう一度取り挙げる。

6節に入ると、おそらく異邦人である「船長」（直訳は「綱（ロープ）の主」）がヨナに近づいて、「（こんな状況の中で）あなたは熟睡して（LXXいびきをかいて）いるとは何ごとか」といぶかり、あるいは非難をこめて問いかける。ヨナ書という短い書物の中に十四もの疑問文が出てくるが、これが最初の疑問文である。船長はすぐ続けて「立ち上がれ、あなたの神（'elohim）に呼びかけよ」と命ずる。この命令の最初の二語は、まさに2節でヤハウェがヨナに命じたことばそのままである。異邦人である船長がヤハウェのことばを代弁している。LXXは「アナスター・エピカルー」で、2節の「アナステーティ」「ケーリュクソン」とは異なるが、アナスターとアナステーティとは同じ動詞（anistemi）の命令形の別形である。エピカルーはエピカレオーあるいはエピカレオマイの命令形で、LXXの中でこの動詞はざっと見たところヘブル語カーラーの訳語として数十回用いられており、LXX一2のケーリュッセインは十数回カーラーの訳語として現れるので、LXXでもここで実質的に2節と同じ命令が船長によってくり返されていることになる。

epikaleo（epikaleomai）はLXX列王紀上一七21の「彼（エリヤ）はヤハウェに呼びかけた（カーラー）」と

同一八24の「私（エリヤ）はヤハウェの名を呼ぼう（カーラー）」でも、カーラーの訳語として用いられている。エリヤとのつながりが再び示唆されている。

これに続く船長のことばは「たぶん（もしかしたら 'ulay）、（あなたの）神が私たちのことを好意的に心に留めてくださり、私たちは滅びないですむかもしれない」である。異邦人のこのような控えめで謙虚な、神の前での人間としての分をわきまえた、言い換えれば神の自由を束縛しないことば遣いは、ヨナ書の特徴である。一14の乗船者たちのことばや、三9のニネベの王のことば（「もしかしたら 'ulay」！）を参照。これらは「私は知っている」（一12など）などでくり返されているヨナの自信満々で断定的な物言いと対比されている。民数記二三3でも異邦人預言者バラムが「もしかしたら（たぶん 'ulay！）ヤハウェは私にお会いくださるかもしれない」と語る。「ユディト書」におけるユディトも、同じように神の自由（なみ心）を人間が拘束束縛することを戒めている（八16―17など）。ヨナとバラムの（逆）対応については前に見た。

6節で異邦人の船長はヨナに対するヤハウェの命令（2節）をそのままくり返しており、神のことばを代弁しているが、これに対するヨナの応答反応は一言もふれられていない。ヨナは度重なるヤハウェの命令、促しに抵抗反抗し、あるいはそれを完全に無視し黙殺し、沈黙を守っている。

7節冒頭は「彼らは言った、一人ひとりがその友（隣人）に（向かって）」で、「序章」で紹介したように、「友（隣人）」は「悪、災難」と同じ子音。創世記一一3冒頭と列王紀下七3と全く同じ表現であり、著者はそれらを意識している。

無為無策無言のヨナに代わって、7節で異邦人の船乗りたちが「誰のせいでこんな（ひどい）災難

（ラーアー。直前の「隣人」と同じ子音！）が我々の身にふりかかったかを知る（ヤーダア）ために、くじを引くこと」を提案する。これは、彼らのそれぞれの神への呼びかけ（叫び）も空しく、積み荷を海に投げ捨てても（この行為にも神からの救いを願う気持ちがこめられている）、嵐はいっこうにしずまる気配もなく、船の上では命がけの修羅場が続いていることを意味している。ヨナの姿に一貫して認められるのは、この災難を引き起こした人間としての当事者性（意識）と責任感の欠如である。

「災難」と訳したラーアーは2節の「（ニネベ市民たちの）悪」と同じヘブル語で、前に示唆したように2節も「災難」という意味である可能性がある。くじ引きの提案は、彼らが、この災難（暴風）が何らかの神の怒りに起因することを、つまり船中の誰かが何らかの神に対して何らかの罪を犯したため、神を怒らせ、その結果神罰がくだっている、と考えていることを意味する。また、くじ引きは、あれこれと手を尽くしたあげくの、神意をうかがう窮余の策・最後の手段であるといってよい。

興味深いのは前五世紀、ソクラテスとほぼ同世代のアテナイの弁論家アンティポンが、殺人罪で告訴された被告を弁護して、被告が乗っていた船が無事に目的地の港に到着したことを、その無罪の証拠証明として挙げていることである。

「知る」（ヤーダア）も重要なキーワードである。「くじ」はヘブル語でもギリシア語でも三回め（7節の終わり）以外は複数形。ここと同じように、災難を引き起こす元凶となっている罪人を突き止めるためのくじ引きを描いている、ヨシュア記七章（ユダ部族の、ゼラ氏族の、ザブデの家族の、アカンを特定するために、四回くじ引きがくり返され、アカンは石打の刑で殺される）や、サウル王の問いかけに神が答えないのは誰が断食の誓いを破ったためかを突き止めるくじ引きを描いている、サムエル記上一四

24―46（断食の誓いを知らないで、蜂蜜をなめた、サウル王の子ヨナタンは、二度めのくじで特定されるが、民のとりなしによって一命を取りとめている。ただし、サムエル記上三一章で、ヨナタンは父サウルと共に戦死している）でも、くじは複数回引かれている。

災難（暴風）がやまず、神に呼びかけても応答がない、という状況は、これらの二か所を連想させる。ただそれらと違うのは、ここでは異邦人の船乗りたちが主導して、神意を尋ねてくじを引いていることで、しかもくじは正確にヨナに当たっている。つまり神ヤハウェは異邦人船乗りたちの命がけの問いかけにまともに答えていることになる。これは聖書の中でもきわめて異例である。箴言一六33の「くじはひざに投げられるが、そのすべての決定はヤハウェから来る（による）」と、同一八18の「くじは争いをとどめる（争いに決着をつける）」は、この箇所と無関係ではないであろう。

「そしてくじがヨナに当たった」はLXXでは kai epesen（落ちた）ho kleros epi Ionan であるが、使徒行伝一26の「そしてくじがマッティアスに当たった」kai epesen ho kleros epi Maththian と、固有名詞以外は全く同じギリシア語であり、これは偶然とは考えにくい。

くじが自分に当たることを予想しつつ、くじが引かれている間、そしてとうとうくじが自分に当たった時の、ヨナの心境（反応）については、一言も記されていない。ここにも著者のメッセージがこめられている。

8節の船乗りたちのヨナに対する問いによって、彼らが異邦人（非ユダヤ人）であることが明らかになる。【共】の「詰め寄って」は原文にない（船乗りの印象を悪くする）ニュアンスを読み込んでいる。ヘブル語原文は単純に「彼らは彼に言った（語った）」である。ここでも異邦人の船乗りたちは好意的に描かれている。彼らはくじの結果をうけてすぐにヨナを海に投げ込むことなく、暴風の吹き荒れる中で、冷静沈着に、真相の解明把握につとめようとしている。第一に気づくのは、彼らがヨナに名前を聞いていないことである。乗船する際にヨナが乗船者名簿に記名していたとも記されていない。

船乗りたちのヨナへの最初のことばは「告げ知らせよ」(nagadh)で、LXXはアパンゲイロンである。この動詞 **apangello** は新約聖書に約四十七回現れるが、マルコ福音書五19にここと全く同じアパンゲイロンという命令形が現れる。

これに続く船乗りたちのことばは、普通「誰のせいでこんな災難が我々の身にふりかかったのか（告げよ）」というような質問的な命令として訳されているが、その場合7節のくじ引きの動機付けのことばと実質的に同じことになる。7節と8節のヘブル語は違っているが、LXXでは両者は全く同じである。くじがヨナに当たった以上、その答えはすでに与えられているはずであるから、このような質問をするのは不自然である。たぶんそのせいもあって、LXXの重要な古い三つの写本やその他の写本と、いくつかのMTの写本が、この「質問」を省いている。この省略はこの文章の直前と最後に同じヘブル語（ラーヌー「私たちに」）が現れるため、筆写者が最初のラーヌーから二番めのラーヌーへと目を移してしまい、その間のことばをとばしてしまったため生じた、と説明されている。*The New Jerusalem Bible*（1999）はこの文章を省いている。

これを省かない場合、*Tanakh*（1985）は "Tell us, you who have brought this misfortune upon us" と、*NRSV*（1989）は "Tell us why this calamity has come upon us" と、*REB*（1989）は "they wanted to be told how he was to blame" と、J. M. Sasson（1990）は "Tell us, you who are responsible for this calamity of ours"

とそれぞれ訳し、サッソンは"because it is you who are bringing this calamity upon us"という意味であると註記して、この問題を回避（解決）している。もしもこのことばを質問的な命令と取った場合、ヨナはこの問いにも答えていないことになる。

続く問いは、普通「あなたの仕事は何なのか」（【ロ】＝「職業」、*Tanakh*: business）と訳される。「仕事（職業）」はヘブル語メラーカー（LXXエルガシアー）で、ヨナ書に酷似した文脈を提供している詩篇一〇七23で「商売」（LXXエルガシアー）という意味で用いられている。使徒行伝一九25でもエルガシアーが「商売、なりわい」という意味で用いられている。さらにエゼキエル書二七12は、（北のフェニキアの）テュロス（ツロ）の商人がタルシシと交易をしている、と記している。なおメラーカーについては、羽入参照。

これに対してJ. M. Sassonはメラーカーをmission（使命）と訳している。その理由として、彼は、くじがヨナに当たったからには、船乗りたちはヨナが単なる商売人ではなくて何らかの神命をうけた人物ではないかと考えたはずであり、また相手の職業を尋ねる際に、旧約聖書は普通（創世記四六33、四七3などで）マアセー（この二か所のLXXはto ergon＝仕事）というヘブル語を用いている、という点を挙げている。

続いて船乗りたちは、「(a)あなたはどこから来たのか。(b)あなたの国（土地。エレツ）はどこで、(c)あなたはどの民族に属しているのか」と、ヨナに尋ねる。(a)はヘブル語でメーアイン・ターボーで、士師記一七9と一九17に全く同じヘブル語が現れる。ちなみにVは(a)を省略している。

くじの結果をうけて、船乗りたちが、ふりかかった災いの元凶であるヨナと災難との関係を知ろうと問いかけたのに答えて、ようやくヨナが口を開く。9節のヨナの返答は、「私はヘブル人です」と手短に（ヘブル語原典は「ヘブル人、私」の二語のみで、「です」に当たることばはない）問い(c)にのみ答えている。これがヨナ書の中でヨナの発した最初のことばであることと、ヨナがイスラエル人でもユダヤ人でもなく「ヘブル人」であると自称していることが注目される。

ヘブル人というヨナの自称は明瞭に意図的である。ヨナ書の著者は、ヘブル人ということばがアブラハムをはじめとする民族の古い始祖の姿や（たとえば創世記一四13など）、出エジプトの故事（出エジプト記一15―16、一二13）などを連想させるゆえに、ヨナにこの呼称を使わせたのであろう。「ヘブル人」という呼び名は、古風な雰囲気を漂わせており、元来はイスラエル（ユダヤ）人の蔑称であったが、前四〇〇年頃（あるいはヘレニズム時代）以降は伝統主義・正統主義・保守主義と結びつきやすく、それはユダヤ人の尊称敬称として「伝統を重んずる、立派なユダヤ人」という含みで用いられるようになっていた。「ユディト書」一〇12、「第四マカベア書」五2などを参照。パウロもコリント後書一一22やピリピ書三5で、自分が「ヘブル人」であることを誇り、自慢している。詳しくは「前稿」参照。

LXXは「私はヘブル人」を「私は主のしもべ（奴隷 doulos）です」と訳している。これはヘブル語本文（ʿibhry）を ʿebhedhy（ahawe）＝「ヤハウェのしもべ」と読んだためかもしれない。ヘブル語アルファベットでは「r」と「d」は形が非常によく似ていて紛らわしく、写本の伝承の際に書き誤りやすい。それと並んで、あるいはそれ以上に、おそらく列王紀下一四25で、ヨナが「彼（ヤハウェ）のしもべ（H: ʿebhedh, G: doulos）」と記されていることによるものと思われる。

なお「私」はヘブル語でアーノーキーであるが、ヘブル語にはもう一つ別に「私」を意味する(次の文の主語)アニーという代名詞がある。9節にもう一度出てくる「私」はアニーである。ヨナ書の著者はこの二つを使い分けている。アーノーキーの方が、古風で荘重な雰囲気を持つことばである。あえて日本語に訳せば「我が輩」とでもいう感じであろうか。つまりこの「我が輩はヘブル人」には、著者のかなりきつい皮肉がこめられているように思われる。ここでふと『我が輩は猫である』を思い起こす。

これに続くヨナのことばは、原文どおりには「そしてヤハウェを、神を、天(シャーマイム[複数形])の、私は(アニー)おそれている、(その神は)海と陸とをつくった」で、ここでは明らかに冒頭に置かれている「ヤハウェを」が強調されている。「ヤハウェ」ということばを、アラビア語の hwy「吹く、落ちる」と関連させて、元来風を吹かせ、雨を降らせ、雷を落とす嵐の神であったとする説(定説でも多数説でもないかもしれない)がある。ヤハウェがその名前を耳にした船乗りたちにどのような印象(インパクト)を与えたかはよくわからないが、おそらくフェニキア人(?)であった船乗りたちは、カナン・フェニキアの神「天のバアル」(天空神)を崇めていたと思われる。

ちなみにギリシア神話の最高神ゼウスも、それを受け継いだローマ神話のユッピテル(ユーピテル→ジュピター)も、元来「晴れた(すんだ)空の神」を意味していた。オリエント(シュメールやバビロニアなどの)神話の(主)神アヌ(ないしアン)も「天の神」であったとされている。アヌは「天、空」の意のギリシア語ウーラノスと関連があるかもしれない。したがって「天の神」は最高神であり、暴風雨を支配する。船乗りたちもその点を直ちに理解したものと思われる。バアルも「嵐の神」であった。

なお旧約聖書では「ヤハウェ」はしばしば「天の神（時に、天と地の神）」と言い換えられている（創世記二四3、7、歴代志下三六23など）。「主の祈り」も「天（複数形）にまします我らの父よ」とはじまっている。

ヨナは、船乗りたちから問いかけられたことにはきちんと答えようとせず、尋ねられてもいないのに、ヤハウェは「天の神」であり、「海と陸（乾いた土地）をつくった」と続け、ヤハウェが天（空）・海・陸地、つまり天地万物、全宇宙を支配していることを、厳かに宣言する。天の神と海陸の創造者なる神が結びついて現れるのは旧約聖書の中でここのみである。ヤハウェの支配領域は、普通「天（空）―陸（土地）―海（時に加えて陰府《よみ》＝シェオール）」という順序またはその逆順で挙げられる。LXXハガイ書二6、21の「天と地と海と陸（乾いた土地）（を揺り動かす）」を参照。ここの「天―海―陸」という並べ方は異例であり、明らかに意図的である。つまり、ヤハウェは暴風雨をもたらしそれを終息させることのできる天の神であり、航海をつかさどる海の神であり、船からおりたあとの陸地での生活をもつかさどる（見守る）神であることを、ヨナは船乗りたちに（尋ねられてもいないのに偉そうに）説き教えている。二章と四章の神への祈りを別にすると、ヨナ書の中で例外的なこのヨナの演説は、教科書的で紋切り型の駄弁であり、それなら何故その神様に一刻も早く窮状からの救助を祈り求めないのか、そして船乗りたちと共に切迫している危機の打開に努めようとしないのか、などと問われざるをえない。そもそも神からヨナに課せられた使命に背いている状況の中で、その神からの指示命令と全く無関係な口舌をふるうことは、根源的な矛盾であり、害悪の垂れ流しそのものである。自分の置かれている状況と、その状況の中で自分自身の果たしている役割と責任に余りにも無自覚である。しかし海上で、ヨナの神への反抗によって引き起こされた暴風雨に翻弄されている素朴で淳朴な異邦の人々にとっては、「海をつくった天（候）の神」は、何としてもすがりたい（すがらざるをえない）神ということになる。アイロニーそのものである。

ここで著者は、海をつくり（支配していると）ヨナ自身が信じていると公言している神ヤハウェの「顔の前から逃げ出す」ために、ヨナが海へと赴いていることの矛盾をも、皮肉をこめて読者に示している。前述のように、海のみでなく、そもそもヨナの語る「遍在する神ヤハウェ」の顔の前から離れて逃亡することなど不可能なはずである。異邦人の船乗りや乗船者たちは、その点にすぐに気づいている。しかしヨナ一人がそのことに気づかない。この言動の矛盾とアイロニーを著者は強調している。

ヘブル語には「土地」を意味するより一般的なことばとしてエレツがあり、8節の船乗りたちの質問ではエレツが用いられている。著者はここではエレツを避けて、「陸地（乾いた土地）」の意味のヘブル語ヤッバーシャーを用いている。このことばは、天地創造物語にくり返し現れ（創世記一9、10）、出エジプトの際の紅海（葦の海）（Re[e]d Sea）徒渉の際（出エジプト記一四16、22、29、一五19など）や、ヨルダン川徒渉の際（ヨシュア記四22）に、つまりイスラエル民族の歴史上の重要な節目で用いられている。ヤッバーシャーは13節と二11にも出てくる。

詩篇九五5にも「海は彼（ヤハウェ）のもの、彼はそれをつくった。またそのみ手は乾いた土地（ヤッバーシャー）を形づくった」とある。

「おそれている」はヤーレー（分詞）で、5節で船乗りたちが「おそれた」とあるのも、すぐあとの10節冒頭の「人々は非常におそれた（周章狼狽した）」も、同じ動詞である。【口】と【改】はこれらを同じ「恐れる」で訳しているが、「文語訳」と【共】と「鈴木」と「関根正雄訳」(教文館、一九九四年)は、ここ(ヨナのことば)のみ「畏れる」と、5節と10節(異邦人の場合)は「恐れる」と訳し分けている。この訳し分けによって著者のメッセージ(意図)が隠されてしまうことになる。これが俗説(教)へとつながる。LXXは5節と10節ではphobeomai(おそれる)と、ここではsebomai(敬う、崇拝する)と訳し分けている。【共】や「鈴木」などはおそらくそれとは気づかないで(無意識に)LXXに従っている。いずれにせよヨナのこれまでの(そしてこのあとの)言動は、ヨナがヤハウェを本当に「おそれて(も敬っても)」いないことが、むしろ実態はその正反対であることを、端的に示している。ヨナ書ではヨナは一度も悔い改めていない。

「海と陸地をつくった天の神」の前には、その被造物として万人が平等のはずである。そのことは、たとえば出エジプト記二〇10–11や詩篇一四六篇などから明らかである。ところがヨナは、これまでの自分の行動は棚に上げて「我こそはヘブル人」「私はヤハウェをおそれ(敬う)者」とたんかをきり、自分自身と船乗りたちとの、民族的かつ宗教的な相違を際立たせ、自分自身を優位に置いているように見える。言い換えれば、ヨナは自分のあやまちを全く悔いておらず(それに気づいてもおらず)、自分自身が神命に背いたことが人々の生命を脅かすという事態(結果)を引き起こしてしまっていることを詫びても謝罪してもいない。その事に心を痛めてもいない。当事者意識と責任感の欠如である。ここに著者の強いメッセージが認められる。本当に言わんとすることと一見逆のことを「主人公」に語らせ、二つの意味の間にあるコントラスト(対照)によってそれを揶揄《やゆ》し、メッセージを伝え、場合によっては読者(聴衆)を笑わせること、これこそパロディーでありアイロニーそのものであると言ってよいであろう。

ヨナのことばを聞いて、「人々は大きな恐れをおそれた」（10節。直訳）とある。5節の「おそれた」がいっそう強められ、主語も「船乗りたち」から「人々」に、つまり乗船者たち全体へと拡大されている。ここには「漸増法」ないしは「漸昇法」が認められる。「大きな恐れ」（イルアー・ゲドーラー）は16節に（同じく「おそれた」の同族目的語として）再出するが、旧約聖書の中ではこの二か所にしか現れない（イルアー「恐れ」は五十回弱現れる）。ヨナ以外の、異邦人船乗りと乗船者たちは、ヨナとは対照的にヤハウェをおそれヤハウェ信仰へと徐々に進んでいく。ヨナは口先で「ヤハウェをおそれてい る」というのみで、そのことばに内実がなく、実際の行動においては神をおそれてなどいないことが明らかなのに対して、「人々は大きな恐れをおそれた」のである。ここではヨナの口先だけのおそれと異邦人のおそれが対比されている（本書一八九―九〇頁）。同時に直前のヨナの発言が人々のおそれを誘発することの不自然さも暗示されている。

創世記三一42、53では神ヤハウェが「イサクのおそれ（パハド）」と呼ばれている（*NRSV* の脚註にはヘブル語の意味不明とある）。出エジプト記三6によればモーセは神ヤハウェの「顔を見ることをおそれ（ヤーレー）」、神ヤハウェの天使を見たギデオン（士師記六22―23。神はギデオンに「おそれる［ヤーラー］な」と語る）、ましてや神ヤハウェの顕現に接した人間は、恐怖におちいる（イザヤ書三5―7など）。ヨブ記を参照。さらに出エジプト記一四31の「（イスラエルの）民はヤハウェをおそれた」、ヨシュア記二四14の「あなたがたはヤハウェをおそれなさい」、詩篇一五4の「ヤハウェをおそれる人を尊ぶ」、箴言一7の「ヤハウェをおそれることは知恵のはじめ」、伝道の書一二13の「神をおそれ、その戒めを守れ。これがすべての人の本分である」などによって、おそれは信（仰）とほとんど同義であることがわかる。現代人（特に一部のキリスト教徒）にとって「信仰」ということばがなにがしか手垢の付いた（できれば避けたい）ものに感じられ（信や信実や信頼と言い換えたくな）るのと同じような感覚を、古代の人々も感じていたのかもしれない。この点はあとでもう一度検討する。

これに続く10節の「そして彼ら（人々）は彼（ヨナ）に語った、『何を（なぜ）……』」は、すぐあとの11節冒頭と全く同じことばである。その間にヨナは一言もことばを発していないが、説明の文章がはさまれている。そこには「ヨナが（自分から？　そのことを？　真相を？）彼らに打ち明けたため、人々は、ヨナがヤハウェの顔の前から（離れて）逃げ出したことを知った（ヤーダア）ので、『あなたは何（ということ）をしたのだ（あるいは、なぜこんなことをしたのだ（LXX）、どうしてこんなことができたのだ）』と、語った」とある。ここではヨナの知が異邦人の知と対比されている。『　』内の問いのヘブル語本文にあるゾース（＝女性形）（LXXのトゥート＝中性形）は「これ、このこと」という意味の指示代名詞である。この文章はWhat is this (that) you have done？という意味であるとされているが(Climes)、*Tanakh* はWhat have you done？と訳してゾース（this）を訳に反映させていない。鈴木訳も同じ。

旧約聖書の中のこの質問（ないし感嘆文）と同じ構文の文章を調べてみよう。たとえば創世記三13ではヤハウェが（アダムに善悪の知識の木の実を手渡した）エバに向かって、同一二18ではエジプト王パロが（妻サラを差し出した）アブラ（ハ）ムに向かって、二六10では同じような状況でアビメレクがイサクに向かって、二九25ではヤコブが（ラケルの代わりにレアを差し出した）義父ラバンに向かって、同じように問いかけており（その他士師記二2、一五11など）、いずれの用例でも、相手から答えを求めるというよりは、相手の不適切な言動に対する非難・叱責ないし抗議がこの発言の趣旨（主意）となっている。

　ここでもそのような含みで用いられている。異邦人の船乗りと乗船者たちがヨナをとがめ、しかっているのである。ヨナには返すことばもない。「ヤハウェの顔の前から」は3節に二度現れたのと全く同じことばである。この点と創世記三13の「あなたは何ということをし（でかし）たのだ」などを参照すれば、ここでも異邦人たちがヤハウェの代弁者となっていることは明白である。

　10節の「ヨナが彼らに打ち明けたため」には「何を打ち明けたのか」が記されていない。著者はこれを意図的にぼかしている。したがって、もしかするとこれは右の訳のようにその前の「人々が知った」ことの理由ではなくて、「人々が大きな恐れをおそれた」ことの説明なのかもしれない。

　11節はこの解説をうけて、10節の同じことば「彼らは彼に言った」をくり返して始まる。続く問い「私たちはあなたのために何をしたらよいのか（何をすべきか）」は、10節の問いと「する」（ʿśh）という動詞を共有しており、ヨナが「した」ことのいわば尻ぬぐいとして、乗船者たちがヨナに対して何を「なす」べきかを問うている。6節で最初に船長が（ヤハウェに代わって）ヨナに「熟睡しているとは何ごとか」と詰問し、この七番めの問いでとりあえず一連の質問が終わる。この過程でヨナと嵐との間に不思議な（当然の？）関連があることが明らかになる。

　4節の「大風」と「船が難破しそうな」ほどの「大しけ（暴風）」は、やむ（鎮まる）どころか、11節では「海は（ますます）荒れ狂う（sʿr）」（直訳は going and storming）。Cf. *Tanakh*: For the sea was growing more and more stormy. MTでは必ずしも明示的ではないが、LXXはマーッロンで「ますます」を強調している。13節でもここと全く同じ表現に「彼らの上に」あるいは「彼らに逆らって」を加えた形が現れる。ここにも漸増法ないし漸昇法が認められる。

人々は「我々に対して（の周囲で）海がしずまる（shtq）ためには」どうすればよいのかとヨナに尋ねる。ここでヨナ書の著者は、先ほど8節の「仕事、商売」との関連でふれた詩篇一〇七篇に依拠している。この詩篇は、海上で暴風雨（しけ）に遭遇した人が、神によるしけからの救出・穏やかな海・目的地の港への無事な到着を祈り、その願いがかなったことを詠んでいる。詩篇一〇七25の「暴風（ruah seʿarah）」（seʿarah は「荒れ狂う」と訳したヘブル語［sʿr］の派生語）、同29の「嵐（seʿarah）」、30の「しずまる（shtq）」が、ヨナ書一11と共通している。箴言二六20の「争いがしずまる」も同じ動詞である。この動詞の旧約聖書中の用例はこれら四か所のみである。

12節で、ヨナはまたもや「人々」からの問いかけに答える形で口を開いている。ヨナの最初のことばは「私を持ち（抱き）上げなさい」で、2節の「立ち上がれ」というヤハウェの命令に従わないヨナは、ここでも自分で立ち上がらないで、あるいは立ち上がることができず、他人に「持ち上げてもらおう」つまり「立ち上がらせてもらおう」としている。ただ、この動詞 nsʾ は、誰か人を持ち（抱き）上げるという意味の用例はまれであり、「（人に）好意を示す、ひいきする」「（罪、罪人を）赦す」などという意味で用いられることばである。ここでもその意味で用いられている可能性も否定できない。というのも、ここでわざわざ「私を持ち（抱き）上げよ」ということばを加えるのは、ほとんど意味がないとも思われるからである。

「私を持ち上げなさい」のLXXはarate meで、この動詞airoは新約聖書で「持ち上げる」や「（罪を）取り除く」（ヨハネ福音書一29など）という意味の他に、「（十字架を）担う、背負う」という意味で、マタイ福音書一六24（ペテロのキリスト告白と、バル・ヨナ発言のすぐあと）、一七32、マルコ福音書八34（しるしは与えられないという発言に続く、ペテロのキリスト告白のすぐあと）、一五21、ルカ福音書九23（ペテロのキリスト告白のすぐあと）で用いられている。さらにairoは、イエスの屍体を「持ち上げて（他の場所へ）運ぶ（移す）」という意味でヨハネ福音書一九38（二回）で、同じく洗礼者ヨハネの屍体についても同じ意味でマタイ福音書一四12、マルコ福音書六29で用いられている。まさに十字架やイエスとヨハネの屍体がヨナになぞらえられていると見ることもできる。この点については稿を改めて検討したい。

続く「私を海（中）へ（に向かって）放り投げなさい」は、4節で「ヤハウェが大風を海へ吹きつけた」の「吹きつけた」と、5節の「船乗りたちが積み荷を海（中）へ放り投げた」の「放り投げた」と同じ動詞（twl）である。ヤハウェが大風を、船乗りたちが積み荷を「海に向かって」放り投げたように、ヨナも自分自身を「海へ向かって（三か所とも同じ語句）放り投げ」れば、ヤハウェが「海へ放り投げた暴風」をヤハウェはしずめてくださると、人々に語っている。つまり「殺してくれ」ということである。ヨナは四章でも二度神に向かって死を願っている。ここでヨナは、自分で海に飛び込めばいいのにそうはしないで、ぐずぐずしている。つまり、その口にすることばに実がなく、単なる口先だけである。四章でも同じ。

次の「そうすればあなたがたに対して海がしずまるでしょう」は、前節の乗船者たちのことばの

「我々に対して」を「あなたがたに対して」と変えただけで、それ以外は全く同じであり、異邦人のことばの口まねである。これに続く「この大きな（激しい）暴風雨（LXXは「波」）が私のせいであなたがたを襲っていることを、私は知っているのだから」（「襲っている」に当たることばはMTにもLXXにもない）も、7節の異邦人乗船者たちのことばをなぞったものである。ヨナは本当にそう思っているならばもっと早く（たとえばくじ引きなどさせる前に）申し出るべきであり、さらに乗船者たちにはくじの結果から（改めてヨナから言われるまでもなく）それはわかりきっている。「この」「誰のせいで→私のせいで」「知る、知っている」が両者に共通している。ヨナの（人に向かって教えてやろうという姿勢の）「知っている」発言は、前記のように（そんなことはとっくにわかっている）異邦人たちの「もしかすると」「かもしれない」と対照されており、「教え（ようとす）る者」と「教えられる者」の立場の逆転である。この文脈ではヨナの発言は現実の状況・問題とは何の関係もない、単なることばのもて遊びにすぎず、それは現状をさらに悪化させるのみである。

13節では、ヨナの促し（願い）に人々は従わず、すぐにヨナを海中に投げ込もうとせず、困難な局面を打開して窮地を脱しよう、ヨナをも含めて乗船者全員が何とかして助かろうと、精一杯必死で努力を続けている。ここにもヨナと対照的に、異邦人乗船者たちの誠意ある行動に対する好意的な筆致が認められる。前にふれたように、「陸地」は9節のヨナのせりふに出てくるのと同じヤッバーシャーである。これも意図的であろう。嵐はますます荒れ狂い、彼らの努力も空しいことが明らかになる。

14節で、とうとう「人々は（ほかならぬ）ヤハウェに向かって呼び（叫び）かけ」る。「呼びかける」は2節のヤハウェからヨナへの命令以降、くり返し出てきたカーラー（LXX: anaboao）である。つまり、ここでもヨナに対する神からの命令を、神のことばを代弁している船長からの促しの場合にもヨナがそれに応じようとしなかったのと同様に、ヨナが実行しないで、異邦人たちが行い、ここにいたって彼らはヤハウェを神として認めたことになる。

彼らはまず「ヤハウェよ、どうかお願いです、この男の生命のことで私たちが滅びませんように（私たちを滅ぼさないでください）」と語る。「滅びませんように」の「滅びる」は6節の最後の船長のことばと同じʼbd である。ヘブル語では両者は同じ動詞の別の形であるが、LXXではどちらも me apolometha で全く同じである。このギリシア語の動詞 apollymi はLXXでは一〇〇回以上現れ、その半分以上がここと同じʼbd の訳語である。新約聖書には約九十回現れ、イエスと弟子たちが難破しかかった記事（マルコ四38、マタイ八25、ルカ八24）とパウロの難船の記事の中で（使徒行伝二七34）用いられている。これは偶然ではないであろう。ʻbd とʼbd（働く、仕える［→奴隷、しもべ］、耕す（創世記二5））との語呂合わせが感じられる。

「どうかお願いです」はアーンナー＋ナーで、願望のことばが重ねられており、切羽詰まった、生死にかかわるような場合に用いられる（創世記五〇17、列王紀下二〇3、詩篇一一八25（二度）など）。LXXでは medamos kyrie「主よ、決して（とんでもない）」である。全く同じギリシア語が使徒行伝一〇14と一一8に現れ、いずれもヨッパでの体験と関連したペテロの発言である。これも偶然とは考えにくい。

異邦人乗船者たちは、ヨナのあまりにも重大な過ち（罪）の結果として自分たちも巻き込まれてしまった災難から逃れるために、これからしようとしていることについて、自分たちに責任を負わせないように、罰しないように、と神に祈っている。「この男の生命のことで」の「のことで」「のために」

（be）についてては創世記一八23―33でくり返されている同じことば（前置詞）が参考になる。「この男の生命」（ネフェシュ・ハーイーシュ）の唯一の類例は箴言一三8の「富（財産）は人の生命（ネフェシュ・イーシュ）の身代金である」で、それを *Tanakh* は Riches are ransom for a man's life と訳している。

「罪のない血」はダーム・ナーキーで、LXX の haima dikaion「義《ただ》しい血」は、マタイ福音書二三35の「地上で流されたすべての義しい血（の責任）がお前たちの上に来る（ふりかかる）」に現れる。「義しい血」つまり「罪のない血」の咎をうけるのは罪のない人を殺す場合である。ヨエル書四19の、エジプトとエドムは荒れ果てるであろう、それは「彼らが罪のない血（ダーム・ナーキー）を流したためである」や、エレミヤ書二六15のエレミヤのことば「もしもあなたがたが私を殺すなら、あなたがた自身が罪のない血（ダーム・ナーキー）の報いを」うけるであろう（さらに同じことばが出てくる申命記一九10、二七25など）を参照。イスラエルの歴史では「罪のない血」がたびたび流されてきており（エレミヤ書一九4、イザヤ書五九7など）、異邦人の船乗りと乗船者たちはそのような罪のない血の咎（報い）をうけることのないようヤハウェに懇願し、「というのもあなたはヤハウェであり、あなたのみ心のままになさったのですから」と結んでいる。これこそ（旧約）聖書の最も基本的なメッセージ（の一つ）であろう。ここで神の恵み深さや慈悲深さが全く言及されていないのは、ここと対照的な四章のヨナのせりふにひそむ問題を目立たせるための布石であろう。しかもここで異邦人たちがしようとしていることは罪なき血を流すことではない。ここでも彼らは非常に好意的に描かれている。そのことは詩篇一一五3や一三五6の類似のことばによってさらに裏付けられる。

乗船者たちがヨナの言ったとおりに「ヨナを海に投げ込む」と、「海は荒れ狂う怒りをしずめ」る。

4節で船が擬人化されていたように、ここでは海が擬人化されている。マルコ福音書四41（と並行箇所）の「風や海でさえこの人に従う」が思いうかぶ。ギリシア悲劇作家エウリピデスの『タウリスのイーピゲネイア』一一九三には「海は人間の罪悪を洗い流す」とあり、ホメロス『イリアス』一・三一三には「一同は……みそぎをしてけがれを海に流した（投げ込んだ）」とある。（前八世紀終わり頃の）ミカ書七19にも（慈悲深く怒りを抑える神は）「私たちのすべての罪を海の深みへと投げ込む」とある。これらがヨナ書一15の背景である。これは日本語の「禊（みそぎ）」（みそそぎ、みをすぐに由来）に通じる。

これをうけて「人々はヤハウェを大きな恐れをもっておそれ」、それを行動に移して「ヤハウェに（動物）犠牲を献げ、誓い（約束）を立てた（完了形！）」、つまり立派なヤハウェ崇拝者となる。

〔註〕Yahooは「ヤッホー、やったあ」（ヤッホーは神名ヤハウェに由来するという説もある）や「やかましく野次る」をも意味する。昨今流行の「ゆるキャラ」や聞くにたえない議員たちのヤジの走りである。おそらくヤペテ（yepheth）とエフタ（yiphtah）も同じyphhと関連する。日本の超保守派キリスト教学生団体が某キリスト教系大学で自らを「へボ研」（ヘボン研究会の略称）と名乗って集客していることなども同じ線上にある。これらはキリスト教界の内部での私の見聞や体験のほんの一部であり、それですらキリスト教界内の不祥事の氷山の一角であるらしい。このような「お気楽（楽天）」ムードの蔓延は、日本の文化と宗教を根源的に確実にむしばんでいる。（松本清張『黒い福音』新潮文庫、一九七〇年参照）。

ヨナ書二章

ヨナ書一章は、異教徒・異邦人であった乗船者たちが、ヨナをとおして体験したことによって、立派な「ヤハウェ」信仰者となったことを伝える文章で終わっている。言い換えれば、神の命令に逆らった反抗者ヨナは、「心ならずも」（？）優れた預言者（伝道者）としての役割を果たし、大成功を収めたことになる。

前記のように、一章でヨナは（四章で明言するように）「死」を望んでいるが、乗船者たちに「私を海に投げ込んでくれ」（つまり殺してくれ）というのみで、自分から海に身を投じようとはしない。後述するアリオン（とイルカ）の神話伝説と対照的である。乗船者たちは（著者が強調しているように）万策尽き果ててやむなく（心ならずも）ヨナを海中へ投じている。彼らはいわば「自殺（願望者）幇助者」である。彼らは自分たちがヨナを殺したものと思い込んでいるはずである。逆に、海中へ投げ込まれたヨナは、乗船者たちが「ヤハウェをおそれるに至った」ことも、彼らが「（ヨナを殺したことを赦してもらうためと、海がしずまって自分たちが無事助かったことに対する感謝のしるしとして）ヤハウェに犠牲を献げて、誓った」ことも、知らないはずである。この点に気づいたヨセフスは、船員たちの救いを願う祈りと誓いを嵐のはじまった後、くじを引いてヨナを海中に投棄する前に、置いている（『ユダヤ古代誌』九・二〇九)。「救出、救い」が「犠牲と誓い」に先行しているのは意図的であろう。

創世記二五22では双子(エサウとヤコブ)をみごもってつわりに苦しんだリベカが「こんなに苦しい目にあいながら、私はなにゆえ生きて(存在して)いるのでしょう」と自問する。出エジプト記三二32ではイスラエル人たちの罪を前にしてモーセは「(もしも)あなた(ヤハウェ)が彼らの罪をお赦しにならないならば、あなたがお書きになった(生命の)書から私(の名前)を消し去ってください」と語っている。モーセはいわば自らの命をかけて民の罪の赦しを神に願い求めている。民数記一一15をも参照。

列王紀上一九4ではイゼベル(フェニキアのツロの王女で、イスラエル最悪の王アハブの妻)の迫害を逃れて荒野へ赴いた預言者エリヤが、「死を求めて、『ヤハウェよ、もう充分です、どうか今私の命を取ってください』」と祈っている(『』内はヨナ書四3のヨナのことばと酷似)。ヨブ記三20―21ではヨブが「なぜ彼(神)は魂に悩み(苦しみ)を抱く者たちに生命を与えるのか、このような人たちは死を求めて(望んで)も死はやってこない」と独白している。詩篇八八16では詩人が「私は若い頃から死ぬほど悩み苦しんできました」と語っている。この詩篇八八がヨナの祈りの重要な背景の一つとなっていることは後述する。ヨナは、このような旧約聖書に登場する悩み苦しみ、死を願い求める人々の系譜に連なる者になぞらえられ、とりわけエリヤの姿に重ねられている。

士師記九54によれば戦闘中に瀕死の傷を負った士師アビメレクは従者に命じて自分を刺し殺させる。サムエル記上三一4―5では同じ状況でサウル王が従者に自分を殺すよう命じたが、従者がこれに応じなかったので、サウルは自ら剣の上に伏して自害し、従者もこれに従う。サムエル記下一七23

によれば、ダビデ王に反旗を翻した王子アブサロムを助けたアヒトベルは、自分の立てた作戦の失敗を受けて首吊り自殺をする。この箇所のLXXの「縊《い》死した」（apenxato）はマタイ福音書二七5のユダが「縊死した」と全く同じことばである。

列王紀上一六18によれば前八八二年に北王国イスラエルの王エラに対してクーデターを起こして前王の一族郎党を皆殺しにしたジムリは、即位七日めに軍隊に首都を包囲されたため、自ら王宮に火を放ってその中で焼死する。「第二マカベア書」一四37―46によれば、前一六一―一六〇年にユダヤに侵攻したシリア軍の将軍ニカノルに命を狙われたユダヤ人の信仰深い長老ラジスは、迫って来た暗殺者たちの手にかかるまいとして壮絶な自死を遂げた。ここではサムエル記上三一4―5のサウルを思わせる筆致でラジスの最期が描写され、ラジスの「殉教」を境に戦況はユダ・マカベア（対シリア反乱軍の指導者）側が優勢となり、ニカノル軍は敗北しニカノル自身も戦死する。

【共】の二1は、「文語訳」（「大正改訳」の旧約は「明治元訳」と同じ）**【口】【改】***NRSV*、*REB*を含むほとんどのプロテスタント系の翻訳では一17となっており、この節を一1―16のまとめとして、次の節から新しい章が始まるとする（おそらく中世初期にさかのぼる）古い伝統の存在を示している。旧約聖書（ウルガタ訳聖書＝V）の章区分はランフランク（ス）（Lanfranc［us］. c. 1010―1089. イタリア出身のカンタベリー大司教）に、これをうけて旧新約聖書の章区分は十三世紀初頭にラングトン（Stephen Langton. c. 1150/5―1228. パリ大学教授、カンタベリー大司教）がVに施したものにさかのぼり、このキリスト教の考案をまねてVからヘブル語聖書に章区分が導入されたのは一三三〇年頃以降のことである。旧約聖書の節区分については、既に古代に（何らかの形で）存在していた可能性があり、十世紀にユダヤ人の学者によってモーセ五書が五八四五節に区分されたとも言われるが、この節区分は今日に伝わるものとは無関係のようであり、モーセ五書以外については不明。新約聖書の節区分はステパヌス（Robert Estienne Stephanus. 1503–1559. フランス人人文主義者・印刷出版業者。一五五一年にカルヴァン派になる）が（パリからリヨンへの旅行中に節番号を付けて）ジュネーヴで一五五一年に出版したギリシア語新約聖書に導入したものが、現在にいたるまで受け継がれている。現在に伝わる形で旧約聖書全体を章と節に区分したのは十六世紀頃のようである。聖書全体に章節番号を付した最初の英訳聖書は一五六〇年の「ジュネーヴ聖書」である。おそらくヘブル語旧約聖書全体の章節区分はキリスト教（V）のものを踏襲したのではないかと思われるが、その章節区分自体当初から版によってさまざまに異なっていたようである。現代においても旧約聖書のヘブル語原典の節区分は版によって異なり、種々様々である。Cf. Emanuel Tov, *Textual Criticism of the Hebrew Bible*. 3rd edition（Minneapolis: Fortress Press, 2012）. これと関連して、ヨナ書を記している五つの死海写本断片（一つはLXX。前一五〇年頃–後二五年頃）が見つかっているが、それらは一16と二1（一17）との間に段落を置かず、怪魚がヨナを吐き出したあと（二章と三章の間）に空白（段落）を置いている。

諸近現代語訳聖書は旧約聖書についてはマソラ（たぶん「伝承」の意）本文（MT）と呼ばれるヘブル語（一部アラム語）本文を底本としているが、この本文の最終形態の確定に重要な役割を果たしたのは九–十一世紀にティベリアスで活躍したベン・アシェル家（一族）で、現在に伝わる母音符合とアクセント記号を記入したマソラ本文を最終的に確定したのは十一世紀のアァロン・ベン・アシェルであるとされている。いわゆるマソラ本文がこれ以前のいつ頃確定したのかは不明。ほとんどすべての印刷された旧約聖書のヘブル語本文とほとんどの旧約聖書のヘブル語写本がこの本文に依拠している。現在世界中で最も広く使用され、（ほとんど）すべての翻訳の底本として用いられている校訂版BHS（Biblia Hebraica Stuttgartensia）（1967–77. 五版一九九七年）は、この本文を伝える旧約聖書全体を含む最古の写本である一〇〇八年のレニングラード写本を最も主要な資料としている。LXXや死海写本やウルガタを参照するのは、それらがMTよりも古い、オリジナルに近いヘブル語本文を伝えている可能性が高いためである。拙著『はじめての死海写本』、近刊予定の拙著『七十人訳聖書入門』（教文館）参照。

「新共同訳」の旧約聖書がBHSにより、先行する「口語訳」のかなりの部分の章節数を変更していることは、このような背景・伝統・歴史を顧慮することなく無視した結果であり、多くの近現代語訳聖書の実態にもそぐわず、混乱を招いている。多くの（ほとんどの）近現代語訳聖書では伝統的なキリスト教由来の章節数とBHS（の代表するMT）の章節数が相違する箇所で必ずしもMTに従っておらず、両者を本文自体（あるいは脚註）において並記している。学術書においても同様の現象が認められる。最近入手したW. Brueggemann and W. H. Bellinger, Jr., *Psalms* (Cambridge University Press, 2014) の章節数は何か所かでBHS（MTともLXXとも（何の断りもなく）異なっている。これは単に章節数のみの問題ではない。

私は「新共同訳」（一九八七年九月。何故か日本聖書協会から私宛に金箔付きのものが贈呈されてきた）の刊行直後からその旧約部分の訳文の一部を、二〇〇〇年を超える聖書翻訳史の流れの中でそれに照らして詳しく検討して、その問題点を指摘した（「聖書翻訳史における元訳・口語訳・新共同訳」『一橋大学研究年報人文科学研究』二七、一九八八年九月。川島第二郎氏との共著。この要旨を近刊予定の編著『聖書はどのように翻訳されてきたか』(仮題、一麦出版社)に手を加えて収録予定)。その一部を【共】の旧約聖書翻訳にかかわった諸先生方の同席する場所で報告発表もしている。その席では私の提起した問題や疑問点について、翻訳当事者から納得のいく説明が何一つなされなかったばかりでなく、ある翻訳責任者は、そこでなされた別の翻訳責任者の「官僚的で紋切り型の答弁」について、その「権威主義的な姿勢」を批判すらしていた。【共】が【口】に代表される翻訳の伝統から離れて「関根正雄訳」(岩波文庫)と一致(に依拠?)している訳文についての疑念をも提示したが、その場に居た関根先生はその訳語の根拠理由について問われたのに対して「いやー忘れたよ」という趣旨の発言をしたのみである。さらに私は「キリスト新聞」二〇〇七年五月十九日付の第三〇〇九号に「新共同訳聖書を語る」と題するエッセイを掲載し、【共】は早急に改訂されなければ「日本の全キリスト教会のみならず日本の文化一般にとって、大きな害悪が流され続けることになる」と結んだ。いずれに対しても反論・異論は全く寄せられていない。

私の指摘が的を射ていたらしいことは、【共】刊行後、次々と別の聖書翻訳が企画刊行され続けていること、最近、文語訳聖書と口語訳聖書に対する見直しの気運(の高まり?)が認められることなどが示しているように思われる。【共】刊行直後、いく人かの指導的な(有名な?)神学者や牧師たちが熱心に旗振り役をつとめていた。岩波書店版「新約聖書翻訳委員会訳」(荒井献、佐藤研責任編集)『新約聖書』が様々に判型を変えて次々と版を重ねて出続けており、教会の内外を問わず広く受容され高く評価されているようであるが、実質的な責任者である荒井献(他の訳者はすべて荒井先生の東京大学大学院西洋古典学科での門下生)訳「使徒行伝」に余りにも誤訳(含不適切訳)が多すぎることを『言語文化』四五号(一橋大学語学研究室、二〇〇八年十二月［実際は二〇〇九年初頭］）で「書評」の形で指摘しておいた。これはインターネット上で閲覧可能。これに対しても今日に至るまで（私の指摘に誤りがあるという）反論は皆無であるのみならず、荒井先生からは葉書での礼状（反論は皆無）が届き、佐藤研氏からは「土岐の指摘以外にも荒井（と他の訳者たち）の誤訳（含不適切訳）に気づいている」旨のメールが寄せられた。この『新約聖書』には改版に併せて多くの訂正がなされている（ようである）が、これらを含む正誤表は公開されていない。この「新約聖書」では文書などの配列が慣用と異なっており、マルコがマタイの前に来るのはご愛嬌であるが、パウロ書簡などでは（おそらく当時の有力な仮説に依拠して）文書のみならず章（節）の配列まで変えており、不便この上ない。

日本のカトリック教会による邦訳聖書としては私の乏しい知識によれば、フランシスコ会訳とフェデリコ・バルバロ訳とエミール・ラゲ訳などが入手可能であり、他の選択肢がある。これに対してプロテスタント圏内にはごく限られた範囲でのみ用いられていると想定される「新改訳」をほとんど唯一の例外として、他の選択肢がほとんど存在しない。【改】は「文語訳」と【口】の功績を認めて前提した上で、その翻訳の伝統を受け継ぎつつ「改訳」したもので、このような邦訳聖書の伝統に対する謙虚な姿勢は評価すべきであろう。ただしその具体的な訳文（の全体）については未検討。【共】と【改】は現在改訂作業を進めているとのこと。

ちなみに私の周囲では何かと田川建三訳が参照され（もてはやされ）ているが、在職中に購入した一巻を除いて、（年金生活者にとっては）余りにも高価なため入手していない。このような経緯（と状況）を経て、おそらくほとんどの読者がその存在にすら気づいていないであろう『創造主訳聖書』（二〇一三年春。【改】に参加している尾山令仁氏の名前を冠している）のような（あやしげな）ものが、おそらくその影響は限定的とは言え一部でもてはやされることになる。これと陰に陽に連動した動きがキリスト教界をむしばんでいる。そして池田博訳『新約聖書　新和訳』（幻冬舎ルネッサンス、二〇〇七年）が（私の知る範囲ではほとんど）全く顧みられないことになる。池田訳の訳文は未検討なので、論評は控える。

【共】のコンコーダンス・語句索引がいち早く（コンピューターを使って）いくつか出版されているようであるが、その中の一つとして原語へブル語アラム語ギリシア語との対応を示しているものは無い（ようである）。これに対して【口】については『旧約新約聖書語句大辞典』（日本基督教協議会文書事業部コンコーダンス委員会編集、編集主任・馬場嘉一、教文館、一九五九年）が原語との対応を明記し、巻末には原語索引すら完備している。これはいまだに聖書研究にとって不可欠の道具であり、（やや高価ではあるが）今でも入手可能である。

ヨナ書二1（一17）は「ヤハウェは大きな魚にヨナをのみ込むよう命じた」と始まる。「命じた（定めた、備えた）」はmnh（LXX: prostasso）で、この動詞は「ヤハウェ（LXXでは主）」が主語の場合には、ヨナに対する恵み（救い）を、エローヒーム（神）が主語の場合には試練と教訓を含意している。四6ではヤハウェ・エローヒームが「木陰となる唐ごまの木を」ヨナのために備え、四7では（冠詞ハを伴う形で）エローヒームが「虫を」、四8ではエローヒームが「暑い東風を」送っている。これらの動詞はいずれもmnh（LXX: prostasso）であるが、四例すべて主語が異なっている。

こうしてヨナは、ヨッパへ、船へ、船底へ、船底から海の中へ、海の中（底）の（怪）魚の腹の中へと、ひたすら下方へ降り続ける。

ヤハウェ（固有名詞）とエローヒーム（神）の語法について、一章を振り返ってみると、最初ヤハウェがヨナに語りかけ（て命じ）、ヨナはヤハウェの顔の前から逃げ出し（二回）、船員たちがそれぞれのエローヒーム（神）に助けを求めて呼びかけ、船長がヨナに自分のエローヒームに呼びかけよと促し（ヨナはこれに応じていない）、くじ引きの結果をうけてヨナが自分は天のエローヒームなるヤハウェ（原文ではヤハウェ・エローヒーム）をおそれる者だと見得を切り（9節）、乗船者たちはヨナがヤハウェの前から逃げてきたことを知り、最後に乗船者（船員）たちはヤハウェに呼びかけ、嵐が収まると彼らはヤハウェをおそれてヤハウェに犠牲と誓いを献げた。つまり9節のヤハウェ・エローヒームを境に、異邦人乗船者たちのおそれ（ないし信仰）の対象がエローヒームからヤハウェへと移行している。これをうけて二1ではヤハウェが主語となっている。

「大きな（怪）魚」はダーグ・ガードール（*NRSV*［*REB, Tanakh*］＝a large［great, huge］fish）で、LXXは**ketos mega**。Vの**piscis**は「魚」の意の普通のラテン語。英語の星座名**Pisces**＝魚座はこのラテン語の複数形で、魚座は黄道上の第一星座である。同じギリシア語はLXX創世記一21に複数形（ta kete ta megala）でハッタンニーニーム・ハッゲドーリーム（*NRSV, Tanakh*＝the great sea monsters, *REB*＝the great sea-beasts）というヘブル語の訳語として現れる。この箇所のVはLXXそのままにケーテー（cetus の複数形）。創世記一21を【口】は「海の大いなる獣」と、【共】と月本は「大きな怪物」と訳している。創世記一1の「創造した」（バーラー）がこの「海の怪獣」の際にはじめて再利用されている。いずれにせよこれは創世記冒頭の創造物語において「最初に創造された生きもの」である。このようにMTではなくてLXX

（とV）において創世記とヨナ書がつながることになる。

この創造の同じ第五日に神は「大きな海の怪獣」と共に、「水（海？）を満たす動物」（主として魚類？）と「鳥」を造り、それらを「祝福して」、「生めよ、増えよ」と語る（一22）。これが創造物語における最初の神による「祝福」である。古代中国では鳥と魚は「渡り」や「回遊」の習性により、異界からやって来る「霊（的存在）」とみなされていた（白川静）。「海の怪獣」もこの最初の祝福の対象となっている。フィロン『世界の創造』もヨセフス『ユダヤ古代誌』第一巻も、対応する箇所でこの「海の怪獣」に言及していない。

ケートスというギリシア語はLXXに十一回現れるが、そのうち四例がヨナ書二章（1a、b、2［ここのみダーガー＝ダーグの女性形］、11節）である。大きいという意味のギリシア語の形容詞メガスが付くのはここと創世記一21の他にはもう一か所ヨブ記三8のみで、そこでは「レビヤタン」が「大きなケートス」と訳されている。レビヤタンは神話上の怪獣怪魚であり、多くの古代の神話に類似のものが広く認められる。カナンの宗教神話では神バアル（主の意）が滅ぼした怪魚であり、これが旧約聖書に引き継がれて、ヤハウェがレビヤタンを滅ぼすことになる。詩篇七四13―14など参照。ここでは海の怪獣がレビヤタンと同定され、LXXは両者をいずれもdrakon（→E: dragon）「龍（竜）」と訳している。同じ詩篇の少し後に「どうかあなたの鳩の魂を、野獣に引き渡さないでください」（19）とあることに注目。イザヤ書二七1では レビヤタンは「逃げ惑う蛇」「曲がりくねる蛇」（「蛇」はLXXではいずれもdrakon ophis「龍なる蛇」）と言われ、アッシリアあるいはバビロニアの象徴である（関根清三）。いわば神の敵、悪の象徴である。ヨナはアッシリア（の象徴）にのみ込まれて、吐き出されていることになる。イザヤ書五一9のラハブ（海の怪獣）と龍（竜）をも参照。ラハブもLXXの中の何か所かでケートスと訳されている。

ヨナ書の著者はこれらすべてを前提し、念頭に置いた上で、「（怪）魚」にヨナをのみ込ませている。それは神が最初に創造して祝福した生きものが、神の敵・悪の象徴となっていることへの疑念の表明でもあるかもしれない。ここでは「（怪）魚」がヨナにとって（見かけ上の）死と再生、それを通しての救済をもたらしている。

レビヤタンの英語形 **Leviathan** は英国の思想家ホッブズ（Thomas Hobbes, 1588—1679）の政治哲学的な著書の標題『リヴァイアサン』（一六五一年）として有名である。ホッブズは国家 Commonwealth を「偉大なるリヴァイアサン」と呼んでいる。これは不死なる神（God）の（支配、名の）もとで「平和と護身」を与えて（守って）くれる死すべき神（god）としての国家をさしたものである。この書物は当時英国王チャールズ一世の統治下で（ピューリタン革命に際して）対立していた王党派と議会派双方の不興を買った。ホッブズは絶対王政支持者とみなされて一六四〇—五一年の間フランス（パリ）へ亡命し、チャールズ一世はこの間の一六四九年に議会派により処刑され、これをうけて the Commonwealth of England（イギリス共和国。1649—60）が生まれている。common は「共通の、公共の」、wealth は「幸福」（古義）、「財、富」の意であり、この二語の複合語には明瞭に積極的な含みがある。

ホッブズは、現在の（キリストの再来・再臨以前の）世界には「神の王国」は存在しないことを前提して、カトリックもピューリタンも含めて現在の教会を神の王国であるかのごとくとらえるキリスト教（宗教）が政治に介入することを拒絶した。彼は同時に意志の自由を否定し、人間の意志は究極的には神を原因とする「必然的」なものであるとし、ヨブ記に依りつつこの世の不条理な苦難は全能なる神の絶対的な力によって正当化されると説き、臣民の安全を守るべき統治者の義務は神に対するものであるとした。ここには良くも悪くも近現代の世俗化と政教分離（separation of church and state）の源がある。単純で皮相的なホッブズ理解はいわゆるネオコン（neoconservatism. 新保守主義）に利用されている。梅田百合香『甦るリヴァイアサン』（講談社選書メチエ、二〇一〇年）。

ちなみに『ユダヤ教の福音書』の「解説・訳者あとがき」で紹介しておいたように、ホッブズと同時代の後輩政治思想家ロック（John Locke, 1632—1704）の父親は議会派軍の勇敢な戦士であった。ロックはホッブズと並んでフランス革命とアメリカ独立革命・建国の思想的な支柱を提供している。『失楽園』（*Paradise Lost*）などで有名なミルトン（John Milton, 1608—74）や『天路歴程』（*Pilgrim's Progress*）で名高いバニヤン（John Bunyan, 1628—88）なども、後世への影響力の大きい同時代人である。ミルトンとユダヤ人問題についてはDouglas A. Brooks（ed.）, *Milton and the Jews*（Cambridge U. P., 2008, Paperback, 2011）参照。右に挙げた三人共にJohnであるのは偶然とはいえ、興味深い。Johnは「ヤハウェは恵み深い」の意。

ケートスの新約聖書の用例はマタイ福音書一二40の「ヨナがケートス（*NRSV*, *REB*= the sea monster !）の腹の中に三日三晩いたように」（LXXヨナ書二1の引用）のみである（ここではVはケートスに由来するラテン語cetus［海の大きな動物、海の怪物、怪魚］）。つまりマタイ以外の福音書はこれを引用していない。このことは、マタイにおいてのみヨナへの言及がくり返され、ペテロが「バル・ヨナ（ヨナの息子）」と呼ばれていることと関連がある可能性が高い。後述参照。創世記一21（ta kete ta megala）とヨブ記三

8（to mega ketos）とヨナ書二1、2（ketos mega, ketos）を同じ一つないし二つのことばでまとめ（て綜合し）ているのはLXXのみであり、マタイ福音書はこれを前提している。上述のように海の怪獣は龍と重ねられているが、LXX詩篇九〇（MT九一）13ｂではleon（ライオンないし虎）とdrakon（龍）が重ねてイメージされている。

怪魚（ケートス）とヨッパが登場するギリシア神話としてはアンドロメダとペルセウスの話が有名である。ケートスは「海」の意の神ポントスの娘ケートーと結びつけられている。エチオピアの王女アンドロメダの母親（王妃）は、自分は「海の老人」と呼ばれる神ネーレウス（「海」ポントスと「大地」ガイアの子）の美しい娘たちネーレイデス（総勢五十人の海の妖精）よりも美しいと誇ったため、海神ポセイドンの怒りをかった。ポセイドンはエチオピアに洪水をもたらし、海の怪獣ないし怪魚（ケートス）を送り込み、海神の怒りをしずめるためにアンドロメダは怪魚（ケートス）のいけにえとされるべくエチオピアの、あるいは（多くの伝承によれば）ヨッパの岩場に鎖で縛り付けられる（六二頁参照）。そこへ三姉妹の怪物ゴルゴーン（前述のケートーの娘）の一人メドゥサの首をはねて殺しメドゥサの頭（それを見たものを石に変える力をもつ）を持ったペルセウスが通りかかり、ペルセウスはメドゥサの頭を怪魚に見せて石に変えてアンドロメダを救出し、アンドロメダと結婚する。この結婚から生まれたペルセスはペルシア王家の祖先となる。アンドロメダ、ペルセウス、怪魚（ケートス）はそれぞれその名を冠した星座となり、ケートス（ラテン語cetus→英語Cetus）は「くじら座」と訳されている。この神話とヨナ書ではヨッパと怪魚（ケートス）が共通しており、共通の伝承に由来する（を背景とする）可能性がある。なお「鯨」という漢字は元来「海の大魚」「海の王」を意味する。

アンドロメダの神話は、前に紹介したヨセフス『ユダヤ戦記』二・四二〇では、エチオピアとする別伝に全くふれることなく、ヨッパと結びつけられている。この結合はプリニウス『自然誌』五・六九、ストラボン・一六・二・二八、パウサニアス・四・三五・九、ヒエロニュムス『ヨナ書註解』一・三にも認められる。なお日本人の考案した怪獣ゴジラはゴリラとくじらの合成語である。

もう一つ怪魚（くじら）ではないが、イルカがアリオンを救った話が伝えられている。レスボス島出身でコリントに住んでいた当代（前六〇〇年頃）随一のキタラ（竪琴）弾きの歌手アリオンは、イタリアとシチリアでの歌（と竪琴）のコンクールで優勝し多額の賞金を手にしてコリントへ帰る航海の途中、アリオンを殺して賞金を奪おうとした船員（海賊）たちに対して最後に歌を歌わせてくれと頼み、歌い終わってアリオンが海中に身を投ずると（ヨナと対照！）、彼の美しい歌声を聞きつけて集まってきたイルカ（デルピス delphis）の一頭が彼を背に乗せて陸地まで運び、アリオンは救われた。このイルカも星座になる。ホメロス『オデュッセイア』一二・九六—七はイルカ（delphis）をケートスと重ねている。

古代地中海神話のイルカは空想上の海獣であった可能性がある。海神ポセイドンはイルカ（ないし大魚あるいは海馬）に乗り、ポセイドンの息子である海神トリトンもイルカに乗る。手塚治虫の漫画『海のトリトン』（一九七二年にアニメ化）はこれを題材にしている。

イルカの意のギリシア語 delphis は地名のデルポイ（Delphoi）と共に「母胎」の意の delphys に由来する。これはイルカの形が胎児に似ていることによる。ちなみに「腹」と訳したギリシア語 koilia も LXXでは「母胎」という意味で多用されている。「兄弟」の意の adelphos は「同じ母胎から生まれた者」

の意であり、女性形 adelphe は「姉妹」を意味する。「兄弟愛」の意の philadelphia（アメリカのフィラデルフィアの語源。ヨハネ黙示録にも登場する古代リュディアの都市名）も同じ語根の前に「愛」の意の phil(o)- を置いた形である。ギリシア語に由来するイルカの意のラテン語は delphinus で、これが英語に入って dolphin（イルカ。大文字の D- で「イルカ座」）となる。いずれもギリシアの神話ないし伝説であるが、古代イスラエル（ないしそれと隣接するフェニキアを始めとするオリエント）と古代ギリシア（後に古代ローマ）は地中海を共通項・媒体として、（直接間接を含む）互いに密接な関係にあり、長期にわたる複雑で入り組んだ、そして頻繁繁雑な交流があった。（ちなみにギリシアの主要な［アポロンの］聖所があったデルポイは、「ソクラテスよりも賢い者はいない」［プラトン『ソクラテスの弁明』二一a］と「汝自身を知れ」という、いずれもソクラテスと結びついているその神託で知られる）。イルカは鯨目ハクジラ類の中の小型種の総称であり、イルカは鯨の仲間であり、小型の鯨とみなされてきた。欧米人が日本の鯨漁とイルカ漁に反発するのはこのような背景による。鯨（大型）とイルカ（小型）は鯱《しゃち》（中型）に通ずる。

古代オリエントと古代ギリシアの交流の典型的な一例を挙げれば、ギリシア神話ではフェニキアの王子カドモス（Kadmos. 海神ポセイドンとリビュア［アフリカ北部、エジプトの西部の地域の古代名］の間の息子アゲノルの息子）が、（白い雄牛に変身した）ゼウスに誘拐された妹エウローペー（Europe. ヨーロッパの語源。エウローペーはクレタ島へ連れて行かれた）を探してギリシアへたどりつき、テーバイの町を建て、ギリシアにアルファベットをもたらしたと伝えられる（ヘロドトスなど）。実際ギリシア語のアルファベットはフェニキア語のアルファベットに由来する。ヘブル語はフェニキア語と同じセム語の一つで、そのアルファベットもフェニキアのそれに由来する。フェニキアは古代イスラエルのすぐ北隣であり、古代にはイスラエル北端のガリラヤはフェニキアの一部であるとみなされることもあった、あるいはフェニキアと密接に結びつけられていた。たとえば「第一マカベア書」五15参照。なおリビュアに由来するリビア（Libya）はフェニキアの植民都市カルタゴに隣接する（あるいはほぼ同じ地域である）。

ヘブル語のアルファベットはアーレフ（［雄］牛）、ベース（家）、ギーメル（ラクダ）、ダーレス（ドア、戸）……、ギリシア語のアルファベットは、アルファ、ベータ、ガンマ、デルタ……である。この最初の二つを続けたのがアルファベットということばであり、日本語の「いろは」と同じである。ヘブル語のアルファベットには右記のようにそれぞれ意味があるが、ギリシア語のアルファベットには何の意味もない。たとえば二番めのアルファベットは元来「家」の形の絵文字（→象形文字）であり、家の意のベース（beth）のｂの音を表した。アルファベットが「（雄）牛」を意味するアーレフで始まっていることは、示唆的である。ちなみに日本語の（いわゆる）「五十音図（表）」は（最古のインド・ヨーロッパ語の一つである）サンスクリット語（の文字の学問である悉曇学《しったん》）に由来する。馬渕和夫『五十音図の話』（大修館書店、一九九三年）参照。

ヘブル語の文章は右から左へ書くが、ギリシア語もはじめは右から左へ書いていた。これがある時期に、ある行を右から左へ、次の行を左から右へと、交互に逆向きに書く方式（boustrophedon＝犂耕《りこう》体）になり、やがてその後に左から右へ書く方式が定着したとされている。

ヘブル語のケデム（qedem）は「東」「正面」「前」「古代」を意味する。つまりギリシア語カドモスは元来「東（からきた）男」あるいは「古代人」という意味であったと思われる。古代には古さに価値が置かれていた。ちなみにエウローペーが連れて行かれたクレタ島はミノア（Minoan）文明（前三五〇〇［二七〇〇?］年頃—一四〇〇［一一〇〇?］年頃。年代については諸説があり、おおよそのもの）の中心地で、ミノア文明は、これに続きこれを受け継いだミュケーナイ文明と共に、ギリシア文化（を経てヨーロッパ文化）の源泉の一つである。ミノア（Minoan）はゼウスとエウローペーの息子ミノスの名にちなんだ命名である。

ミノスはトロイア戦争の三世代前のクレタの（伝説上の）王とされ、死後冥界で生者と死者の裁判官となり悪人に刑罰を与える者となったと考えられていた（ホメロスやプラトンなど）。ミノスの妻とポセイドンの送った美しい「雄牛」との間に生まれたのがミノタウロスである。ミノタウロス（タウロスは雄牛の意）は「半牛半人」の怪物であり、ミノスはミノタウロスをラビュリントス（迷宮。有名なイカロスの父である工匠ダイダロスが建造）に閉じ込めていた。アテナイの王（子）テーセウスは、九年（あるいは三年）ごとにアテナイのそれぞれ七名ずつの男女の若者がミノタウロスに貢ぎ物として献げられていたのをやめさせるために、ミノタウロスを殺害し、ラビュリントス（迷宮）の奥からアリアドネ（ミノス王の娘）から与えられた糸を頼りに脱出した。

この際のテーセウスのアポロンに対する誓いにより、アテナイから使節を乗せた船をデロス島へ派遣する慣わしが生まれ、その船がアテナイから出航してアテナイへ戻るまでの期間は（けがれを避けるため）死刑執行を控える決まりになっており、このためソクラテスの（毒にんじんの入った「杯」を飲み干すことによる）処刑が（三十日間?）延期された。この間になされたソクラテスと友人・弟子たちとの会話・対話をプラトンがまとめたものが残され伝えられている。プラトンによれば、ソクラテスの最後のことばは、「（医神）アスクレピオスに鶏を一羽お供えしてくれ。くれぐれも忘れないように」（『パイドン』）というものであった。ソクラテスとプラトンについては後述参照。アスクレピオスは病気治癒神（と救済者）としてローマ時代まで広く崇拝された。

前記のように、新約聖書とほぼ同じ時代のユダヤ教文献（旧約聖書偽典）「預言者の生涯」と「第三マカベア書」六8にヨナとの関連でケートスが現れる。このすぐ前の「第三マカベア書」五51（と「ソロモンの詩篇」一六2）の「よみの門（pylai hadou）はマタイ福音書一六18の「よみの門」に光を投ずる。同時代のヨセフスもヨナ書の要約でケートスを用いている（『ユダヤ古代誌』九・二一三）。ヨセフスのケートスの用例はここ一か所のみ。ヨセフスはヨナがケートスにのみ込まれて三日後に無事吐き出された話を「（聖書の）物語によれば」で始めているが、ヨナ書二章のヨナの祈りの設定が不自然であると感じたためであろう、ヨナは怪魚の腹の中でではなく怪魚から「黒海沿岸」に吐き出された後で神に祈ったとしており、読者がこのヨナ書の話の信憑性に疑問を抱くことを予想（危惧）していたように見える。ヨッパから出航した船に乗っていたヨナが黒海沿岸へ吐き出されたとされていることが注目される。現代でも（ヨッパの北約六〇キロのイスラエルの港町）ハイファから黒海北岸のウクライナへ航路（船便）が通じている。黒海のもつ意味については前述及び後述参照。やはりほぼ同時代の（旧約偽典）「ヨセフとアセナテ」一二・一〇では（ヨセフの妻となるアセナテが神に）「どうか私を嵐のたけり狂う海の中へ（あるいは、深海へ）投げ入れず、大きな怪魚（to ketos to mega）に私をのみ込ませ（katapino）ないでください」と祈っている。この箇所もLXXヨナ書に依拠している。

「（怪）魚」の意味のヘブル語ダーグをLXXは六つのギリシア語で訳していて、ケートスと訳しているのはヨナ書二章のみである。古典ギリシア語でも（時代と共に姿形が大きくなるようである）、ヘレニズム時代の（ユダヤ教文献を含む）ギリシア語でも、ケートスは単なる「魚」ではなく「海の怪獣、怪魚」を意味する。一般的にギリシア語では「魚」はイクテュースである。「トビト書」六2の「大きな魚が（ティグリス川の）水の中からはね上がって、子ども（トビヤ＝捕囚民として「ニネベ」に住むユダヤ人トビトの一人息子）の足をのみ込もうとした」の「大きな魚」はイクテュース・メガス、「のみ込む」はLXXヨナ書二1の「のみ込む」と同じことば（katapino）。「トビト書」一四4、8―9がニネベの滅亡にふれたヨナ（写本によってはナホム）の預言に言及していることは、前述のとおり。「トビト書」はヨナ書を意識しているのかもしれない。

旧約聖書外典（Apocrypha）を含む聖書の中で「大きな魚」が出てくるのは、これら以外にはヨハネ福音書二一11（ikhthyon megalon. 複数属格形）一か所のみである。初期（古代）キリスト教以降、魚の絵がキリスト教の象徴として用いられたのは、イクテュースが「イエス・キリスト・神の子・救い主」の意味のギリシア語の各単語の最初の文字を並べたもの（acronym）と同じであることに由来すると説明されるが、ヨナ書の「大（怪）魚」（とヨナのしるし）や「トビト書」などとも重ねられていた可能性がある。さらに、「魚」には古代世界に共通する「豊穣、増殖」の象徴としての意味があり、古代中国では魚と鳥は霊的なものと考えられていたとのこと（白川静）。前述のように創世記一章の創造記事においても、第五日に最初につくられた生きものは「大きな怪魚」であり（次いで魚類と鳥）、（怪）魚などがはじめて「生めよ増えよ、海の水に満ちよ」と祝福されており、同様のことばで祝福されているのは人間のみである。地中海世界では「魚」は幸運の象徴でもあった。これはヨナ書にもあてはまる。

ペテロをはじめとするイエスの弟子たちが「漁師」であった(?)ことから、弟子たちは「人間たちの(をとる)漁師」(haleeis anthropon)と呼ばれている。マルコ一16—20、マタイ四18—22参照。さらに洗礼盤ないし洗礼用の浴槽を意味するラテン語 piscina は元来「養魚池、いけす」を意味し、「魚」の意味の piscis(fish の語源)に由来する。最初のラテン教父テルトゥリアヌス(二、三世紀)は「キリスト教徒」を pisciclus(小さな魚)と呼んでいる。

ヨナが海(水)の底に沈んで、そこから無事生還したのは、死と再生の象徴であり、洪水を生きのびたノアと紅海(葦の海)徒渉と並んで、洗礼(浸礼)がイエス・キリストの死と復活に与ることの象徴とされていること(ロマ書六章)の背景である。これが洗礼者ヨハネとイエスによって意識されていたか否かはともかく、ヨハネの洗礼に由来するキリスト教の唯一の入信儀礼としての洗礼(と洗礼者ヨハネ)とヨナとの結びつきを疑問の余地なく示している。古代(初期)キリスト教の図像ではヨナ書の諸場面が多用されている。

古代インドの神話の原人マヌが「魚」を助けた功徳により大洪水の難を逃れたことは前にふれた。ホメロス『イリアス』一三・二七—九には、「海の獣ら(kete < ketos)は主(海神ポセイドン)を見誤るはずもなく、彼を迎えて到る所で波の下から浮かび上がり、楽しげに跳ね回る。海も嬉々として分かれて路を開き」(松平訳)とある(ketos は delphis と並んで『オデュッセイア』一二・九七などにも現れる)。ここでは魚たちが神(主)を喜んで出迎える光景が印象深く描写されている。それが「海が分かれて路を開く」ことと結びつけられており、これはイスラエル民族の出エジプトの際の「紅海(葦の海)」徒渉の奇跡の故事を思い起こさせる。同様にヨシュア(イエス)に率いられたイスラエル民族もヨル

ダン川の水がせきとめられてできたかわいた土の上を渡り（ヨシュア記三章）、さらに列王紀下二8によれば、エリヤが天へとあげられる直前に、ヨルダン川の水が分かれ、エリヤとエリシャがかわいた土の上を渡っている。ヨナがエリヤの姿に重ねられていることは、くり返し見てきたとおりである。新約聖書では洗礼者ヨハネとイエスもエリヤとエリシャになぞらえられ、関連付けられている。

創世記四八16では、ヤコブによるヨセフの二人の息子に対する祝福の中で、ヤコブは「彼ら（の子孫）が増えるように」と語るが、「増える」の dgh は「魚」（ダーガー）と同じことばであり、「魚のように増えるように」という意味である。「タルグム・オンケロス」（アラム語訳旧約聖書の一つ）はここを「海の魚のように増える」と訳している。ちなみに、世界が注目する（？）日本食（和食）が「魚食」を基本としており、戦後の日本の肉食偏重に対する反省反動としての魚食（和食）の見直し（復権）の気運も、根は同じであり、同じ意味合いをもっており、同じ背景による。最近散見する「老人は肉を食え」はこれに対する反動（ゆり戻し）であろう。要するに大事なのは「ほどほどに」「好き好きに」ではないだろうか。

「和」は「やわらぎ、なごみ、なごやか、丸く収まる」などを意味するが、「和」が日本（人）をさすようになったのは、元来日本（人）をさしていた「倭《わ》」が「背中が曲がって身長の低い人」という蔑称であったため、同じ音の「和」に変えた結果である。日本語の「さかな」はもともと「肴」（「酒菜」）と書き、魚に限らず「酒を飲む際に、つまみとして食べるもの」の意であったが、（江戸時代以降？）「つまみとしての魚」から「食用の魚」「魚」へと転化したもののようである（さらに古くは「さかな」は「いを」あるいは「うお、うを」と言われ、後にこれに「魚」という漢字が当てられたらしい）。古典ラテン語にも pisces natare oportet「魚は泳がねばならない」→「魚料理には酒が必要」ないし「酒のつまみは魚」というフレイズがある。

「大きな（怪）魚」ダーグ・ガードールには DG と GD の語呂合わせが感じられるが、実はこれは単なる語呂合わせではない。右記のように古代ユダヤ民族はダーグとガードールとを関連付けていたのである。同時に、著者はこれまでにも「大きな町」（ハーイール・ハッゲドーラー。一2）、「大きな風」（ルーアハ・ゲドーラー。一4）、「大暴風雨」（サアル・ガードール。一4）、「大きな恐れ」（イルアー・ゲドーラー。一10、16）、「大暴風雨」（ハッサアル・ハッガードール。一12）と、「大きい」（ガードール＝男性形、ゲドーラー＝女性形）を好んで多用しており（ヨナ書全体で十四回。ここは七番め）、著者が誇張表現を好んでいることがうかがわれる。これはユーモア精神によるものであるか、ユーモアの効果を狙ったものであるかもしれないが、いかにも作り話らしい雰囲気をかもし出すのにも役立っている。ヘブル語ダーグにこの「大きい」という形容詞が付けられているのは旧約聖書の中でこの箇所のみである。

「のみ込む」（バーラー）はおそらくエレミヤ書五一（LXX二八）34の「バビロンの王ネブカデレザルは私をくらいつくし、私を踏みつぶし、私を空の器（LXX: skeuos）のようにし、タンニーンのように私をのみ込む（バーラー）」に由来する。タンニーン（怪魚）は前述の創世記一21のタンニーニームの単数形で、LXXはこれを drakon（龍。英語の dragon の語源）と、「のみ込む」をヨナ書二1と同じ katapino で訳している。もう一か所詩篇六九16（【口】六九15、LXX六八16）にも「どうか深淵が私をのみ込むことがありませんように」とあり、「深淵」（メッツーラー）と「のみ込む」（バーラー）がヨナ書二1（一17）、二4（3）と同じことばである。おそらくヨナ書はこれらを前提している。

サムエル記上三〇12に（ヘブル語原典でもLXXでも）ここと全く同じ「三日三晩」ということばが出てくる。ダビデの率いる軍隊がアマレク人と戦っている間に、優勢の内に戦いを進めていたアマレク人の奴隷であったエジプト人の若者が劣勢であったダビデ軍の手中におちた。彼は病気になったためにアマレク人の主人から見捨てられ（私の主［人］が私を見捨てた［LXX: katelipen］）、「三日三晩パンも食べず、水も飲んでいなかった」と語り、食物と水を与えられたお礼として、ダビデ軍をアマレク人の陣営へ案内し、その結果ダビデ軍は勝利を収める。いずれにおいても「三日三晩」は飲まず食わずで生きながらえることのできる限界であると考えられていたものと思われる。（ちなみに飲まず食わずで衰弱死するには七日―十日かかるとのこと）。同時にヨナ書でもサムエル記上でも「三日三晩」がヤハウェによるイスラエル人の救いと結びついている。LXXの treis hemeras kai treis nyktas（三日三晩）はマタイ福音書一二40でヨナの場合と同じく「人の子」が「大地の心（he kardia）の中に」いる期間とされている。

エステル記四16にもペルシアの王妃（ユダヤ人）エステルと同胞のユダヤ人が「三日三晩」（LXX: epi hemeras treis nykta kai hemeran）飲食を絶ったとあり、これをうけてエステル記五1によれば「三日めに」（LXX: en tei hemerai tei tritei. ルカ福音書一八33の tei hemerai tei tritei がこれに近い）エステルは王と、ユダヤ人絶滅を企てた大臣ハマンとを二日にわたる酒宴に招き、二日めの酒宴の席でユダヤ人絶滅の詔勅の撤回を王に願い出て受け容れられ、さらにその企ての張本人ハマンを処刑させることにも成功する。この場合も「三日三晩」の断食が絶滅の危機に瀕していたペルシア帝国内のユダヤ民族の救いへとつながっている。さらに注目されるのは、新約聖書に四十数回現れる「磔刑（十字架刑）に処す」の意の stauroun という非常にまれなギリシア語動詞がLXXエステル記で二回用いられており（七9とMTにない付加部分E18。LXX中の用例はこの二か所のみ）、また新約聖書で「磔刑に処す」と同じ意味で四回用いられている「（イエスなどを木に）架ける」の意のkremannynaiがLXXエステル記に九回（二23、五14、六4、七10、八7、九13、14、25［二回］）現れること、さらにハマンが磔刑に処せられたのがイエス・キリストの場合と同じ過越祭（除酵祭）の時期とされていることである。新約聖書がLXXエステル記から大きな影響をうけていることは明白である。

「（怪魚の）腹」はメーエー（ここでは複数形メーイーム。LXXは単数形コイリアー）で、メーエーは広く「内臓一般、内側、男性生殖器、母胎、腹」、さらには「心」（エレミヤ四19［悩む場所］、イザヤ六三15［同情。LXX: eleos. 憐れみ］）をも意味する。コイリアーも「腹」と共に、「母胎、内臓、はらわた、空洞、内部」を意味する。エレミヤ書四18―19では、ユダヤ民族に刑罰としてのぞむ災いが「あなたの心（MT: lebh, LXX: kardia）を刺し貫く。ああ私のはらわた（苦痛）よ（MT: meʿay, LXX: ten koilian mou）私のはらわたよ……ああ私の心（MT: lebh）の壁よ（LXX: ta aistheteria tes kardias mou［私の心の感覚よ］）……私の心（臓）（MT: lebh）は激しく鼓動する（LXX私の魂は熱し、私の心は引き裂かれる）。私は沈黙を守らない（LXX: ou siopesomai）」とある。これによってLXX（の少なくともエレミヤ書）では、ギリシア語コイリアーとカルディアーの含みは重なり合っており、LXXヨナ書二1、2、3（ハーデースの）でkoiliaが、二4で「海のkardia（心、奥底深く、真ん中）の深淵へ」（LXXエゼキエル書二七4にも「海のkardia」とある）が用いられていることの背景が明らかになる。これらによってはじめてマタイ福音書一二40のkardiaが「（大地の）奥底深く（内部）」の意味であると推定することが可能となる。

2節で「ヨナは怪魚の腹（LXX: he koilia）からヤハウェ・エローヒームに祈り」、3節には「私（ヨナ）は苦難（LXX: thlipsis）の中からヤハウェに呼びかけた（MT: qaraʾthiy）」とあり、ここにいたってようやくヨナは一2のヤハウェの命令とそれを代弁した一6の船長の促し「呼ばわれ」に従い「呼びかけた（カーラー）」。LXXはeboesa「叫んだ」である。これはマタイ福音書二七46とマルコ福音書一五34の「（十字架上で）イエスが大声で叫んだ（G:eboesen）」と同じ動詞である。「苦難、苦悩、艱難《かんなん》」はLXXではthlipsis。歴代志下二〇9の「私たちは苦悩の中からあなた（ヤハウェ・エローヒーム）に叫び、あなたはこれに耳を傾け、（私たちを）救ってくださいます」がMT、LXX共にここによく似ている。

マタイ福音書七14の普通「細い、狭い」などと訳されるtethlimmenosもthlipsisと同語根の動詞（締めつける、圧搾する、絞る、詰め込む）の受動態分詞である。

ヨナ書二3は「彼（ヤハウェ）は私にこたえてくださった」と続く。以下のヨナの祈りの内容はほとんどが詩篇の転用である。3節前半は詩篇一二〇1（MT、LXX［一一九1］共に）とほとんど同じ。MTはいずれも「こたえる」（アーナー）で、LXXはいずれも「耳を傾ける、聞く」（eisakouein）である。詩篇三一23をも参照。しかしヤハウェが「こたえ」たり「耳を傾け」たりしたとされるヨナの（祈りの）ことばは一言も記されていない。3節後半の「私はよみ（シェオール）の腹（内部、奥底深く）から助けを求めて叫び、あなたは私の声を聞いてくださいました」（「よみの腹」という表現はここのみ）の「助けを求めて叫ぶ」（MT: shwʿ）には「けがす」という意味もある。

3節はヨナの下降がさらに「よみの腹（奥底）にまで」進んだことを示すと共に、新約聖書では暗示的な（ペテロ前書三19、四6）「イエスのよみ降り」という思想（ユダヤ教の伝統を背景にまとめられた後二世紀前半のキリスト教文書「ソロモンの頌歌」四二11—20に認められる）の背景を提供している。「よみ」が地下の最も深い（低い）場所であると考えられていたことは、イザヤ書七11「シェオールの深みに、あるいは天の高みに、あなたの神ヤハウェからのしるしを探し求めなさい」などから明らかである。日本語の「よみがえる」は「よみ（黄泉の国）から帰る」という意味である。同時にここに「しるし」とあり、LXXがそれを、福音書でイエスがヨナに言及するきっかけを提供している「しるし」に関する対話（やりとり）の場合と同じセーメイオンで訳していることが注目される。二一頁参照。これは旧約聖書（LXX）と新約聖書の関係を考える上で示唆的である。

なお「よみ（シェオール）」はLXXではハーデース、「腹（奥底）」のヘブル語ベテンは1、2節の「（怪魚の）腹」とは異なるが、LXXでは同じコイリアーである。「私は助けを求めて叫び」は詩篇三〇3（【口】2節、LXX二九3）と同じことば。LXXはヨナ書のこの文を「私の叫び」（krauges mou）と名詞で訳し、後続の「私の声」（phones mou）と同格（いずれも属格）にしている。前にふれたようにLXXは一2の「彼ら（ニネベ市民）の悪が私の前にのぼって（届いて）いる」を「彼女（ニネベ）の悪の叫び（krauge）が私のもとへのぼっている」と、ここと同じクラウゲーで訳している。3節最後の「あなたは私の声を聞いてくださいました」は詩篇三一23（【口】22節。LXX三〇23）の「あなたは私の嘆願の声を、助けを求める私のあなたへの叫びを、聞いてくださいました」とよく似ている。

4節は「あなたは私を深み（深海、深淵 metsulah）へと、海の奥底深く（心？ 真ん中？ lebhabh）へと、放り投げた（投げ込んだ shlkh）」と始まり、LXXでは「海の真ん中（kardia 心？ 奥底？）の深みへと」となっている。深淵と訳されるヘブル語 metsulah の用例を調べてみると、出エジプト記一五5とネヘミヤ書九11では紅海（葦の海）をイスラエル民族が渡り終わった後エジプト人が「深淵」で溺れ、イスラエル民族が救われたことが描かれており、ミカ書七19は神に向かって「あなたは我々の諸々の罪を海の深淵へ投げ入れてくださる」と神による罪の赦しをうたっている。

「放り投げた（投げ込んだ）」はMT、LXX共に一15の「放り投げた」とは別の動詞。これも詩篇一〇二11（【口】10節、LXX一〇一11）の最後の「あなたは私を放り投げた」（同じ動詞の同じ形）と、詩篇六九3（【口】2節、LXX六八3）、16（【口】15節、LXX六八15）の「深み（深淵）」と同じことばである。地下の最も低い場所であるはずのシェオールにいたはずのヨナが、さらにそこから海の奥底深くへ投げ込まれたとされていることには、違和感を覚える。あとで紹介する、ギリシア神話におけるハーデース（よみ［冥界］）よりもさらに低い（その下の）タルタロス（のようなもの）がイメージされているのかもしれない。ハデスとタルタロスは天と地ほども離れていると考えられていた。4–7節はじめはヤハウェがヨナの声を聞き届けて救ってくださったことを感謝した3節の直後の祈りとしては、場違いの感がある。4–7節はじめは3節の「苦難」の内容を説明しているのであろうか。それはそれとして、ヨナを海中へ投げ込んだのはヤハウェではなく乗船者たちだったはずである。つまり（異邦人）乗船者たちがゆるやかに（それとなく）ヤハウェと等置され、ヤハウェの代行者とされている。

マタイ福音書一二40の「大地の心（奥底深く?）」の「心」がここの「海の心（奥底深く?）」によることは先ほどふれた。ちなみにヨナが実際に死んでいないのに「よみの腹」の中にいたとされ、イエスは実際には十字架上で死んでいるのに「大地の心」の中にいると言われていることについて、五世紀の教父キュロスのテオドレトスは、ヨナは自分の生死をコントロールできなかったが、イエス・キリストの死と復活は自発的で自分の自由な意志によるものであったからである、と説明している（『ヨナ書注解』）。

4節の終わりの「あなたのすべての波浪と大波が私の頭上を越えて行きました」は、詩篇四二8（【口】7節、LXX四一8）の後半とMT、LXX共に一言一句全く同じである。詩篇六九（LXX六八）2—3（【口】六九1—2）もヨナの祈りとよく似ている。また同じ詩篇の10（【口】9）節には「あなたの家を思う熱心が私を食い尽くした」とあり、ヨハネ福音書二17はこの詩篇のLXXの「食い尽くした（katephagen）」を「食い尽くす（kataphagetai）」に直して（その他はそのまま）引用している。「食い尽くす」は前に紹介したエレミヤ書五一（LXX二八）34と（MT、LXX共に）同じことば。直前のヨハネ福音書二16にはイエスが「私の父の家（神殿）を市場にしてはならない」と叱ったとあり、これをうけて弟子たちはこの詩篇のことばを思い起こしたとある。LXX詩篇一一八（MT一一九）139にも「あなたの家を思う熱心が私を焼き尽くした（疲れ果てさせた?・exetexen）、私の敵どもがあなたのみことばを忘れたからです」とあり、「あなたの家を思う」はMTでは「私の」である。

5節前半「私はと言えば、私はあなたの目の前から追い払われたのだと言った（思った?・LXXは明瞭に「言った」）」は詩篇三一23（【口】22節、LXX三〇23）の前半に酷似している。ヨナが神の前から追い払われたわけではないことは言うまでもない。これに続く「それでも私はあなたの聖なる神殿をもう一度見ることになる（できる）のでしょうか?」は願望を言い表す修辞疑問文（MTは疑問文か平叙文か不明であるが、LXXの校訂者は疑問文としている）。鈴木訳のLXXは否定文という脚註は誤り。「あなたの聖なる神殿」は詩篇五8（【口】7節）と一三八（LXX一三七）2の「私はあなたの聖なる神殿に向かって伏し拝む」（聖なる神殿の用例は他にも多い）による。

6節の「（海の）水が押し寄せて私を囲み喉元にまで達し（MT: ʾaphaphuniy mayim ʿadh nephesh）、（底なしの）深淵（深海）が私を包み込んだ（MT: tehom yesobhebheniy）」には、詩篇六九2（【口】1節、LXX六八2）の「水が喉元まで（MT: mayim ʿadh naphesh）」と詩篇一八5―6（【口】4―5）の「死の綱が私を囲み（MT: ʾaphaphuniy）、滅びの大水が私を囲み、シェオールの綱は私を包み込み（MT: sebhabhuniy）」の影響が認められる。LXXの6節前半は「水がプシューケー（魂）に至るまでも私の周囲に注がれ、（地下の）最深部の深淵（abyssos ...eskhate）が私を取り囲んだ」で、ヨナの下降をMT以上に強調している。「喉元」と訳したネフェシュには「喉、首、食欲、飢え、欲望、願い、魂、心、精神、息、生命、自身、個人、人」など多様な意味があり、LXXでは二十ものギリシア語で訳されている。イザヤ書五14の「よみはその喉（ネフェシュ）を大きく開く」（LXX: he psykhe）が注目される。

　他方ギリシア語プシューケーは普通「生命、魂、霊、精神、心」を意味し、「喉、首」という意味はないが、LXXではネフェシュの訳語としてざっと見たところ一〇〇回以上用いられている。VはMTとLXXを参照した上でusque ad animamと訳しており、以上を総合するとVは「生命にいたるまで」つまり「生命の危険を感ずるほどに」という意味に理解しているようである。LXXも同じような意味に読まれたのであろう。十二世紀に活躍したユダヤ人聖書学者アブラハム・イブン・エズラは「私の魂が死の危険にさらされるほどに」という意味であると説明している。つまり「水が喉元にまで押し寄せ」れば、息ができなくなって窒息するか水を飲んで溺死するかして、死ぬ他はないということであろう。

　LXXは6節の最後の行の「海草が私の頭にからみつき」と7節の第一行をまとめて「私の頭は山々の裂け目（skhisme. 割れ目。新約では分裂）に落下した」と、続く7節を「私は大地（の底？）へと下り（katabainein、MTヤーラド）、大地のかんぬきは永遠の障壁。主（ヤハウェ）わが神よ、私の生命が滅びますように（直訳は、私の生命の滅亡［phthora zoes mou］が上りますように）」と訳している。もっとも「上る」anabaino は「消え（てなくな）る」「取り去られる」という意味で用いられているのかもしれない。「かんぬき」と訳されるMT: bheri (y) ah は一3の「ヨナは……逃れようと」(libhroah) と同じ語根のことばである。このことばは「逃げる、邪悪な、危険な、古代の」の意で前述のレビヤタンの形容詞として用いられている。「永遠に（の）」は「三日三晩」と矛盾する。

7節の3行めはMTでは「あなたは私の生命（クムラン写本では、私の魂の生命）を墓から（mishshahath）引き上げてくださいました」で、詩篇一〇三4の「彼（ヤハウェ）はあなた（わが魂ネフェシュ）の生命を墓から（mishshahath）贖い出し給う」に似ている。LXX（一〇二4）はこの詩篇を「（ヤハウェは）あなた（＝わが魂 psykhe）の生命（ten zoen sou）を滅亡から（ek phthoras）救い出し（贖い出し lytroumenon）給う」と訳しており、ヨナ書のLXXはこれを意識しているようである。

8節の「私が息（ネフェシュ、LXX: psykhe, V: anima）も絶え絶えになった時に、私はヤハウェを思い起こした」の前半は、詩篇一四二4と一四三4の「私の息（ルーアハ、LXX: to pneuma）も絶え絶えになった（時に）」に酷似し、後半は詩篇一四三5の「（昔の日々を）思い起こした（LXX: emnesthen）」と同じことばである。8節後半の「そして私の祈りはあなたのもとへ、あなたの聖なる神殿へ届いた」は、詩篇八八3の「私の祈りがあなたのみ顔の前に届きますように」と一〇三2の「ヤハウェよ私の祈りを聞いてください、そして私の叫びがあなたのもとへ届きますように」に基づいている。8節後半をLXXとVは「届きますように」(希求法、命令法）と訳していて、手本となっている二つの詩篇の願望形（jussive、LXXでは命令形）にも一致しており、こちらの方が元々の読みであった可能性が高いように思われる。「聖なる神殿」は5節でも言及されている。

9節の「空しい（無価値な）偶像（LXX空しく偽りに満ちたもの）を崇拝する（LXX守る）者たちは彼らの真実の忠節（慈愛、誠実さ。MT：ヘセドゥ、LXX: eleos［憐れみ］）を捨てる」は、詩篇三一7―8の「空しい偶像を崇拝する者たちをあなたは憎み給う。しかし私はヤハウェを信頼し、あなたの慈愛（ヘセドゥ、LXX: to eleos）を喜び楽しみます」をまねており、おそらくレビ記一九4の「空しい神々（偶像、ʾelilim）に頼ってはならない」をも意識している。詩篇三一は3節と5節でも利用されていた。ヨナ書と詩篇の「空しい偶像を崇拝する（shamar）」の「空しい偶像」は直訳すると「偽りの（に満ちた）空しさ（habhley-shaweʾ）」で、申命記三二21の「むなしいもの」（【共】。【口】＝「偶像」[habhliym]）、伝道の書一2で二度くり返されている「空の空、空の空」（hebhel habhaliym）と同じことばである。「崇拝する」は「神を敬う、礼拝する」という意味の普通の動詞ではなく、普通「守る」を意味する動詞で、いずれもLXXは適切に訳している。ヘセドゥは四2の「あなた（ヤハウェ）は慈愛に富む（ラブ・ヘセドゥ）」を予示している。

ヨナは偶像崇拝者を非難し、私は彼らとは違う、「私はあなた（ヤハウェ）に感謝の声をもって犠牲を献げ、私が誓った誓願を果たそう（未完了形）。救いはヤハウェのもの」と祈りを閉じる。LXXは「称賛と感謝の声をもって」「私が誓った誓願を、私の救いへと（のために?）、主に対して果たそう（未来形）」（Vも同じ）と訳している。ここは詩篇一一六17―18の「（ヤハウェよ）私はあなたに感謝の犠牲を献げ……ヤハウェに私の誓いを果たそう（未完了形）」、詩篇二二26の「私は私の誓いを果たそう（未完了形）」、ナホム書二1（【口】一15）の「ユダよ……あなたの誓いを果たせ」とイザヤ書三二2の「（ヤハウェよ）苦悩の時に私たちの救いとなってください」に由来する。最後の「救いはヤハウェのもの」（ʿeshuathah leyhwh）は明瞭にヨシュア（yeshuaʿ, yehoshuaʿ＝ヤハウェは救い）＝イエスをさし示している。異邦人乗船者たちは完了形で「犠牲を献げ、誓いを果たした」と言われていたのに対し、ヨナは未完了形で「献げるでしょう、果たすでしょう」というのみで、このあとの経緯展開をみるとこれが空手形であることが明らかになるどころか、三、四章の内容はこれとは全く逆の実態を示している。

このようにヨナ書の著者は主に詩篇の中から、悩み苦しみの中にあってヤハウェに祈る詩人たちのさまざまな詩を拾い集め、それによってヨナをそれらの詩人たちに擬している。二章の長い祈りは一章と三章におけるヨナの寡黙と対照的である。しかしヨナの苦悩の実態も、ヤハウェがそれにこたえてくださったというヨナの祈りの内容も、いっさい不明であり、祈りの最後にいたっては、異邦人乗船者たちの不言実行に対するヨナの有言不実行を対照的に浮かび上がらせている。前にもふれたが、このようによく知られている過去の作品の高邁な言語や文体を、あたかも手本としているかのように模倣しながら、それらの組み合わせや誇張表現によってそれらを風刺しつつ、種本とは異なる独自のメッセージを発信する書法は、まさにパロディーでありアイロニーそのものである。この点は三、四章を読み進みながら、さらに考えていきたい。

11節の「ヤハウェはその（怪）魚に語り、（怪）魚はヨナを乾いた（陸）地へ吐き出した」を、LXXは1節の「命じた」と同じ動詞の受動態で「（吐き出すことが）怪魚に命じられ、（怪魚は）ヨナを乾いた地へ吐き出した」と訳している。「吐き出した」（exebale）は一15の「（乗船者たちが）ヨナを海の中へ放り投げた」と同じ動詞である。

ヨナ書三章

ヨナは神からの、命令を含む呼びかけに、素直に従わない。モーセは神からの呼びかけに長々と反問したあげく、「ああ主よ、私は以前にも、またあなたがしもべにお語りになった後でも、能弁ではなく、口も重く、舌も重いのです」（出エジプト記四10）、「ああ主よ、どうか他の適当な人を遣わしてください」（同13）と語り、神の怒りを招く。同じようにギデオンは「ああ主よ、私はどうしてイスラエルを救うことができるでしょう。私の氏族はマナセの中でも最も弱く、その上私は私の父の家族の中で最も小さい者です」（士師記六15）と尻込みする。ヤハウェからの召命をうけて、イザヤは「災いなるかな、私は滅びるばかりだ。私はけがれた唇の者で、けがれた唇の民の中に住む者です」（イザヤ書六5）と恐れ、エレミヤは「ああ主なる神よ、私はただの若者にすぎず、どのように語ればよいのかわかりません」（エレミヤ書一6）と不安と謙遜の気持ちを口にする。

著者はこのような尻込みする（モーセを含む）預言者たちの周知の系譜（そして前記のように列王紀下一四章の伝える預言者ヨナに関する記事）を前提した上で、それらの先人たちとは異なりヨナが、神の指示した東方のニネベへではなくて、西のヨッパの港で（船賃を支払って）乗船してさらに西方へと航海し、神が「立ち上がれ」と命じたのにひたすら下へ降り続け、その間（問いつめられて不承不承答えさせられる一9まで）一言も口を開かないこと（そして神からの「しるし」である嵐の中で熟睡すること——預言者は普通このようなしるしに接すると畏怖の念を示す）を読者に印象づけ、神に対して徹底的に反抗反逆する預言者像を提示することによって、パロディーの効果を高めている。

さらに一章と三章のほとんど沈黙に近い寡黙と対照的な、二章のヨナの長い（くどい）祈りは、前記のようにほとんどすべて「海、深淵、水」と関連する苦悩の中から神に祈る、よく知られていた詩篇のことばの引用や模倣で、ヨナの置かれている文脈に適合せず（それゆえほとんどの学者が二章の祈りを後代の付加とみなしている）、その大げさで仰々しい表現は滑稽で戯画的ですらあり、これもパロディーとみなすのが自然であると思われる。そのことはヨナのくどい祈りに対して神がその内容に則して一言も応答することなく、完全に無視して、「（怪）魚に命じた」と記されていることからも、うかがうことができる。さらにこの長い祈りの中で、ヨナは神命に従って（出直して）ニネベへ行こうという意向・決意を全く表明していない。

「（怪魚がヨナを）吐き出した」（qyʾ）はエレミヤ書二五27の「（神の怒りの杯を）飲め、酔って吐け」の「吐け」と同じ動詞である（この直後に「（神が）あなたがたの中に剣（LXX: makhaira）を送りこむ」とある。マタイ一〇34参照）。前述のようにLXXはこれを一15（放り投げる）と同じ ekballein という動詞で訳しているが、この動詞はLXXでは「憎むべき偶像（ta bdelygmata）」（歴代志下一五8、イザヤ書二20）や「すべてのけがれ（た、不潔な）（物）（pasan akatharsian）」（「第一マカベア書」一三48）などを目的語としている。つまり何かけがらわしい、きたない物を放り出すというイメージである。新約聖書では「悪霊を追い出す、追い払う」という文脈で多用されている。これも「しるし」である。マタイ福音書一五17が「口の中に入るものは胃袋（コイリアー。LXXヨナ二1、2、3と同じことば）へ移動して、（糞便となって）便所へ放り込まれ（排泄され）る」で同じ動詞を用いているのは、偶然ではないであろう。並行するマルコ福音書七19は「便所へ出て行く」で、この動詞を使っていない【口】【共】共にマタイとマルコの「便所」を「外」と訳している）。マタイがLXXヨナ書と同じギリシア語を用いている例は、前にもいくつか紹介したとおりである。

スカトロジー（糞尿譚）は士師記三15―25にも認められる。ここは「左利き」（左利きは聖書の中ではここと同二〇16の二か所のみ）のユダヤ人エホデによる「肥え太った」モアブ王エグローン（「雄の子牛」の意のエーゲルとの語呂合わせ）の殺害（「屋上の部屋」で二人きりになってモアブ王の腹［コイリアー］に剣を突き刺す）の場面で、厚い脂肪のために王の腹から剣が抜けず王の屍から汚物が流れ出、王の側近たちはてっきり王の「排便が長引いているもの」と考えて（においのため？）すぐに中に入らなかったので、エホデは楽々と逃亡する話である。ここではスカトロジーを活用したユーモアが意図されている。Cf. *Harper's Bible Commentary*（1988。邦訳あり）。モーツァルトがスカトロジーを愛好していたことはよく知られている。

ヨナ書からやや離れるが、「屋上の部屋」はLXXではヒュペローオンで、預言者エリヤが死んだ子どもを蘇生させた「屋上の部屋」（LXX列王紀上一七19）も同じことばである。このことばは新約聖書では使徒行伝にのみ四回用いられている。使徒行伝九37、39によれば「ヨッパ」（！）で、女弟子タビタの屍が安置されていた「屋上の部屋」で、ペテロがタビタを蘇生させている。二〇章では「屋上の部屋」でパウロの深夜に及ぶ長話を聞いているうちに眠り込んで窓から転落して死んだ若者を、パウロが生き返らせている。ここにも皮肉とユーモアが感じられる。もう一か所は一13の使徒たちが滞在していた場所である。使徒行伝はLXXの用例を参照しているものと思われる。使徒行伝がLXXヨナ書の影響をうけていることについては前述した。「屋上の部屋」とは異なるかもしれないが、マルコ福音書一四15とルカ福音書二二12によれば、最後の晩餐の場所は「二階の部屋（anagaion）」である。

ヨナ書三章の背景として、エジプトの王パロ（ファラオ）の前に立つモーセ（出エジプト記五―一一章）、アハブ王（イスラエル最悪の王）の前に立つ預言者ミカヤ（列王紀上二二章）、ゼデキヤ王の前に立つエレミヤ（エレミヤ書三七―三九章。列王紀下二四17―二五7参照）などが考えられる。これらの場合には、それぞれの預言者が王の前で長く熱のこもった災いの預言（演説）をし、これに対して王は預言者を侮辱・迫害し、預言を拒絶し、その結果王に対して死を含む刑罰が下る。これらに対してヨナの場合はどうであろうか。これまでくり返し見てきたように、ヨナ書三章もこれらの預言者と王の物語のパロディーである。余りにも短いヨナの宣告と余りにも素早い市民たちと王の柔順な応答がそれを示している。

二章を読み終えてまず気づくのは、二10（9）の神に対する約束・誓いを果たすべく、しかも二5で神殿を見たいようなことを言っていたこともあり、ヨナはエルサレム神殿へと赴くことが予想されるにもかかわらず、そうしていないことである。この沈黙が何を語っているのかをも心に留めながら読み進みたい。前記のように、死海写本では二章と三章の間にわずかな空白が認められるが、この空白はこの点（ヨナの有言不実行）に気づいた筆写者が導入したのかもしれない。また陸地に吐き出されたあとヨナはすぐにニネベへ向かうのではなく、ヨナにはわかりきっているはずの神の命令が念入りにくり返されたあとでようやくそれに従っていることも、思わせぶりである。さらに神からのヨナに対する叱責のことばも、ヨナがその死に瀕する体験から何を学んだかも、全く記されていない。つまり「何も学んでいない」ということを言いたいのであろう。

三1―2前半は、一1の「アミッタイの息子」が「再び（二度めに）」に変わっている以外は、一1―2前半と、後述する一つの前置詞（ヘブル語で一文字）以外は、全く同じことばである。エレミヤ書一13、一三3、三三1でも「ヤハウェのことばが」エレミヤに「再び」（同じヘブル語）臨んだとあるが、エレミヤ書ではそれぞれ新たな問い、新たな命令、新たな約束が語られている。全く同じ任務を同じことばで神から二度命じられているのは、預言者の中でもヨナのみである。またこのことば「再び」は創世記二二15（同じ日）や今挙げたエレミヤ書の三か所のように、普通はもっと短い期間をさして使われている。おそらくヨナ書の著者はこのことばを使うことによって、二度の命令の間の間隔が短かったという印象を読者に与えようとしているのであろう。

さらにここにも預言者エリヤの物語の影響が認められる。列王紀上一九3―8のエリヤの逃避行の中で天使が「起きて食べなさい」とここと同じことばを使って二度エリヤに命じている。ここヨナ書三1とエレミヤ書一13のLXXではエク・デウテルー（もう一度、二度めに）というギリシア語が用いられている。同じギリシア語はマタイ福音書二六42（ゲッセマネの祈り）、マルコ福音書一四72（ペテロの否認の場面）、使徒行伝一〇15、一一9などに現れ、マタイ福音書と使徒行伝の用例が注目される。ヨナ書がエリヤ物語を意識しているように、イエス物語もエリヤとヨナ（とエレミヤ）の姿を意識している。

2節後半の「私があなたに語る」は出エジプト記六29のヤハウェからモーセへのことばと全く同じで、著者はやはりモーセのケイスを意識している。後代のユダヤ教はモーセを「我らのラビ」と呼ぶ。「ニネベに（対して）呼びかけ（布告せ）よ」は cry out to it ないし speak to it で、一2の cry out（ないし speak）against it とは前置詞が異なる。しかしLXXとVが両方を同じ前置詞で訳しているように、ほとんど差がないほどの微妙な違いである。「布告を布告せよ」（同族目的語）をLXXは keryxon en autei kata to kerygma to emprosthen「（あなたの）前にある（あるいは以前の）宣教内容に従ってその（ニネベの）中で宣教せよ」と訳している。

一2で指摘したように「宣教する」はケーリュッセインでLXXの全二十九例中五例がヨナ書に現れ、新約聖書の用例は六十回である。「宣教（内容）、告知」（qeri'ah < qr'）は旧約聖書中ここ一か所にしか現れず、クムラン写本にも現れないが、ラビ文献では多用されており、聖書の中では後期のヘブル語であったことをうかがわせる。LXXのケーリュグマはLXXの全四例中へブル語に対応しているのはここも含めて二例のみで、もう一か所は歴代志下三〇5（普通「声」の意のヘブル語の訳として）である。新約聖書の用例は八か所である。このように初期キリスト教にとって重要なことばがLXXヨナ書に集中していることは見逃せない。この二つのことば、特にケーリュグマが、新約聖書以降の古代のキリスト教著述家たちによっていかに重視されたかは、*A Patristic Greek Lexicon*（1961）を見れば明らかである。

三3の最初の二語も一3の最初の二語と同じで、ヨナは神の命令どおり「立ち上がる」。ヨナは続いて「ヤハウェのことばに従ってニネベへ行く」。「ヤハウェのことばに従って」は列王紀下一四25の「イスラエルの神ヤハウェが……ヨナの手を通して語ったことばのとおりに」のパロディーであろう。

続いてニネベは「神にとって大きな町であった」とある。鈴木は「神々に献げられた非常に大きな町で」と、【口】は「非常に大きな町であって」と訳している（【共】は「あって」を省略）。まず原文のエローヒーム（形は複数形であるが、単数／複数の任意の神をさして用いられるが、イスラエル民族の神であることが明瞭な場合は言うまでもなく単数の意味。これも三位一体の背景の一つ）はLXXのように「神」の意味で「神々」の意味ではないとする点で諸訳諸註解書は一致している。また「神にとって」は旧約聖書ではしばしば「大きい」などの形容詞を強調する副詞（非常に）として機能している。*Tanakh* は an enormously large city と訳して、脚注に直訳は a large city of God であると記している。J. Limburg（1993）は「神の眼において（にとって）すら（even in God's sight）」と訳している。神の前の前置詞 le は「の」よりは「にとって」という意味で、LXXもそのように訳している。また原文には「であった」と明記されている。ルター訳は「神の都（eine stad Gottes）」。鈴木訳の「献げられた」は原文にはなく、鈴木訳は問題が多すぎる。

「であった」は、著者の時代にはもはやニネベが繁栄しているアッシリアの（首）都ではなかったことを含意している。続いてニネベの広さが「（その周囲を巡るには？）歩いて三日かかる」ほどであったと記されている。ニネベはその遺跡によれば、およそ徒歩で一日以内に周囲を巡ることができる。著者は市内の道をくまなく回るのに必要な日程のことを言おうとしているのかもしれないが、むしろニネベの大きさを誇張しつつ、ヨナが予定された道程の三分の一を終えたばかりで、ニネベ市民たちはたちまちヨナのことばに素直に耳を傾けて受け容れ、神を信じ（て悔い改め？）たということを言いたいのであろう。「一日路」（ヨーム・エハード）は列王紀上一九4（エリヤ）の「一日の道のり」（デレク・

ヨーム）と関連しているが、それと並んでそれ以上に創世記一5の「一日」（ヨーム・エハード）を意識している。

ニネベへ入ったヨナは「あと四十日でニネベは滅ぼされる」と、ようやく神の命令に従って「叫ぶ（呼ばわる）」（カーラー）。ヨナの宣告はヘブル語でわずか五語、LXXで六語である。「四十日」をLXXは「三日」と読んでおり、アウグスティヌスは（『神の国』一八・四四で）「（LXXは）ことばは異なっていようとも……（MTと）同じ一つの意味を語」っているとし、「（LXXとMTの）両方の権威のいずれをも軽視しない」道を模索して、MTの「四十日」は使徒行伝一3のイエス・キリストが「四十日にわたって使徒たちに現れた」ことを預言していると解釈している。M・ヘンゲル『キリスト教聖書としての七十人訳』（教文館、二〇〇五年）五九—六〇頁参照。

ヨナが何語で預言したのか記されていないが、ここではおそらくエゼキエル書三4—7の、神がエゼキエルに語る、私はあなたを、聞いてもわからない難しい外国語を話す民へと遣わすのではなくて——もしも彼らにあなたを遣わせば彼らはあなたの言うことに耳を傾けるであろう——イスラエルの家へ遣わすのだが、イスラエルの家はあなたの言うことに耳を傾け（聞き容れ）ないであろう、が念頭に置かれているものと思われる。これもパロディーであろう。このエゼキエル書の箇所は新約聖書では引用されていないが、旧約聖書の中でただ一人実際に外国で異邦人に預言して聞き容れられた預言者であるヨナの姿がこのエゼキエル書の箇所と重ね合わされて、パウロ以降の初期キリスト教徒に意識されたことはほぼ間違いない。

「滅ぼされる」と訳した動詞は（MT、LXX：katastrepho 共に）普通一般的に「滅ぼす」を意味することばではなく、「ひっくり返す」という意味で、旧約聖書では（特にLXXで）ソドム（とゴモラ）の滅亡との関連で頻繁に用いられており、前に紹介した「トビト書」一四4の、預言者ヨナの語ったとおりに「ニネベは滅びるであろう」でも同じギリシア語が使われている。新約聖書（全二例）ではマタイ福音書二一12とマルコ福音書一一15の「イエスが両替人たちの台と鳩を売っている者たちの机（いす？）をひっくり返した」に現れる。LXXの読者であったパウロ以降の最初期のユダヤ人キリスト教徒は、この箇所（ことば）にソドム（とゴモラ）のケイスを重ね合わせていたことであろう。たとえばナジアンゾスのグレゴリオス（三二九年頃―三九〇年頃）はニネベの滅亡預言をソドムの破滅と比較対照している。イエスの言葉の中で同時代の町と対比して、「裁きの日にはソドム（とゴモラ）の方が耐えやすいであろう」（マタイ一〇15、一一23、24、ルカ一〇14）と言われていることが注目される。ここではソドムが「ヨナのしるし」との関連でのニネベと類比的である。さらに右に挙げた後の二か所では、ソドムと並んでフェニキアの町ツロとシドンが比較的に好意的に名前を挙げられている。「ツロ（とシドン）地方」での記事はこれをうけたものである（マタイ一五21―28、マルコ七24―30）。これについては後述。

5節には、ヨナによる災いの預言を聞いたニネベの市民たちが「（たちまち）神（エローヒーム）を信じ（アーマン）、断食を呼ばわり（カーラー）、大きい者から小さい者まで粗布《あらぬの》（LXX: sakkos）を着た」とある。「信じ」はヨナの父親の名前アミッタイと同じ語根のことば。アーマンは「信じる」の意味の普通のヘブル語であるが、この動詞が「エローヒーム」と結びつくのはここ以外は詩篇七八22の「（イスラエル民族は）神を信じようとせず」（イスラエル民族に対して神の怒りが燃え上がる）一か所のみのようで、ヨナ書は明らかにこれに対するパロディーである。「信じる」のLXXはempisteueinで、新約聖書のピスティス（信頼、信）、ピストス（信実な）、ピステウエイン（信頼する、信じる）につながる。

マタイとルカ福音書の「ヨナのしるし」との関連で注目されるのは、ここでは、一章のできごと（内容）をニネベ市民たちが知っていたことが記され（前提され）ていないことである。つまりヨナの短い（五語から成る）宣告以外には彼らに対して「ヨナのしるし」は何一つ与えられていない。いわばしるしはヨナにのみ示され与えられており、ニネベ市民たちには示されていない。そしてヨナ（と異邦人乗船者たち）にとってそのしるしは、裁き（審判）や悔い改めのしるしではなく、死の淵からの（奇跡的な）救出というしるしである。

古代から中世にかけてのユダヤ人思想家の中からは、ニネベ市民たちのあまりにも素早い対応（悔い改め［?］と信仰）を疑問視する声があがっているようであるが、キリスト教思想家の側では、これを逆手に取った捉え方が認められる。たとえば、ヒエロニュムスのコメント「無割礼（の者）が信じ、割礼（の者）は不信仰のままに留まる（credidit praeputium et circumcisio permanet infidelis）」は、以降のキリスト教のヨナ書解釈に影響を与え、反ユダヤ主義への道を備えた。これをうけてM・ルターは『ヨナ書註解』（一五二五年のラテン語版でなくて一五二六年のドイツ語版）で、ニネベには「ただ聖徒たち（Heilige）のみが住んでいた……（マタイ八10の引用に続けて）ヨナの時代にイスラエルとエルサレムは全く悪（boese）そのものであったが、ニネベは正しく（義しく［frum］）なる」とコメントすることによってさらにこれを助長した。

「呼ばわる」カーラーによって、神がまさにヨナに命じたことをニネベ市民たちが実行していることが示されている。一章の乗船者たちの「おそれ」とニネベ市民たちの「信」が実質的に同じものであることは、出エジプト記一四31の「民はヤハウェをおそれ、ヤハウェ（LXXは「神」）とその僕モーセを信じた」などから明らかである。ここはイスラエル民族が「紅海（葦の海）での奇跡」を経験した直後である。一章と同様ここでもヨナは旧約聖書の中に類例のない、めざましい（全く思いも及ばない）外国人伝道（宣教）の成果を上げている。

断食と粗布の着衣は、悲嘆（あるいは悔い改め？）、あるいはむしろ神への嘆願の気持ちの表現である。一章の乗船者たちの場合と比較すると、ニネベ市民たちが何の試練も奇跡的救済の経験も経ることなく信に達したとされていることが注目される。しかも一章と同様ここでもヨナは神を信ぜよとも悔い改めよとも一言も語っておらず、一章と異なってヤハウェの名前すら挙げていない。これに対応して三章では4節以降「ヤハウェ」は現れず、「神」＝エローヒームのみが用いられていることを考え合わせると、いっそう奇異の念を抱かざるをえない。

「大きい者から小さい者まで」は、ソドムの罪深さを語る「若者から老人まで」（創世記一九4）を思い起こさせるが、おそらくむしろ同じことばが用いられているエレミヤ書六13、八10の「小さい者から大きい者まで（罪を犯す）」、同三一（LXX三八）34（新しい契約への言及の直後）の同じ表現（ヘブル書八11が引用）のパロディーであると考えられる。使徒行伝八10の「小さい者から大きい者まで」（二六22の「小さい者にも大きい者にも」も）はヨナ書三5とエレミヤ書六13、三一34のLXXによるものと思われる。これらに共通する「小↓大」がヨナ書では「大↓小」となっている。断食と粗布への言及は、断食と粗布にふれながらその哀悼の表現が報いられずむしろ嘲られる様を詠んでいる詩篇三五13と六九11―12（10―11）のパロディーであろう。

このこと（市民たちの動静あるいはヨナの告知）がニネベの王のもとへ「届く」（報告される）と――LXXのengisen「近づいた」は新約聖書の「神の王国が近づいた」と同じ動詞――伝聞情報にもかかわらず王もまた直ちに「王座から立ち上がり（クーム）」、つまり神からのヨナへの命令を実行し、「（王の）服を脱いで、粗布をまとい、灰の上に坐」る。「このこと」（ハッ・ダーバール）をLXXはロゴス（ことば）と訳している。

このような情報の王への迅速な伝達と素早い王の対応は、市民たちの場合と同様に、いかにも作り話らしい雰囲気をかもし出している。王座からの立ち上がりと王服を脱ぐことは王権の放棄を意味する。さらに粗布（sakkos）をまとい灰（spodos）の上に座すことによって、一章の「恐れ」の場合と同じように漸増法によって、市民たちにまさる王の悲嘆（悔い改め？）、神への嘆願の姿勢・信が示されている。このsakkosとspodosの並置は、マタイ福音書一一21とルカ福音書一〇13の、いずれもフェニキアの町であるツロとシドンとの関連での同じ二つのことばの並置の背景であろう。このことばの使用と並置は福音書ではこの二か所のみであり（右記参照）、こうしてツロとシドンがニネベと関連付けられていることが明らかになる。ヨブの最後のことばが「私はちりと灰の中で悔います」（四二6）であることを参照。

「王の服」のヘブル語'aderethは列王紀上一九13、19のエリヤの「外套」と同じことばで、これまで見てきたヨナとエリヤの類比を考えると偶然ではないであろう。王の服をLXXはストレーと訳しているが、このことばは「衣服、外套」という意味で、「王の服」という意味はない。マルコ福音書一二38とルカ福音書二〇46がストレーを「長いゆったりとした（上等な？）外套」という意味で用いて、「法学者たちがそれを着て（見せびらかして）歩き回ろうとする」と非難している。「聖職者」（や「しかるべき地位・立場にある者」たち）がガウンを着用し（たり夏の暑い中わざわざ上着やチョッキを着用しネクタイを締めて正装し）たがる風潮と同じである（省エネ［クールビズ］が叫ばれている中での官民あげてのこの光景は異様である。同じテレビ画面に登場する女性たちは半袖またはノースリーブ姿である）。そこではニネベ王がストレーを脱いだことと対比されているのかもしれない。「歩き回る」はペリパテオーで、アリストテレスの学派がペリパトス（逍遙）学派（Peripatetics）と呼ばれていたことを思い起こす。もっともこの動詞は特に珍しい動詞でもなく新約聖書の用例も多いので、あまり読み込みすぎない方がよいであろう。

「王と大臣たちが布告を出した（直訳は布告で叫んだ）」は一5の「船乗りたちが叫んだ」と同じ動詞である。LXXは「王とその大臣たちによって（次のように）のべ伝えられ（kerysseinの受動態）、語られた」。布告の内容は「人間と家畜、すなわち牛と羊は、何も味わってはならず（人間）、（牧草を）食べてはならず（家畜）、水を飲んでは（も）ならない」で、「牛と羊」に対する断食命令はMTでもLXXでもここと同じことばが用いられている出エジプト記三四3（モーセに十戒が二度めに付与される前。人間は断食しない）とヨエル書一20（野の獣もあなた［主］に向かって呼ばわる）と同二22（野の獣よ恐れるな）を意識している。「ユディト書」四10は家畜も腰に粗布をまとったと記している。ヘブル語の「布告」（名詞）と「味わう」（動詞）はta῾amという同じ語根のことばで、語呂合わせが認められる。この「布告」「命令」ないし「判断」という意味のヘブル語名詞の類例は、おそらくエズラ書六14の同じ綴りのアラム語のみのようである。類例が少ないため正確な意味は不明。

8、9節をMTは布告の内容とし（命令形）、LXXは布告をうけた市民たちの行動としている（直説法）。「力強く（熱心に）神に呼びかけ」は一14の乗船者たちが「ヤハウェに呼びかけた」と同じ動詞カーラー（LXXはanaboao「叫ぶ」）であるが、ヤハウェがここでは神＝エローヒームになっている。「力強く（熱心に）」はLXXではektenosで、新約聖書ではルカ福音書二二44（イエスはなお一層熱心に、汗が血のようにしたたるほどに祈った）、使徒行伝一二5（教会がペテロのことで神に熱心に祈った）、ペテロ前書一22（互いに熱心に愛し合いなさい）の三か所に現れる。

「（市民）それぞれ悪の道から（LXX: apo tes hodou tes poneras）、その手の中の不法（暴虐）から（離れて、悔い改め？）立ち返れ（H: shwbh）」は、歴代志下七14の「私の名を呼び求めている私の民が自らへりくだり、祈りを献げ……その悪い道から立ち返るなら……彼らの罪を赦そう」、エレミヤ書一八8「私が災いを予告したその民（異邦人？）が悔い改めるならば、私は下そうと思っていた災いを思い直す」（同二六3、三六3、エゼキエル書三三11参照）、ゼカリヤ書一4「預言者たちは『主が「あなたがたはその悪い道と悪行から離れよ」と仰る』と叫んだのに、彼ら（イスラエル民族）は聞き従わなかった」と、エレミヤ書一八11「主は仰る『……あなたがた（イスラエル民族）はそれぞれその悪い道から離れ、あなたがたの道と行いを改めよ』」などをパロディーの種元（対象）としている。

「立ち返る」はLXXではapostrepheinで、使徒行伝三26の「あなたがたの一人ひとりがその悪（業）から（apo ton ponerion）立ち返る」がここと同じ動詞と同語根の名詞を用いている。「手」が人格全体をさすことについてはヨブ記三一7、申命記二一6やマタイ福音書二七24（イエスに有罪の判決を下す際にピラトが手を洗う）を参照。

余談であるが「不法(暴虐)」と訳したヘブル語ハマスは、パレスティナにイスラム国家を設立する目的で一九八七年に創設されたイスラム抵抗・慈善組織「ハマス」と同じ語源に遡ることばである。後者は「イスラム抵抗運動」の意味のアラビア語の熟語の頭文字を拾ったものであるとのこと。しかし同時に「ハマス」はアラビア語で「激情、熱情」という意味の名詞でもあり、パロディーを狙った命名かもしれない。前に紹介したヤフーのケイスを参照。最近ガザとの関連で一躍有名になったハマスは、従来「原理主義組織」などと呼ばれてはいなかった。

9節冒頭の「誰が知っているだろう」は一6の船長のことば「もしかしたら」(創世記一六2〔*Tanakh*: **perhaps**. 月本訳の「きっと」は不適切〕、アモス書五15参照)や一14の乗船者たちの控えめで謙虚なことばと同じような役割・効果をもつが、それよりも一歩踏み込んでおり、あとで紹介するプラトンの対話篇の中のソクラテスの姿につながる。サムエル記下一二22(ダビデ)、箴言二四22、伝道の書八1他、ヨエル書二14などの同じことばを参照。特にヨエル書二14はヨナ書と全く同じことばで「神があるいは立ち返り、思い直してくださる……と誰が知っているだろう」とあり、しかもその直前の13節もヨナ書四2で利用引用されている。これはヨナの「私は知っている」と正反対であり、それに対する痛烈で辛辣な疑念である。

「神が思い直してみ心を変え、その燃えさかる怒りをしずめて、我々が滅びない(かもしれない)ことを」の「思い直す」は直前のニネベ市民たちの「立ち返り」と同じ動詞(shwbh)で、市民の「立ち返り」に神の「思い直し」が対応することを明示している。列王紀下一四章ではヤラベアム二世が終生罪を離れなかったのに、神が預言者ヨナを通して語ったとおりに、領土を回復(拡張)したとあることを、思い起こす。

「(み)心を変え」と同じことば(nhm のニファル形)は旧約聖書に四十八回現れ、そのうち三十四回が神を主語としている。LXXは「思い直す」と「み心を変える」という二つのことばを新約聖書でも多用されている metanoein(悔い改める?)という動詞で一つにまとめている。

「燃えさかる怒り」をLXXはオルゲー・テュームーと訳しており、これは「心(精神)の怒り」と訳すこともできるが(民数記一二9)、むしろ「憤激(情熱、激情)の怒り」つまり「激しい怒り」という意味であろう(ホセア書一一9など)。この二つのことばオルゲーとテューモスはこの意味でプラトンの対話篇でもよく用いられている。「燃えさかる怒りをしずめ」の「しずめ」は、直前の「神が思い直す」と前節の「市民たちが(悔い改めて?)立ち返る」と、さらに10節の「(悔い改めて?)立ち返る(離れる)」とも同じ動詞(shwbh)なので、同じ動詞が三節の中で立て続けに四回くり返されていることになる。LXXも前節と同じ動詞(apostrephein)である。

旧約聖書には神は悔いる(心を変える)ことはないという記述(民数記二三19=サムエル記上一五29)もあるが、今ふれたように神が悔いる(考え心を変える、思い直す)という記述の方がはるかに多い。ヨナ書三9、10はエレミヤ書二六3、13(イスラエル民族が悪い道から離れ行いを改めるならば、神は災いを思い直す)を前提した上で、対象をイスラエル民族からニネベ市民へと移している。

神は、創世記六6で「人間を造ったことを悔いて(nhm)」おり、7節では重ねて人間を含む地上のすべての生きものを「造ったことを悔いて」いる。これによれば神自身が自らの創造の業の誤りを認めており、人間(と生物)はいわば神の失敗作(!)であったことになる。このような神が「全知全能」であるはずがない。この神の「悔い（nhm）」は、五29のノア（nh）の語源としての「慰める（安息を与える）（nhm）」と結びつけられている。詩篇一一九50とヨブ記六10の（nhm に由来する）「nehamah=慰め」や、イザヤ書四〇1の「慰めよ、慰めよ（nhmw）」をも参照。

LXXは創世記六6の「悔いた」をenethymethe（神は怒った。もっともこの動詞は普通「深く心に留める」という意味である）、7の「悔いた」をethymothen（私は怒った）と訳して、「神の悔い」への明言を避けている。いずれもテューモスに由来する動詞である。LXXは普通一般にこのヘブル語をmetanoeoあるいはmetamelomai（考えを改める）などで訳している。LXXではmetanoeoは「罪（過ち）を認めて悔い改める（こと）」を（必ずしも）含意しない。この点、新約聖書におけるmetanoia, metanoeoとは微妙に意味が異なる。Vはいずれもpaeniteoで「悔いた」「悔いる」と訳している。

9節の最後は「そして我々が滅びないことを」で、LXXは「そして我々が決して滅びないことを」と否定を強調している。

後一世紀頃（?）と想定されるヨナ書のアラム語訳は三9を「誰でも自分の良心にやましい所（罪）のある者は、それ（罪）を悔い改めよ。そうすれば我々は神の前に憐れみをうけ、神はその激しい怒りをおさめ、我々は滅びることはない」と訳している。ヨナ書はユダヤ教の最も厳粛な祝日である「贖罪日（Yom Kippur）」――断食して罪を悔い改め、罪の赦しを宣言される日――に全体をとおして朗読される唯一の聖書文書なので、その中に「誰が知っているだろう」などという不確かさ・曖昧さを認めたくなかったのであろう。

ニネベの市民たちと王の言動（悔い改め?）をうけて、「神（エローヒーム）は彼らの行いを、彼らがその悪（ラーアー）の道から（離れて）立ち返ったのをご覧になり、神は彼らに下すと（ヨナをとおして）語っていた災い（ラーアー）を（下すのを）思い直し、実行しなかった」。10節は、出エジプト記三二12―14で（黄金の子牛事件をうけて）モーセが神ヤハウェに向かって「どうか燃えさかる怒りをしずめ、あなたの民に下そうとする災い（ラーアー）を思い直してください」と語り、これをうけて「ヤハウェはその民に下すと語っていた災い（ラーアー）を（下すのを）思い直した」とあることと、エレミヤ書一八7―8の「もしも私（ヤハウェ）が断罪したその（異邦の？）民がその悪（ラーアー）から立ち返るならば、私がその民に対して下そうと計画していた災い（ラーアー）を思い直す」を踏まえ（まね）ていることは明瞭である。このように旧約聖書の中には神がイスラエル民族に対して下そうとした災いを思い直すという箇所はいくつかあるが、異邦人に対して下そうとした災いを「思い直した」とあるのは（必ずしも異邦人か否かはっきりせずしかも一般論であるエレミヤ一八7―8以外には）ヨナ書のみである。

先に紹介したモーセやミカヤやエレミヤの場合と照らし合わせると、三章のヨナのあまりにも短く素っ気ない預言・告知、それに対するニネベ市民たちと王のあまりにも素早い服従、聖書の中に他に類例のない王をも含む全市民による水も含む断食と、人間のみならず家畜も対象とした断食と粗布をまとうようにという布告、これらは今挙げた他の預言者たちの場合に対するパロディーととらえるのが最も自然であるように思われる。

パロディーについて

ヨナ書がパロディーであることは四章の終わりで疑問の余地なく明らかになるが、ここでパロディーについて考えてみたい。ちなみに私がヨナ書はパロディーであるという考えを公に表明したのは一九九二年の、宮田光雄著『キリスト教と笑い』（岩波新書）に対する「図書新聞」掲載の私の書評が最初で、そのあとその着想を掘り下げて二〇〇三年に「前稿」にまとめた。その後 **J. Miles** というアメリカ人の学者・ジャーナリストが一九九〇年の *On Humour and the Comic in the Hebrew Bible* (eds. **Y. T. Radday and A. Brenner, Sheffield Academic Press and Almond Press**) の中でヨナ書はパロディーであると論じているのを見つけた。この論文は一九七四／五年に出たものの再録のようで、同じ本の中で **R. P. Carroll** という学者がマイルズの論文に好意的に言及して、ヨナ書は「預言者たちに対する風刺文学」**satire on prophets** であると記している。サタイアはパロディーとほぼ同じ意味の英語である。最近入手した **J. W. Whedbee,** ***The Bible and the Comic Vision*** (**1998. Reprint, Fortress Press, 2002**) もマイルズの一九七四／五年の（ヨナ書をパロディーとする）論文を好意的に取り挙げて、異なる学説をも慎重に検討した上で、ヨナ書を **a profound joke**（深遠な冗談）あるいは **comedy of caricature**（風刺喜劇）としている。このような見方は最近では広く認められ、受け容れられている。

パロディーは、よく知られている、しばしば定評のある、何らかの意味で権威あるものとみなされている（文学）作品の、文体・韻律・内容の一部などを模倣しながら、全体の趣旨を変え（逆転させ）て笑いものにし（滑稽化し）て、種もとを風刺するもので、日本では狂歌や替え歌がパロディーに当たる。その際「舌切り雀」を「着た切り雀」と言い換えるような語呂合わせも好んで用いられる。そこには自分自身の卑小さを笑い飛ばすユーモアも認められる。「どんぐりころころ、どんぶりこ、お池にはまって…ぼっちゃん…」も（パロディーではないかもしれないが）同様である。比較的最近の日本人では井上ひさし、丸谷才一、筒井康隆、マッド・アマノなどがパロディー作家として知られ、マッドは自らパロディストと名乗って『パロディ主義』（一九九七年）なる本を出しており、その副題は「『怒り』と『嘲笑』の知能指数」で、示唆に富んでいる。井上の場合「井上ひさし」（井上厦）という名前そのものが文豪「井上靖」のパロディーになっている。

井上の『パロディ志願』（一九七九年）によれば「正しいことはただひとつという単眼の世界で成り立つのは悲劇だけ」で、「そのことについて妥当な見方が二つ以上ある、というのが喜劇の基本的な立場」であり、喜劇（パロディー）には複眼が必要である。またパロディーは「正確に歪んだ鏡」（「歪んだ鏡」はミハイル・バフチンのことば）で、「わたしたちのまわりで時めいている〈偉大なもの〉とその亜流」は「いつも〈卑小なもの〉を道連れにして悪い方へ悪い方へと突っ走っていく癖があり」、人間たちの愚かさ思い上がり危険な自信が積み重なりふくれあがって人間を破滅へと導いていくので、彼ら（それら）すべてを「パロディの原料に」して笑いと喜劇で矯正すべきである。それゆえに「パロディを武器とする者は決して時めいて」も「悟達（大悟？）」してもならず、「日一日毎にどんどん大馬鹿になって行く」のが望ましい。「どうにも救われぬ大馬鹿になりおおせたところで喜劇を書いて人並みの馬鹿さまで己を矯正する」、「馬鹿がいなければこの世はさぞ退屈なものに違いない」（レールモントフ）と締めくくられている。（この「馬鹿」は「何の役にもたたないもの」と言い換えることもできるのではないだろうか)。しかし、井上ひさしは文壇の大御所ではなかったかもしれないが、いわば文壇の寵児としてもてはやされて「時めいて」いたことを考えると、このこと自体があまりと言えばあまりなアイロニーである。ちなみに親鸞(一一七三—一二六二年)は「愚禿」と自称し、良寛(一七五八—一八三一年)は自ら「大愚」と号していた。

井上ひさしの父親は薬局を経営する傍ら、井上靖(!)と競ったプロレタリア文学作家で、農地解放活動にかかわり「赤旗」の秘密配布員でもあったために逮捕され、官憲からうけた拷問が原因でひさしが五歳の時に死亡している。父親の死によって引き起こされた「衝撃と怒り」が、井上ひさしのパロディーを生み出す原動力となっていたように思われる。

パロディーはギリシア語のパロー(ィ)ディアー paroidia に、サタイア satire はラテン語 satura (satira)(さまざまな果物の初物を盛った皿、雑多な寄せ集め、風刺詩)に遡るが、後者はギリシア語のサテュロス satyros と関連する。前者は「〜の傍らに」の意の para と「頌歌」の意の o (i) de (→E: ode) の合成語である。サテュロスは山野の精霊で馬や山羊の耳・脚・蹄・尻尾持つ怪異な人間の姿をし、口は大きく布袋腹《ほていばら》(太鼓腹)でグロテスク、酒神バッコスのお供なので酒好きかつ陽気で好色で悪ふざけをするが、愛すべきいたずら者とされている。パロディーの古代ギリシアにおけるよく知られている代表例は、喜劇作家アリストパネスによるアイスキュロスとエウリピデスの悲劇作品に対するパロディーである。プラトンの対話篇『ゴルギアス』がエウリピデスの悲劇のパロディーであるという指摘もある。ソクラテスもアリストパネスの『雲』の中でパロディーのネタ(対象)にされている。サテュロス劇もパロディーの一種で、悲劇作家が悲劇を三つ上演したあとに上演するために一つ作る慣わしであった。
プラトンの『饗宴』の中でソクラテスは「私の知恵などは取るにたらぬもの、いやもうあるかないかすら疑わしいもの」と語る。『饗宴』の終わり近くでソクラテスを慕う若者アルキビアデスが、酔っ払って饗宴の席に闖《ちん》入し、ソクラテスはサテュロスに似て外形容貌は怪異で醜く（グロテスクで）滑稽ですらあるが、その内側には神々しいまでの美しさ（思慮・精神）を宿している、と長々と賛美するが、この演説をソクラテスは「サテュロス劇」とよんで茶化している。そのあと、ソクラテスはさりげなく悲劇作家アガトンと喜劇作家アリストパネスの間に坐り、この二人と夜明け近くまで飲み交わし続け、うとうとしはじめていた二人を相手に「同一人物が悲劇をも喜劇をも作る術を習得できる」と語っている。これによってプラトンがソクラテスのような真の「愛知者（philosophos=philosopher, 哲学者）」のみが悲劇と喜劇を語る（書く）ことができると言おうとしていることは明瞭である。

ピロソポスということばはピタゴラス（前六世紀）にさかのぼるようで、ピタゴラスは「私は知者（賢者 sophos）ではなく、知（恵）を愛（し求める）者（philosophos）である」と語ったと伝えられる。プラトンの『法律』には「もし人が思慮ある者になろうとするならば、滑稽なことをぬきにしてまじめなことを学ぶことはできない」とある。このまじめ（悲劇）と滑稽（喜劇）の混じり合った状態をさして、一世紀頃までに「まじめふざけ（滑稽）」（スプードゲロイオス、blending jest with earnest）ということばが生まれた。井上ひさしの指摘する「複眼」に通ずる。ここでは詳論を控えるが、このような「まじめふざけ」を標語とする文学的思想的な流れ（動き）の中で決定的に重要な役割を果たしたのはメニッポス（前三世紀頃?-）で、メニッポスはガダラの人であり、ガダラはガリラヤ湖の南東一〇キロ弱に位置し、いわゆるデカポリスの一つとしてマルコ福音書八28にイエスの悪霊祓いと結びついて現れる。

プラトンは、前五世紀（後半）当時のアテナイで最も賢く、最も正しく、最も優れた人物であると信じていたソクラテスが、国益の名のもとに裁判にかけられ、よりによって瀆神罪で死刑判決をうけて処刑されたことに、すべてが「ひっくり返った」としか言いようのない強い衝撃をうけ、激しい「憤り」を感じる。ナザレのイエスは洗礼者ヨハネの活動に惹かれてヨハネから洗礼をうけてその弟子となるが、まもなくヨハネがガリラヤとペレアの支配者（領主。テトラルケース）ヘロデ・アンティパスによって惨殺されたことに強い衝撃をうけ、激しい怒りと深い悲しみを抱いたものと推測される（マタイ一四12、13）。（斬首されたヨハネの頭の載った盆を持つサロメの姿は、敵将ホロフェルネスの頭を手にするユディトの姿と重なる）。ヨハネの処刑との関連は明記されていないが、福音書にはイエスの「憤り」が記されている。ちなみにマルコ福音書一41では本文批評学上「（イエスは）怒って」という写本伝承の方が「憐れんで」という読みよりも有力視されている（佐藤研氏は長い訳註でこれに一言もふれていない）。やがてイエス自身が磔刑に処せられ、弟子たちがこれに激しい衝撃をうけた（であろう）ことは、今さら記すまでもない。

ちなみに最古の西洋（ギリシア）文学であるホメロス『イリアス』（前八世紀頃）の冒頭は「怒りを、歌ってください、（ムーサ）女神よ」と始まる。つまりギリシア（ヨーロッパ）文学は「怒り」ということば（単語）をもって始まっている。

このように「激しい衝撃」ととりわけ「憤り（義憤）」（そして驚嘆）が西洋思想（文学哲学）の出発点

となり、キリスト教の出発点ともなった。よく知られているように、ソクラテスは「ソクラテスよりも知恵のある者は一人もいない」というデルポイの神託を伝えられて困惑し、この神託に反論しようと考えて、知恵があると思われている人々の知恵の吟味をはじめ、その結果「神のみが本当の知者なのかもしれない……人間の知恵などというものは何かもうまるで価値のないものだということをこの神託の中で神は言おうとしているのかもしれない」、あるいは、自分は善美の事柄（の真相）については何も知らないということを知っているが（いわゆる無知の知）、他の知者たちは善美の事柄（の真相）を知らないのに知っていると思い込んでいるという点において、神託は正しいのかもしれない、と思い始める（『ソクラテスの弁明』）。この過程でソクラテスは人々に憎まれ、敵を増やすことになる。

プラトンの諸対話篇の中ではソクラテスの「空とぼけ」（エイローネイアー→irony、アイロニー。ソクラテス自身は本当に知らないから知らないと言っているのに、それを聞いているまわりの者たちは彼は本当は知っているのに無知を装い心にもないことを言って人を茶化していると思い込むこと）がくり返し語られる。ソクラテスは、不確実性を言い表し自分の意見を控えめに表現する語法（optative. 希求法）で「もしかしたら～ではないだろうか」「～かもしれない」を連発する。これがソクラテス的アイロニーである。ソクラテスの人生・存在そのものがアイロニーであったとすら言われる。

これと関連して注目されるのは、直接的には把握不可能な真理を独特の（間接的な）しかたで明らかにするものとしてプラトンの対話篇において重要な役割を果たしている諸々の「神話」（mythos, logos）——しばしばソクラテスが人から聞いた話として語る——が、すべて異邦人が語ったものとして紹介されていることである。ジャン＝フランソワ・マティ『プラトンの哲学』（文庫クセジュ、九六八、三

浦要訳、白水社、二〇一二年）一二八頁参照。

ここには、ヨナ書における異邦人の位置付けと役割、ヨナ書の著者が異邦人たちの口をとおして語っている「もしかしたら～かもしれない」「誰が知っているだろう」などに通ずるものが認められる。ヨナ書の著者がプラトンを読んでいたことを示す明瞭な証拠はない。しかしヘレニズム・ローマ時代の多くのユダヤ人著述家たちは、ギリシア哲学・文化はモーセとアブラハムに代表される旧約聖書（イスラエル民族）から学んで成立したと主張し、その裏返しとしてギリシア哲学文学を熱心に学び、とりわけプラトンから大きな影響をうけた。この姿勢・流れを総括した前一世紀から後一世紀にかけての代表者がアレクサンドリアのフィロン（とヨセフスと「第四マカベア書」）であり、その仕事はキリスト教に引き継がれた。ソクラテスは「受難死する義人」つまりイエス・キリストの原型（モデル）の一つであり、「イエス・キリスト以前のキリスト教徒」とみなされ、古代のキリスト教著述家たちはプラトンを中心とするギリシア思想、ヘレニズム思想、ローマ思想から大きく深い影響を直接間接にうけた。ただし、ソクラテスは泰然自若として死刑判決を受け容れ従容として死についたが、これと対照的にイエスは逮捕直前にゲッセマネで苦悶の内に死を逃れ（免れ）させ給えとくり返し神に祈り、十字架上で神に対する絶望の問いかけの叫びをあげて、最期を迎えている。

なお、ソクラテスが何かをしようとする際に、それがソクラテスにとって都合の悪い結果を引き起こす場合にはそれを押しとどめる「しるし（合図）」が神（ダイモーン）から伝えられ（示され）たとのことであるが（『ソクラテスの弁明』）、この「しるし」は「ヨナのしるし」と同じセーメイオンである。

ヨナ書四章

ヨナ書四1は「（これは）ヨナにとって大きな不快（ラーアー）のもととなり、彼は怒りに燃えた（hrh）」で、主語が明示されていないのは意図的であると思われる。前半は同じ語根の動詞（ラーアー「悪・不快を引き起こす」。ヨナ書ではここのみ）と名詞（大きな悪・不快）を結びつける（この動詞と名詞の結合もヨナ書ではここのみ）ヨナ書に多い強調表現である。この動詞は普通創世記四八17などの「これは彼の眼にとっては悪（間違い）であった」という形で現れ、ここと似た形はネヘミヤ書二10「それは彼らにとって大きな不快のもととなった」にのみ認められる。

ニネベ市民がラーアー（悪）の道から立ち返った（悔い改めたとは明記されていない）のをうけて、神が下そうとしていたラーアー（災い）を思い直し思い留まったことが、ヨナのラーアー（不快）を引き起こす。著者のメッセージは余りにも明瞭かつ強烈である。この同族語を重ねる強調表現は、一10の「大きな恐れをおそれ」や一16の「大きな恐れをおそれ、犠牲獣を犠牲として献げ、誓いを誓った」が同族語を重ねて異邦人の信を強調しているのと「逆対応」している。

1節後半は創世記四5「カインは怒りに燃えた」や同一八30「我が主が怒りに燃えませんように」などと同じ表現で、ヨナ書三9の「燃え上がる怒り」と似ており、四4の「怒り」と同じ語根で、神が燃え上がる怒りをしずめたことに対してヨナが怒りに燃えるという実に単純明快な逆対比が明示されている。LXXは「ヨナは激しい（大きい）悲しみ（悩み）を悲しみ（悩み）、平静を失った（困惑・混乱した）」で、MTとニュアンスが異なる。サムエル記上一八8の「サウル（王）は非常に悩み（動揺・困惑し）、このこと（ば）は彼の眼にとって不愉快であった」はヨナ書四1とよく似たことばを順序を変えて用いている。ヨナ書四1の後半も「怒った」ではなくLXXのように「悩み・困惑・動揺した」という意味である可能性がある。古代語訳の中で「怒った」と訳しているのはV（iratus est）のみである。

さらに聖書の中には神に「怒った者」が神に祈るという箇所は他には一つもない。

LXXの中でここと同じヘブル語動詞（不快を引き起こす）を同じギリシア語（リューペインの受動態。悲しむ）で訳しているのは申命記一五10の貧しい兄弟に施しをする時に「惜しんではならない」（*Tanakh:* have no regrets［後悔、残念］）のみで、この箇所はコリント後書九7で（エルサレム教会への献金の勧めの中で）「悲しみや強制から（ek lypes e ex anankes）ではなく」という形で用いられている。ヨナ書四4（二回）、9でも「怒る」の意のヘブル語動詞（harah）がリューペイン（の中動態か受動態）で訳されている。またここと同じヘブル語名詞（ラーアー、不快）を同じギリシア語（lype＝悲しみ）で訳しているのは創世記四四29のヤコブのことば「お前たちは白髪の私を悲しんで（悲しみと共に）よみに降らせることになる」のみである。

リューペー＝「悲しみ」とその同族語は、古典ギリシア文学では「嘆き、肉体的精神的苦痛」などをも意味し、「快（ヘードネー）」「喜び（カラ）」（LXXではエウプロシュネー「喜び、浮かれ（お祭り）騒ぎ」）。新約では使徒行伝二28、一四17のみ）などと対比され、両者は人間にはつきもので交互に生まれ（経験され）、悲嘆を伴わない快はないと言われ、苦しみ悲しむことは人間にとって有益であるともされているが、プラトンは「（ソクラテスに代表される）愛知者（哲学者）は死を前にしても嘆き悲しまない」とくり返し記している。

聖書では①伝道の書七3―4「悲しみ（怒り、悩み ka'as）は笑いにまさる、暗い顔は心をよくするから。賢者（知者）の心は悲しみ（嘆き）の家にあり、愚者の心は楽しみ（喜び）の家にある」、箴言一四13「笑う時にも心に悲しみがあり、喜びのはてに憂いがある」、ヤコブ書四9「悲しめ……あなたがたの笑いを悲しみに、喜びを憂いに変えよ」、「第四エズラ書」（一世紀終わり頃）七11―12「アダムとエバの堕罪以降この世は悲しみ悩み労苦に満たされた」などとある。

これらと（やや）ニュアンスが異なるものとして、聖書の中では、②伝道の書九7「さあ、喜んであなたのパンを食べ、楽しい心であなたのぶどう酒を飲みなさい」や、箴言三一6―7の悲しみ（LXX: lype）と悩みの中にある者は酒を飲んでそれを忘れよという勧告をうけて、「ベン・シラの知恵」（前二世紀初頭）三〇16、21―23は悲しみ（lype）は無益で人を滅ぼすもととなるから悲しみを遠ざけて、明朗快活に楽しく生きるよう勧め（三八18―20参照）、旧約偽典「第四マカベア書」（一世紀前半頃）一23はストア主義の影響下に「悲しみ（lype）」を理性が思慮を通して支配すべき情念（pathos）の一つとして挙げている。カントに大きな影響を与えた懐疑論哲学者D・ヒューム（一七一一―七六年）の「理性は情念の奴隷である」（『人間本姓論』二・三・三）はこれをひっくり返したもの。

また旧約偽典「アリステアスの手紙」（前二世紀）二三二「正義（dikaiosyne）を追い求めることによって悲しみ（lype）から自由になることができる」、同二六八「友人の身に長期間避けられない（災い）がふりかかった時には悲しま（lypeisthai）ねばならない」、旧約外典「ソロモンの知恵」（前一世紀）八9「知恵は……悲しみ（lype）を慰める（癒す）」をも参照。

この①②二つの見方を踏まえて、詩篇一二六5「涙のうちに蒔《ま》く者は喜び（LXX: agalliasis）のうちに刈り取る」や、「トビト書」（前二世紀）一三16「あなたのために悲しんだ（elypethesan）すべての者たちは幸いだ（makairoi）、彼らはやがてあなたのことで喜び（kharesontai）、永遠にあなたの全き喜び（ten kharan）を見ることになるのだから」などが生まれた。最後の箇所はマタイ福音書五4「嘆き悲しむ者たち（hoi penthountes）は幸いだ、彼らはやがて慰められる（paraklethesontai）から」と酷似しているが動詞が異なる。マタイ福音書五4はLXXイザヤ書六一2「（主は）すべて嘆き悲しむ者たちを慰める（parakalesai tous penthountas）」と二つの動詞（嘆き悲しむ、慰める）が共通しており、この「トビト書」とイザヤ書の二か所に基づいている。ちなみに「かなし」は日本語では古くは「悲し」「哀し」と並んで「愛し」とも記していた。

聖書における「悲しみ」を考える際に、イエスの生死がその姿になぞらえられている、イザヤ書の「苦難の僕《しもべ》」の歌（四二1—4、四九1—6、五〇4—9、五二13—五三12）が思い浮かぶ。苦難の僕のメッセージは異邦人に（も）向けられており（四二1—4のマタイ一二18—21における引用により、この点がマタイによって強調されている）、僕は「悲しみ（苦しみ）の人」であり、「我々の悲しみを担った」（五三3—4）とある。【共】はこの二か所の「悲しみ」を「痛み」と訳しているが、関根正雄（新）訳では「悲哀（かなしみ）」で、英訳もsorrowとsufferingに分かれている。LXXはプレーゲー「打撃、打擲《ちょうちゃく》、傷害」と訳している。

ゲッセマネの園でのイエスの逮捕直前の場面でイエスは「悲しみ（lypeisthai. マルコ＝びっくり仰天しekthambeisthai）悩み始め」「私の魂は非常に悲しく（perilypos）死ぬほどである」と語る（マタイ二六37―38、マルコ一四33―34）。この「魂」（psykhe）と「非常に悲しい」（perilypos）はLXX詩篇四一6、12、四二5（＝MT四二6、12、四三5）に由来する。この点後述。

注目されるのはイザヤ書五三7で二度「彼は（黙して aphonos）口を開かなかった」と言われていることで、LXXではウーク・アノイゲイ・ト・ストマ（アウトゥー）である。使徒行伝八32が「黙して」（荒井訳はこれを訳出しない）を伴ってこの節のLXXを引用し、それはイエスをさすと説明している（背景となる場所はガザ）。anoigein to stoma「口を開く」はマタイ五2、一三35（詩篇七八2の引用）、一七27、使徒行伝一〇34、一八14、コリント後書六11、ヨハネ黙示録一二16、一三6に現れる。LXXでヨブ記の五回を含めて約四十数回用いられているスィオーパーン「黙る、沈黙する」は、マタイ二六63、マルコ一四61（＋一言も答えなかった）で最高法院での審理の場で「イエスは沈黙していた」という形で現れる。このイエスの沈黙はイザヤ書五三7の苦難の僕の沈黙と重ねられている。

イエスは審問の中でシュ・レゲイス（エイパス）「あなたは言う（言った）」などと答えてもいるが、これによって質問者の問いに答えるのを避け（拒み）、その問いを質問者に投げ返している。拙著『イエス時代の言語状況』（教文館、一九七九年。新装版刊行予定）参照。ここにはヨナ書の最後四10―11の神によるヨナへの問いかけに通ずるものがある。ヨブ記では神との対話のあとでヨブが「ただ手を口にあてるのみです」（四〇4。二一5、二九9、箴言三〇32、ミカ書七16参照）を含むことばを語るが、ヨナ書はヨナに対する神の問いで、いわばヨナの沈黙で終わっている。

LXXヨナ書四1の最後の「平静を失った（混乱した）」はスュネキュテーで、使徒行伝二6の「あっけにとられた」と「第一マカベア書」四27と「第二マカベア書」一三23の「取り乱した」は全く同じ語形で、使徒行伝はヨナ書と「第一（と第二）マカベア書」からの借用であると思われる。この点後述。

ところでヨナは神の変心（に至るこの間の経緯）をどのように知ったのであろう。四十日たってもニネベが滅びなかったからではないことは、5節以降でヨナが成り行きを見極めようとしていることから明らかである。神の変心に気づきながら、何を見極めようとしているのだろうか。神の再変心を期待しているようにも見える。三章を振り返ってみると、王はおおむねすでに市民たちが行っていることを命じていることに気づく。

四2の冒頭は二2の冒頭と、「ヨナ」を省き「神ヤハウェに」を「ヤハウェに」と短くしている以外は全く同じである。ヨナの祈りの最初の二語「ああ、どうかヤハウェよ」は神に対する敬意を示す丁寧語であるが、一14の異邦人乗船者たちの祈りの最初の二語と同じで、ヨナが異邦人たちの祈りをなぞりながら、その内容が全く対照的であることを印象づけている。「これは……言ったことではありませんか」は創世記四二22のルベンのことばに似ているが、出エジプト記一四12のモーセのことば「……と言ったのはこのことではありませんか」のこととほとんど同じヘブル語表現（この二か所のみ）の借用である。このことは出エジプト記一四16、22、29の「海と乾いた陸地」の対比がヨナ書一9、13の、出エジプト記一四32の「ヤハウェをおそれヤハウェとモーセを信じた」がヨナ書一16と三5（ヤハウェを神に変えて）の手本となっていることを見れば明らかである。ここと創世記四二章と出エジプト記一四章との違いは、ヨナは前に言ったと主張することば（内容）を提示せず、ここで言っているようなことを前にどこでも語っていないことである。

「私がまだ私の国にいる間に」は士師記三26「彼らがまだ手間取っている間に」と同じまれな構文である。この箇所は（思いもよらぬことに）前に一二三頁で紹介した。「私の国」は、admathiy（←アダーマー）で、一8の「（あなたの）国（＝エレツ）」と異なり、三7と四11のアーダーム「人間」と関連付けられているのかもしれない。アーダームとアダーマーは共に「赤い」の意の語根に遡る。

「だからこそ私は前もって（急いで）タルシシへ向かって逃げ出したのです」。一章では3節（二回）と10節の三回、ヨナは何の言い訳もせず「ヤハウェの顔の前から逃げた」とあり、ヤハウェに対する反抗反逆が暗示されていたが、ここでヨナは自分が「偽預言者」となりたくなかったためであったかのような言い訳（自己正当化）をしている。後代のユダヤ教の伝承は、ヨナが週の五日め（創世記一20―23参照）に神の前から逃げ出したとし、その動機を偽預言者と呼ばれたくなかったためと説明している（*Rabbinic Fantasies*, 61）。この後出しの言い訳（弁解、自己弁護）はヨナ書の重要なポイントである。

「前もって」をLXXはproephthasaと訳しているが、この動詞の新約聖書の用例はマタイ福音書一七25 proephthasen「イエスが先んじて」一か所のみである。この直前の一七23にelypethesan sphodra「彼ら（弟子たち）は深く悲しんだ」とある。同じ表現がヨナ書四4と9（二回）にあり（いずれもMTは四1と同じhrh＝怒る）、このマタイの二節がマタイにのみあって他の福音書に並行がないのは、偶然とは考えにくい。これまでに見てきたLXXヨナ書とマタイ福音書との関連を思い起こされたい。

「私は知っていた」（MT: yadhaʿthi, LXX: egnon）は一12の「私は知っている」（MT: yodheʿa, LXX: egnoka）と共に、三9の「誰が知っているだろう」（MT: yodheʿa, LXX: oiden）と、くり返された「もしかしたら」

そして出エジプト記三三13のモーセの嘆願「どうかあなた（神）の道を私に知らしめてください」と対比されている。

「あなたが恵み深く憐れみに富む神で、怒ること遅く、非常に慈しみ深く（ヘセドゥ）、災いを思い直す（nhm）ことを」と類似の表現は旧約聖書の中に十数回現れるが、中でもヨエル書二13との類似が顕著で、これらの神の五つの属性すべてを同じヘブル語で並べているのはヨエル書二13のみである。唯一の違いはヨエル書の「彼（直前のあなたがたの神ヤハウェ）」がヨナ書では「あなたは……神（エール）」となっていることである。ヤハウェでもエローヒームでもなくエールが用いられている（ヨナ書ではここのみ）。こうしてヨナ書に神をさすことばが三つ用いられていることと、LXXがこのエールを省いていることが注目される。（これは後のキリスト教の三位《さんい》一体教説と関連があるかもしれない）。この点についてはあとで考えることにしたい。ここで神の恵みと憐れみの対象が、「選民ユダヤ民族」とも「異邦人・異教徒」とも、明示されていないことが注目される（文脈はもちろん後者を示唆しているが）。これはヨナ書の著者がそのような分類や区別を前提していない（あるいは回避している）ことを示している。この非明示（ないし無前提）に著者の強いメッセージがこめられている。

ヨナ書三章がヨエル書一20、二14、22を意識して模倣していることは前に見たとおりである。ヨエル書はヨナ書より前に成立しており、ヨエル書がヨナ書から引用している可能性は低い。ヨエル書（に代表される神の恵みや憐れみなどへの言及）の場合にはそれが希望の根拠となっているのに対して、ヨナの場合には死を願うほどの不快と怒り（苦悩）と絶望の根拠となっている。

「思い直す」（nhm）は三9、10の「思い直す」と同じことばで、「後悔する、悔い改める、同情する、慰める」などを意味し、預言者ナホムの名前（ナフーム）が同じ語根に由来することは偶然ではない。LXXがこれら三か所すべてをmetanoeinで訳しており、三か所すべてが「神」を主語としており、ニネベ市民たちと王が「悔い改めた」とはヨナ書のどこにも明記されていない（それに近い表現はあるが）。ヨナ書の著者は「異邦人をも含む悔い改める罪人に対する神の恵み深い対応を提示」しようとしているとする最近のいく人かの研究者たちの見解には本文に基づく根拠がない、あるいは根拠が弱い。LXXでは一般に（新約聖書以降のキリスト教文献と異なり）metanoeinは「悔い改める」、metanoiaは「悔い改め」という意味で用いられていない。これに対してマタイ福音書一二41とルカ福音書一一32の「ニネベ市民たちがヨナの宣教（ケーリュグマ）に（接して）悔い改めた（metanoein）」では「悔い改める」という意であるとみなしてよいであろう。

「恵み深い」のLXX: eleemonは新約聖書ではマタイ福音書五7とヘブル書二17の二か所にのみ現れる。マタイ（とルカ）はele-で始まることばを多用して「神が憐れみ深いこと、人間も憐れみ深くあるべきこと」を強調している。eleein「憐れむ」はマタイが八回、マルコが三回、ルカが四回（ヨハネはゼロ）であり、eleemosyne「憐れみ（慈善）」はマタイが三回（マルコはゼロ）、ルカが八回、eleos「憐れみ」はマタイが三回、ルカが六回（マルコとヨハネはゼロ）である。LXXはヨナ書二9の「慈悲、忠節」（ヘセドゥ）をeleos「憐れみ」と、四2の「非常に慈しみ深い」（ラーブ・ヘセドゥ）をpolyeleos「大変憐れみ深い」と訳している。

「憐れみに富む」のoiktirmonは新約聖書ではルカ六36（二回）とヤコブ書五11にのみ現れる。これらのマタイとルカの箇所はおそらくマタイとルカに共通のいわゆるQ資料に由来し、Q資料とマタイはヨナ書を強く意識しその影響をうけている。もっともQ資料はあくまでも仮説上のものであることを心に留めねばならない。

ちなみにエール（神）は旧約聖書の中に約七、八十回ほど現れ、またエール・エルヨーン（いと高き神）、エール・シャッダイ（全能の神）、エール・ツェバーオース（万軍の神）その他の形でも現れる。イスラエル（イスラーエール＝神を見る者、神が支配する、彼は神と戦う、神と戦う人、神は戦うなど諸説あり）やサムエル（シェムーエール＝神の名前、神は崇高であるなど諸説あり）などのエールにも認められる。

エールは古代イスラエル民族・宗教成立以前の（あるいは一部並行する）古代中近東全域の宗教・神話に現れる「イル」ないし「エル」という主神の名前に由来する。これは前二千年以前の東セム語（アッカド語）文献、前十五世紀頃―十二世紀初頭頃のウガリット（パレスティナの北、シリア西部フェニキアの地中海沿岸の古代都市）出土の北西セム語（ヘブル語もその一つ）文献、前十八世紀頃のアモリ人（おそらくイスラエル民族成立以前のカナン人の一部）の残した（南セム語）文献などに認めらる。この原始セム語（セム祖語 Proto-Semitic）の「イル」ないし「エル」（強い［者］の意であるとされる）は他のすべての神々と人間を生み出し（創造し）た原初的な父なる（最古の）神、守護神で、彼はしばしば憐れみ深く、時に厳しく、常に賢く思慮深い神とされ、時に権威の象徴である王座（玉座）に座す老人として描かれる。

古代オリエントの宗教神話においてエルよりも若い神がバアルで、古代イスラエル宗教では表面上はエルとバアルはヤハウェに吸収統合され、しばしばバアルがヤハウェの敵役《かたき》を演じているが、前二世紀前半のダニエル書七9などでは「王座に坐る日々の老いたる者」（LXX: palaios hemeron=［the］Ancient of Days. エルに相当）とその御座の前に登場する「天の雲に乗っている人の子のような者」（若い神。バアルに相当）という二つの神格の姿の中に、二人の神が名残を留めている。この「人の子（のような者）」のイメージは「エチオピア語（第一）エノク書」（前三世紀―後一世紀）や「第四エズラ書」（後一世紀終わり頃）に受け継がれ、福音書に現れる「人の子」がこの流れの中にぴったりと位置付けられる。つまり新約聖書の「人の子」は神的存在をさす称号で、他方「神の子」は元々はダビデの子孫としての人間的なメシアをさすことばである。D・ボヤーリン『ユダヤ教の福音書』参照。ヨナ書四2にこの「しばしば憐れみ深く時に厳しく常に賢く思慮深い神」であるイスラエル以前の宗教神話の神エルが現れることが注目される。

イスラエル以前の古代オリエント宗教史を踏まえることが聖書を理解するために重要（有意義）であることを二、三の例で見てみたい。創世記冒頭の天地創造物語に前十一世紀頃の成立とされるバビロニアの創造神話『エヌマ・エリシュ』の影響が認められる。『エヌマ・エリシュ』はヘレニズム時代のシリアのセレウコス王朝統治下にも公的に朗誦されており、（陰に陽にセレウコス王朝の勢力を感じ続けていた）パレスティナのユダヤ民族にとっても決して遠い（無縁な）ものではなかった。

同じ創世記の人間の創造から堕罪にいたる物語やノアの洪水物語は、古代西アジア各地の（遺跡出土の粘土板に楔形文字で記された）『ギルガメシュ叙事詩』（前一八〇〇年頃成立、前一一〇〇年頃標準版成立、ヘレニズム時代まで広く流布）に大きく依拠している（あるいは関係がある）。またヘレニズム時代（前三世紀頃?）の作品と考えられる伝道の書（コヘレトの言葉）の著者が、生きることの意味をたずね、伝統的紋切り型の教えに満足できず、真の知恵を求めて学んでも労苦を増すばかりで、人間は死を超えた世界や超越的な神を憧れてもそれを知ることはできず、明確な解答を得ようとすることの空しさ（あるいは不可能性）を説き、ある種の現世享楽主義に到達している点において、同じ『ギルガメシュ叙事詩』（とヘレニズム思想など）から大きな影響をうけていることは広く認められている。伝道の書は申命記主義的歴代志的正統主義的な応報思想（トーラーを守って善を行えば神から幸福・よい報いを得、トーラーを守らず悪を行えば不幸・災いを蒙る）を疑問視し、むしろそれを否定して「神は天にあなた（人間）は地上にいるゆえ、神の前で軽々しく口を開かないように」（五1［2］）と戒めている。この「天と地」の対比・対応は初期ユダヤ教から新約聖書へと受け継がれている。なお伝道の書に三十七回（旧約全体で七十二回）現れる「空《くう》」はヘブル語でヘベルで、カインに殺された弟の名前アベルはヘブル語ではこれと同じヘベルである。ヨナ書二章参照。

伝道の書の著者は、伝統的で型にはまった紋切り型の教説（神学）と現実（の生）とのずれ（乖離）、という問題を気取りのない「慎み」をもって熟慮し、提示した。同じ問題関心とただしい者がなぜ苦しむのかという疑問は、ヨブ記（前四世紀以降？　伝道の書より前？）によってよりいっそう激しい（怒りの抗議を伴う）形で深化されている。模範的な義人ヨブは非ユダヤ人とされており、理不尽な辛酸をなめさせられるヨブの問いに対して神は納得のいく答えを与えることなく、ヨブが何を悟り何に納得したのかはヨブ記の読者には隠されたままである。強いて言えばヨブは神を見、その声（ことば）を聞いたことで、納得し（矛を収め）たのだと、著者は言いたいのかもしれない。

神とのやりとり・対話のあと、四〇4でヨブは「私はただ口に手を当てるのみです」と沈黙を宣言し、自分が知っていると思っていたことを、実は知らないことに気づかされたと、告白する。なおヨブ記は、エジプトの『死者の書』(前十六世紀頃以降)の中の「無罪の宣告」、エジプトの『受難者と魂』(前二〇五〇年と一八〇〇年の間)、エジプトの『農夫と法廷』(前二一〇〇年頃)とバビロニアの『受難者と友』(前一〇〇〇年頃)などの影響をうけているとのこと。Cf. V. H. Matthews and D. C.Benjamin, *Old Testament Parallels* (Paulist Press, 2006). ヨナ書との関連ではヨブ記三八16の「あなたは海の源に行ったことがあるか、淵の底を歩いたことがあるか」が注目される。ヨナ書二章では、まさにヨナはこれを経験したことになっているからである。これもパロディーであろう。

ヨブ記一9ではヨブは「いたずらに」(MT: hinnam, LXX: dorean。【共】「利益もないのに」、*Tanakh*=not have good reason, *NRSV*=for nothing) 神を信ずる(おそれ、敬う)ことがサタン(!)の口から(修辞疑問の形で)語られている。「いたずらに」と訳したヘブル語は「何の理由もなく、無償で(恵みとして)」を意味する。伝道の書やヨブ記は懐疑主義的な神認識の限界・不可能性あるいは間接性(人間は神を直接認識し、神について直接的に語ることはできない)を語っている。コリント前書一三12「今我々は謎の内に鏡を通して見ている」(「ベン・シラ」一二11、「ソロモンの知恵」七26、LXX民数記一二8参照)を参照。前記のソクラテスの場合にも通ずるが、真実・真理とは真理を探究する過程にほかならない。太陽を直視(しようと)すると眼をそこねる(『パイドン』九九)。ヨナ書のメッセージも基本的に同じである。

LXXヨブ記一9に現れるギリシア語ドーレアンはマタイ福音書一〇8bの「あなたがたはただで(無償で、恵みとして)受けたのだからただで与えなさい」の「ただで、無償で」(共観福音書中ではマタイのこの二例のみ)と同じことばである。マタイ福音書一〇8aには「弱っている人々を癒し……レプラの病人たちをきよめよ」とある。列王紀下五章もエリヤの弟子エリシャがシリアの将軍ナアマンのレプラをなおし（きよめ）たことに対して金品を受け取ろうとしないさまを強調して描いている。

申命記一八22に「もしも預言者がヤハウェの名において語ってもそのことばが成就（実現）しない……ならば、それはヤハウェが語ったことばではなく、その預言者がほしいままに【共】＝「勝手に」、【改】＝「不遜にも」。MT: bezadhon, LXX: en asebeiai「不敬虔のうちに」）語ったのである」とある。be=in、ザードーンは「生意気、僭越、厚かましさ」を意味する。ここで注目されるのは、LXXでこのザードーンがアディキアー（不正義）およびヒュブリス（傲慢、思い上がり、増上慢）と、先ほどふれたヨブ記一9のヒンナーム（何の理由もなく）がアディコース（不正なしかたで）、マタイオス（空しい）、マタイオース（空しく）、マテーン（空しく）とそれぞれ訳されている例があることで、一見無関係に見えるこの二つのヘブル語のキーワードが関連付けて受け止められている場合があったことがうかがわれる。

ヨナ書の著者は申命記に真正面から異を唱えており――ヨナの預言は成就実現しない――（さもなければ、だからこそヨナの預言は神が語ったことばではない、と言おうとしていることになる）、前に記したようにヨナ書は伝道の書やヨブ記とふれあうところがあったことが、この観察からもうかがうことができる。さらに前に記したことと関連して、ホメロス以降の古代ギリシア文学全般においてヒュブリスは人間の陥る過ちの最たるものとみなされていた。

ヨナは自分が考えて（知って）いたとおりに神がなさったのに、なぜこれほど激しく動揺し、怒り、「ヤハウェよ、どうか今私の生命を私から取り去ってください。生よりも死の方がましです」などと口走るのであろう。ヨナは何を知っていたというのだろうか。ヨナは自分が知っていると口にして（一章では異邦人に対して誇り、自慢すらして）いたとおりに神が「実際に」行動したことを、どうしても理解し、容認することができない。つまり彼の（常識的教科書的な）神の理解・認識は誤っていたことになる。さもなければ、あるいはむしろ言い換えれば、ヨナは自分自身が神に向かって（あるいは人に向かって）口にする（憐れみ深い）神を、実は全く信じていなかったことを、自ら認めているのである。もしもそうでないとすれば、神が誤っている、神が誤りを犯している、ことになる。

神に向かって死を願うことばは、モーセの場合（民数記一一15）とエリヤの場合（列王紀上一九4。その他ヨブ記六9、エレミヤ書六14―18参照）を思い起こさせる。特にLXX列王紀上一九4とLXXヨナ書四3はほとんど同じことばである。死を望むヨナに対してヤハウェは「あなたが怒る（落胆する）のは正しいであろうか」（LXX「あなたはひどく悲しむのか？」）と問いで応じている。言い換えれば、神は（ヨブに対する場合と同様に）ヨナの祈りに真正面から答えていない。この神からの問いかけに、ヨナは一言も答えようとしない。答えることができず、くだけたことばを使えばふてくされている。

5節でヨナは町の外へ出て、町の東（LXXは「東に」ではなく「前に」と訳す）に座し、（仮）小屋（スッカーは「仮庵祭」の「仮庵」）を造った。「の東に」は創世記三24の「エデンの東に」と同じことばで、両方共LXXが「に面して、の前に」（apenanti）と訳していることは偶然ではないであろう。東方にあったはずの（二8）エデンの園の「東に」ではおかしなことになる。前述のように「東」の意のケデムには「正面、前面」そして「古代、はじめ」の意味もある。創三24のVも「の前に」anteである。マルコ福音書一二41にここと同じ動詞と前置詞でイエスが「賽銭《さいせん》箱の前に坐って」とあるのは、偶然であろうか。

「小屋を造った」のLXX: epoiesen skenen と同じ動詞と名詞がマタイ一七4＝マルコ九5＝ルカ九33の山上の変貌の場面に現れる。ヨナはその小屋の屋根の「日陰」（MTツェール、LXXスキア）のもとに坐って町がどうなるか見届けようとする。いったい何を見届けようとしたのであろうか。ニネベが結局は滅亡することを期待していたのではないだろうか。6節では「神ヤハウェ」が唐ごまの木を生えさせて、ヨナのためにさらなる「日陰」を提供する。

ここでまとめてみるとヨナ書にはヤハウェが二十二回、エローヒームが十三回、ヤハウェ・エローヒームが一9、二2、7、四6の四回現れる。ヤハウェ・エローヒームが重要な転換点を示しているのではないかと思われるが、ヨナ書全体における神名の変化が何を意味するかはよくわからない。

「唐ごま」はMTのキーカーヨーンもLXXのコロキュンタ（～テー。瓢箪《ひょうたん》）もここにのみ現れることばである。後者は謹厳なことで知られるセネカ（皇帝ネロの家庭教師・帝室の最高顧問）著『アポコロキュントーシス（瓢箪化）』を連想させる。これは帝位に就いたばかりの若いネロに、セネカが前帝クラウディウスの愚劣さと残酷さを笑いを交えながら風刺しつつ、正しい皇帝のありかたを教え善政を勧めようとした滑稽風刺小説で、まさに前に紹介した「まじめふざけ（スプードゲロイオス）」の実例である。瓢箪はラテン語でcucurbitaであるが、瓢箪はローマ人の間では脳味噌が空っぽの頭つまり「うすのろ」の隠喩で、セネカはクラウディウスの「神格化」（アポテオーシス）を「瓢箪化」と茶化しているのである。ネロが有名なキリスト教徒迫害をはじめとする悪政により暴君の代名詞となり、セネカ自身ネロの不興を買い自決に追い込まれたことを思うと、まさにアイロニーそのものである。セネカがここでラテン語の風刺小説の標題をラテン語ではなくわざわざギリシア語にしているのは、すでにギリシア語に同趣旨の含みがあったことを暗示している。

セネカと類比的なのがトマス・モア（一四七八―一五三五年）である。親友エラスムス（『愚神礼賛』の著者）と共に、宗教改革への道を備えたルネサンスの大立者であるが、その最高顧問として仕えた英国王ヘンリー八世の離婚（聖公会成立のきっかけ）にカトリックの立場から反対したため大法官の職を解かれて、処刑された。その著『ユートピア』のユーは not の意味のギリシア語ウーと、「よい」の意味のギリシア語エウをかけたものである。（エウアンゲリオン＝福音参照）。「理想郷（よい場所）」はどこにも存在しない。

さらに新約聖書外典に「セネカとパウロの往復書簡」（四世紀頃の偽書）というものがあって、高名なセネカとパウロが親しく交流していたことを示すことによってパウロ（ひいてはキリスト教）に箔を付けようとしている。ヒエロニュムスとアウグスティヌスはこの偽書を本物と信じ込んで引用している。まさに「まじめふざけ」がキリスト教の正統教義の成立に大きな役割を果たした本流の思想家たちに受け継がれていたことになる。これらの背景にヨナ書があることは間違いない。

ヨナは仮庵の屋根の「日陰」のもとに坐っていたはずなのに、どうして唐ごまの木陰が彼の「不快（ラーアー）」を取り除くのか、唐ごまの木が虫に喰われて枯れ、陽が昇って照りつけるとどうして「がっかりして生命（プシューケー）をあきらめる」（LXX）のであろうか。「仮庵の屋根」は文字どおり仮屋根だったということなのだろうか。「東風」を形容するハリーシートゥはここにのみ現れることばで正確な意味は不明。LXX はここでも「東」を訳さず、「焼けつく（ような）熱風」と訳している。ヤコブ書一11の「太陽が猛暑を伴って昇る」はここのLXXに酷似している。

ヨナは3節と全く同じことばをくり返して神に再度死を求めるが、前に見たようにヨナは決して自死しようとはしない。神は再び4節と同様の問いでこれに応じ、今回はヨナはこれに「私が死ぬほど怒るのは当然です（LXX私は死ぬほど非常に悲しい）」と答え、最後にヤハウェがヨナを叱責しつつ「右も左も知ら（わきまえ。MTヤーダー、LXX: **egnosan**）ない十二万人以上の人々と多くの家畜のいる大きな（重要な）町ニネベを私は（あなたが唐ごまの木を惜しむ以上に）惜しまないだろうか？」とヨナに問いかけ、この問いでヨナ書は終わっている。MTもLXXも共に最後のことばが「多くの家畜（動物）（LXX: **ktene polla**)」であることは示唆に富んでいる。10節と11節に現れる「惜しむ」をLXXは**pheidomai**と訳している。**pheidomai**は新約聖書の中でロマ書八32「（神は）ご自身の息子を惜しまなかった」を含む十か所で用いられている。

創世記四八14—19と伝道の書一〇2の「知者（賢者）の心は右へ、愚者の心は左へ向かう」などから、右は左に優り、右は善と有益（繁栄）を左は悪と有害を象徴することがうかがわれる（イザヤ書四五1、マタイ二五31—46など参照）。プラトンでも同じ。ここでLXXも用いている「左」の意のギリシア語**aristeros**は「最善の（**best**）」の意の**aristos**の比較級であり、元来「最善以上」を意味していた。三浦しをんは「名作と呼ばれる物語の主人公には、右も左もわからない人がやけに多い」（ような気がする）、「その純粋さが人々の胸を打つ……のか？」と書いている（『人生激場』新潮文庫、二〇〇六年、一六一—二頁）。もしもそうだとすれば、これはヨナ書をもって嚆矢《こうし》とすることになる。

申命記一39には（38節でヨシュア＝イエスがそこへ入ることを保証したあとで）「まだ善悪をわきまえ

（MT ヤーダー、LXX: oiden）ない幼子たち（LXX: pan paidion neon「すべての若い（幼い）子ども」）がそこ（約束の地）へ入る（LXX: eiseleusontai）」（創世記一章参照）とあり、イザヤ書七15（インマヌエル預言の直後）には「その子が悪を捨てて善を選ぶことを知る（MT: da'th（←ヤーダー）、LXX: gnonai）頃に」（16節にほとんど同じ句がくり返される。LXXでは「その子」＝to paidion）とあり、直前の11、14節で「しるし」（LXX: semeion は福音書の「ヨナのしるし」の「しるし」と同じことば）が言及されている。paidion は福音書の「幼児」イエスへの言及で、またイエスが「幼子」を呼び寄せて「幼子」を高く評価する際（マタイ一八2―5、マルコ九36―37、ルカ九47―48）に用いられ、「幼子」のような者のみが神の国に「入る」（eiselkhomai）（マタイ一八3、一九13以下、マルコ一〇13―16、ルカ一八15―17）では、「幼子」と「入る」（そしてイエスという名前までも！）がLXX申命記一38、39と一致している。

ヨナ書は「右も左も知らない」ニネベ市民を、「知っている」と言いつのるヨナと対比させて読者に問いかけて熟考を促している。聖書の中で疑問文で終わっている文書は二つのみで、もう一つはナホム書である（【共】と鈴木訳では疑問文になっていない）。ナホム書はアッシリアとニネベの諸悪を縷《る》々《る》述べ立て、神はアッシリアを滅ぼしイスラエル民族を回復すると預言し、文書全体を「あなた（アッシリア王）の悪は誰の上に臨まなかったか（臨まなかった者があるだろうか）？」（三19）と締めくくっている。ナホム書の成立は前六一二年のニネベ陥落以前と考えられており、ヨナ書がナホム書のパロディーであることに疑問の余地はない。

これによってヨナ書の著者は何を語り、何を訴えたいのであろう。一つは自分が救われること、自分にとって好都合なこと、快をもたらすものには大喜びして（四6）神に感謝するのに、神が（イスラエルの宿敵）ニネベを惜しんで大切に（し救おうと）することをどうしても理解できず許すことのできない、ヨナのイスラエル民族選民思想に基づく信あるいは不信に対する批判であろう。そしてこれまでに見てきたように「知っている」ということばをくり返すヨナと、「誰が知っているだろう?」「もしかしたら神は……なさるのではないだろうか」と語る「右も左も知らない」異邦人（outsider）たちとの対照である。ヨナ書に一貫して認められるのは、神の前には選民イスラエルを代表する（預言者）ヨナの言動も異邦人の言動も区別はない、否異邦人の言動の方が選民イスラエルよりも神のみ心に沿っている（のではないか）、それどころか異邦人が神のことばを代弁すらしているという、いわば「逆転」のメッセージである。創世記二〇章、三八章、マタイ福音書八10＝ルカ福音書七10、マタイ福音書一五18などを参照。このヨナ書の問いかけは、主にLXXを介して内容言語共に福音書をはじめとする新約聖書に決定的な影響を与え、初期キリスト教に引き継がれたように思われる。続いて次にこの点をみることにしたい。

ヨナ書と新約聖書

「ヘブル人」ということばは創世記一四13にはじめて現れるが、LXXはこの「ヘブル人（アブラハム）」をペラテースと訳しており、このギリシア語は「放浪者、移民」「境界線（川）を越えて向こう側からやって来る者」という意味である。これは申命記二六5の「私たちの先祖は放浪する（滅びゆく）（wandering, fugitive, perishing, homeless）一アラム人でした」を思い起こさせる。この箇所の古代における解釈については拙著『初期ユダヤ教と聖書』参照。そもそも「ヘブル人」の意のヘブル語イブリーは「（川などを）渡る、越える（アーバル）」（動詞）あるいは「（川の）向こう側（エーベル）」（名詞）に由来する。ヨシュア記二四2―3には「あなたがたの父祖は……（エウフラテスあるいはヨルダン）川の向こう側（エーベル、LXXペラン）に住み……私（神）はあなたがたの先祖アブラハムを川の向こう側から連れ出し」たとある。アブラハムの六代前の先祖がシラの子「エーベル」であることがくり返し記されて強調されており（創世記一〇21、24、25、一一14―17）、シラ（シェラ shelah）は「送る」shlhという意味の動詞に由来する。ギリシア語ペラテースとペランはいずれもペラス（限界、境界線）に由来する。本書一七頁参照。ちなみに万象の第一原理（アルケー。始原、基本要素）としてのト・アペイロン（非限定的なもの）も同じペラスに由来する。ト・アペイロン説はイオニアの（ミレトスの人）アナクシマンドロス（同じミレトス人タレスの縁者、弟子）に帰されている。タレスがフェニキア出身とみなされていたことは先にふれた。なおマルコ福音書一1のアルケーを、このイオニア自然哲学のアルケー概念と暗に結びつけて「源」と訳す佐藤研訳には、深い疑念を感ずる。詳細は別稿。

このように、ユダヤ民族（とムスリム）の父祖でありキリスト教徒の信の模範ともされるアブラハムは「境界線を越える者」として紹介され描かれている。聖書はアブラハムがメソポタミア地方のウル（東）からはるばる「（川を渡り）境界（線）を越え」て、放浪の末にカナン（西）へやってきたことを伝えている。ウルということばの意味と古代におけるその伝承と解釈については前掲拙著『初期ユダヤ教と聖書』と近刊予定の拙著『七十人訳聖書入門』参照。

古代においては西のギリシア文化圏は後進地域で、東のメソポタミア、エジプトやフェニキアをはじめとするオリエント文化が先進文化で、光は東方から西方へもたらされると考えられていた。前述のようにギリシアにアルファベットをもたらしたカドモスの神話と、カドモスが明らかにヘブル語の「ケデム＝東」と関連していることがこのことを端的に示している。マタイ福音書二章の「東方（から）のマゴスたち」もこの文脈の中に位置付けられる。マゴスは古代ペルシア（イラン）のゾロアスター教（拝火教）の「祭司（僧侶）」を意味する magu（sh）に遡り、さらにこれはおそらく「力強い」の意の印欧祖語 magh- に由来する。その史実性はともかく、創世記も初期ユダヤ教文献も新約聖書もアブラハムの故郷はメソポタミア（イラク）南部であって、彼はそこから放浪のあげ句すでに「カナン人」と呼ばれる先住民がいた土地へと移住したと明記している。ローマ人もその始祖を東方の（小アジア西端の）トロイアの落ち武者で地中海を放浪したアェネアスの姿の中に求めている。

ヨナ書と新約聖書というテーマに取りかかる前に、いくつかの事柄（背景）を予め（再）確認しておくことにしたい。

「知恵と徳（敬虔、信仰）、あるいはトーラーの遵守は、長命と幸福をもたらす」という伝統的正統主義的な見方をヨブ記や伝道の書は根本的に疑問視した。伝道の書は「すべてはちり（H: ʿaphar, G: khous）から出てちりに帰る。人の子らの生命の息は上に昇り、動物の生命の息は下へ降るなどと、誰が知っているであろう」（三20―21、一二7。前半については「ベン・シラの知恵」四〇11、四一10参照）と記す。これは神が人間を「土の（土から）ちり」で造り、人間はちりなのでちりに帰る、という創世記二7、三19に基づいている。「ちり」は「砂ぼこり」「くず」「灰」でもあり、無価値なもの、人間のはかなさ、悲惨、死の象徴である。創世記三14などでは蛇が「一生ちりを食べることになる」と神によって呪われている。

「ちり」と「灰」の意のヘブル語（ʿepher）は互いに非常によく似ておりおそらく同じ語源に由来する。創世記一八17、ヨブ記三〇19、四二6（「私はちりと灰の中で悔います」はヨブの最後のことば）、死海写本4Q267,1:5などに「ちりと灰」という表現が現れるとおりである。日本語の「灰塵《かいじん》」参照。したがって「ちりを頭にかぶる、ちりの中に坐る」の「ちり」を「灰」に変えてもほぼ同義である。これに対して創世記一三16、二八14、「ベン・シラの知恵」四四21などでは「アブラハム（その他）の子孫がちりのように増える」が祝福の表現である。これは日本語の「ちり」が「散る」に由来することに通ずる。「灰」には「（罪を）きよめる」役割（力）があるともされる（民数記一九17以下など）。ここで言及されている、赤雌牛を焼いた灰については、J・ボウカー『イエスとパリサイ派』（教文館、一九七七年）参照。中国の古典にも「灰を飲み胃を洗う」（『南史』）とある。日本では古くから「灰」と「灰汁（あく）」が、食物保存用や他のものの洗浄用に用いられてきた。「ちり」と「灰」はこのような両義性を備えている。

伝道の書八14、15は「悪人に臨む（べき）ことが義人に臨み、義人に臨むべきことが悪人に臨むことがあり、これも空である。（労苦する）人間にとって食い、飲み、楽しむよりほかによいことはない」と、同七20はそもそも「善を行い罪を犯さない義人（H: tsaddiq, G: dikaios）は地上には（一人も）いない」と語る（「ベン・シラの知恵」一九16、ロマ書三10参照）。後一世紀末頃の「第四エズラ書」では、神の道を知ろうとすることは人間の分際を超えることであると諭されており、自分の罪深さを告白して自分を含む罪人の運命について憂い嘆き悲しむエズラに対して、神は「自らを不義な者たちと同列に置いた」エズラの謙遜を称賛する（八47、48）。

「エチオピア語（第一）エノク書」の前三世紀頃と推定される部分（層）は、死後に望みを託して、「大いなる裁きの時に」（G: eskhatoi aiones, 最後の諸世代に）、神は祝福された場所で「義なる謙遜な者たち」に（生命の）木から生命をもたらす果実を与え、他方呪われた罪人たちは呪われた土地で正義の裁きをうけてさらし者にされるとしている（二五―二七章）。同書の前二世紀頃の部分は「義人たちは眠りから目覚め（て起き上が）る」（九一10他）と復活をほのめかしている。前二世紀初頭の「ベン・シラの知恵」一七1、2は「主は人間を土（G: ge）から造り、また彼をそこへ戻した。彼らに（一定の）日数（hemeras arithmou）と時期（kairos）を与え（定め）た」と記し、恵まれた境遇にある人にとっては死を思うことはつらいが、不遇の中にある人は死の宣告を喜ぶ（四一1―3）、「惨めな生よりは死の方が、長患いよりは永遠の休息の方がよい」(三〇17)と語っている。

ベン・シラよりも少し後の「トビト書」三6、10、13にも同様のことばが認められる。前七ないし六世紀のギリシアの詩人テオグニスも「貧窮者にとっては赤貧に苦しむ生活よりも死の方がましだ」と記している。ベン・シラはさらに「死の定め(宣告)を恐れるな。……(寿命が)十歳であろうと、一〇〇歳であろうと、一〇〇〇歳であろうと、ハデス(よみ)では生(zoe. 生きていた間のこと?)が問題になることはない」(四一3—4)、死すべき人間にはよみの定め(diatheke)は示されず、(たぶん)よみには楽しみはないから、できるだけ人生を楽しめ、友には親切にせよ(一四11—17)と勧めている。

ベン・シラは、神に献げ物をすれば自動的機械的に罪が赦されるわけではなく、罪人の献げ物は受け容れられず義人の献げ物のみが受け容れられるとして(三一、三二章)、祭儀を倫理と結びつけ、さらに「父(母)を敬う者は罪を贖う」「施しは罪を贖う」(三3、30。exilaskesthai)と記している(後で見るようにベン・シラには主の祈りの一部の原型も認められる)。ベン・シラはイザヤ書の「苦難の僕《しもべ》」(五二13—五三12。前六世紀頃)の贖罪思想を受け継いでそれを新約聖書へと引き渡しているが、ヨナ書、ヨブ記、伝道の書、「エチオピア語エノク書」の提起する問題を意図的意識的に回避しているように思われる。前二世紀前半(一六〇年代)のダニエル書一二2には「ちりの土の中に眠る多くの者たちが、ある者たちは永遠の生命へと、ある者たちは恥と永遠の憎悪へと、目覚める」とある。初期ユダヤ教では復活はエリヤと結びつけられており、エリヤに死者をよみがえらせる力を帰している文献もある。詳細は拙著『初期ユダヤ教の実像』(二〇〇五年、新教出版社)参照。

ヨナ書三章を検討した際にパロディーと関連してプラトンの描くソクラテスを紹介したが、ソクラテスも「神に選ばれた苦難する義人」とされている。プラトンはソクラテスを念頭に、たとえば「最も正しい義人（dikaios）は何一つ不正を行わないのに不正であるという評判をたてられて、鞭打たれ、拷問にかけられ、磔《はりつけ》にされる（anaskhindyleuein=anaskolopizein）」（『国家』三六二a）と記している。この「磔にする（anaskolopizein）」はLXXとヨセフスと新約聖書には現れないが、フィロンは新約聖書で「磔にする」という意味で用いられている（ana）stauroun と同じ意味で八回用いている。同じく古代キリスト教教父たちもこのことばを用いており、明らかにイエスの死をソクラテスの死になぞらえている。

しかし前にもふれたように、ソクラテスは泰然自若として、むしろ自ら進んで死刑判決を求め、「毒にんじん」の「杯」をあおり従容として死についたと伝えられる。これに対して、イエスは捕縛直前に「この杯（死の運命）を取り除いてください」と祈り、ルカ福音書二二44によれば「汗（hidros）が血（haima）の塊のように地にしたたった」とあり、十字架上で絶望の叫びをあげて息を引き取ったとされている。ルカ二二44は（後一世紀の）「第四マカベア書」七8「聖なる勤めにある者たちはこのように自分の血（haima）と高貴な汗（hidros）を流して、死にいたる苦しみを味わいつつ法を守るために戦わねばならない」に依拠している。「第四マカベア書」は殉教者たちの苦難（pathos）と死（haima, 血）によってユダヤ民族が救われ（diasoizein）贖われた（antipsykhon, hilasterion）と明言している。

列王紀上一九章では、エリヤは「えにしだの木の下で横になって（H: wayyishkabh=Jonah1:5）、眠り込み（H: wayyishan）……」とあるが、ヨナの場合も「眠る」の前に同じ動詞で「横になって」とある（LXX: Jonah1: 5=ekatheude kai errenkhe［眠っていびきをかいていた］、1Kings19: 5=ekoimethe kai hypnosen［横になって（=新約では「眠る」の意のみ）眠った］）。聖書の中では「横になる」という表現は創世記二八

13、民数記二三24、二四9（この二か所は異邦人預言者バラムによるイスラエル祝福の中）、サムエル記上二六7、エゼキエル書四4、9などで肯定的に用いられている。マルコ福音書四38にはイエスが夜の湖上の嵐の中で同船の弟子たちが慌てふためくのを尻目に「船尾で枕に頭を乗せ（横になっ）て眠っていた」とあり、これはまさにヨナの姿と同じである。このイエスは総《すべ》てを神の手に委ねたいわば「無心」の境地にある者として描かれている。新約聖書ではエリヤ（とエリシャ）が洗礼者ヨハネとイエス両者のモデルになっており、これまで見てきたようにヨナがくり返しエリヤになぞらえられていることによってヨナ（書）がいっそう重視されることになる。ヨナ書のヨナの「熟睡」はエリヤのパロディーであり、ヨナは嵐と異邦人乗船者たちの大騒ぎを、つまり自分を取り巻く状況とそこに示されている神意を無視し（捨象し）て、眠り込んでいるが、福音書のイエスの姿はこのヨナのパロディーである。

蓮實重彦（『夏目漱石論』）は「漱石の小説のほとんどはきまって横臥の姿勢をとる人物のまわりに物語を構築」していると指摘して、（自然の声である音楽こそが究極の芸術であるとする）『草枕』を例示し、『吾輩は猫である』の中で迷亭が苦沙彌先生の午睡癖を「毎日少しずつ死んで見るようなもの」とからかうのは、横臥の主題を生と死のはざまに据えてみている漱石文学の核心をついていると解釈している。漱石は「僕は一面において死ぬか生きるか、命のやりとりをするような……激しい精神で文学をやってみたい」と書いている。『草枕』の主人公の画家は住みにくい世界から住みにくい煩いを引き抜き、俗念を放棄して（非人情）しばらくでも塵界《じん》（ちりにまみれた俗世間）を離れた心持ちになって、有難い世界を目のあたりに写したいと願い、温泉で頭を浴槽のふちに乗せて身体を横たえ、「世の中もこんな気になれば楽なもの」で「キリストの御弟子になるよりありがたい」と語り、「憐れは神の知らぬ情で、しかも神に尤も近き人間の情である」とも語っている。漱石（一八六七―一九一六年）は若い頃に正岡子規（一八六七―一九〇二年）宛の手紙の中で、「何となく浮き世がいやになり……いやでいやで立ち切れ（堪えられ）ず、さりとて自殺するほどの勇気もな」く、結局は「misanthropic（人間嫌い）病なれば是非もなし」とこぼしている。彼の良寛への傾倒に加えて、「漱石」というひねりにひねった筆名の由来が、彼の境地を示していて興味深い。

LXXヨナ書二9にも「空しい偽り（の偶像）を守る者たちは、その憐れみ（eleos）を捨てた」とある。ディヌ・リパッティに次いで二十世紀を代表するカナダのピアニスト、グレン・グールド（一九三二―八二年）は晩年の十五年間『草枕』の英訳を読みふけり、横臥の主題に共感し（幼少の頃から母親に真っ直ぐ坐るよう言われても従わなかったとのこと）、『草枕』の画家の温泉浴の箇所に「（画家は）この審美的な無重力状態を経験することにより宇宙と一体化して」おり「すべての苦痛から解放されて流れて行く姿は美しい」と書き込んでいる。グールドの死後そのベッドの枕元に『草枕』がボロボロになった聖書と共に置かれており、グールドが横臥の姿勢で『草枕』と聖書の世界に沈潜していたことがうかがわれる。これらに共通するものは（仏教にも通ずる）「無心」ということができるように思われる。鈴木大拙『無心ということ』（角川ソフィア文庫）参照。

ヨナ（書）と新約聖書について考える手掛かりあるいは背景として、ヨナが登場する列王紀下一四23―29の文脈をもう一度見直し、その箇所を大きな流れの中で再検討してみたい。まず大きな枠組みとして、ヨシュア記、士師記、サムエル記上下、列王紀上下は、申命記をまとめた申命記史家（たち）が、神から約束された土地の獲得からバビロン捕囚までのイスラエルの歴史を、申命記に見られる法と結びつけて、イスラエル・ユダ両王国の滅亡とアッシリア・バビロン捕囚は、この法を守り行わなかったイスラエル民族の罪＝契約違反に対する神ヤハウェによる罰であるとする立場から解釈してまとめたものであると考えられている。

それは裏返せば、異邦人支配のもとにある捕囚民に対して、神ヤハウェへの信へと立ち返るならばかつての神の祝福が回復されるという、希望の約束でもあったことになる（申命記三〇章など）。ヤハウェのことば・声に聞き従えば祝福され、聞き従わず命じられた戒めに背けば呪われる（申命二八2、15など）というわけである。列王紀全体の神学の一端は上八12―53のエルサレム神殿奉献に際してのソロモンの祈りの中にうかがうことができる。27節には「神は地上に住むでしょうか。天も、天の天もあなたを納めることはできません。私が建てたこの神殿などなおさら相応しくありません」とあり、それに続いて悪人と善人それぞれに相応しい報いを与えるよう願い、さらに続けてイスラエルが罪を犯して窮状に陥っても悔い改めてこの神殿で神に憐れみを乞うならばその罪を赦してくださいと祈っている。またその神学の一端は、下一七7―23の、北王国イスラエルのアッシリアによる滅亡と捕囚をうけてその原因理由を説明し、やがて南王国ユダも同じ過ちを犯して滅びるであろうと予告している部分に認められるとされている。このような通説の当否も検討してみたい。

少しさかのぼるが、列王紀上一一、一二章によればソロモン王の晩年に、預言者アヒヤから示された神意に従ってソロモンに反旗を翻した家臣悪王ヤラベアム（「民の数が増し加わるように」の意）は、ソロモンから生命を狙われた（LXX: zetein= マタイ二13、20）ためエジプトへ逃れ、ソロモンの死後エジプトから戻り（LXX: anakamptein= マタイ二12！）、ソロモンの息子で王位を継承したレハベアムとの和解交渉の不調・決裂（長老たちの賢明な助言を退けて未熟な若者たちの愚かで無謀な意見に従ったレハベアム側に非が認められる）をうけて、預言どおりに北イスラエル王国初代の王となり（列王紀上一二20「全イスラエルは……ヤラベアムを集会に招き、全イスラエルの王とした」）、レハベアムの統治するユダ（とベニヤミン）部族のみからなる南ユダ王国から分離する。これはソロモンの姦淫の罪に起因するとされている。

レハベアムは北王国へ攻め込もうとするが預言者に止められ、さらにエジプト王がエルサレムを攻撃して神殿と王宮の宝物を奪い取る（バビロン捕囚の最初の予兆）。つまり逆臣謀反人ヤラベアムこそがイスラエル統治の正当な継承者であるとされている。エジプトはユダヤの南西の隣国なので旧約聖書の中には他にもパレスティナからエジプトへ逃れる話がいくつかある。普通マタイ福音書二章の幼児イエスの物語はイエスを第二のモーセとして描いているとされており（たとえばマタイ二13、14などがLXX出エジプト記二15などの影響をうけている）、またイエス誕生物語は一世紀頃の「聖書古代誌」のモーセ誕生物語と酷似しているが、明らかに幼児イエスの動きはこのヤラベアムの動きをなぞっている。これは二者択一の問題ではないが、モーセはエジプトで生まれ育ちミディアンへ逃れた後エジプトへ戻っていることを考えると、マタイによる幼児イエス物語のモデルとしてはヤラベアムの方が適切であろう。

ちなみに W. D. Davies and D. C. Allison, *The Gospel according to Saint Matthew*（ICC, Vol.1. Edinburgh: T.

& T. Clark, 1988）はマタイ福音書二14への註でいちおう（念のため）ふれておくという感じで一九七六年のG. M. Soares Prabhu, *The Formula Quotations in the Infancy Narrative of Matthew*（Rome）がこの類似並行を指摘していることを紹介しているが、R. T. France, *The Gospel of Matthew*（Michigan: Eerdmans, 2007）はこれに一言も言及せずイエスとモーセとの類似並行を指摘しているのみである。

ヤラベアムと幼児イエスとの関連は、マタイ二七42、マルコ一五32、ヨハネ一49、一二13がイエスを「イスラエルの王」と呼び、マタイ一六23とマルコ八33の「サタン」がLXX列王紀上一一14の「サタン」（異読を別にするとLXX唯一の用例）によっている可能性があることからも裏付けられる。もう一つ別の根拠は後でみる。その後ヤラベアムは異教祭儀導入、偶像崇拝の罪を犯し、後々列王紀の中で悪王背教者の代名詞となる。申命記神学に関する通説はさっそく怪しくなる。ソロモンとその子に対する逆臣謀反人が（全）イスラエルの王位の正当な継承者となり、その人物が後に罪人悪人の代表代名詞となること、しかもイエスが彼になぞらえられていること、これらは何を意味するのであろうか。

列王紀下一二章の最後に南王国ユダの王ヨアシ（前八四〇―八〇一年）がアラム人の圧力に屈して神殿の宝物や金を貢ぎ物として差し出すことによってエルサレムが攻撃される難を逃れた直後に、家来たちに暗殺されたことと、その子アマジヤ（アマツヤ。在位八〇七―七八七年。七七三年歿）がユダの王位を継いだことが、短く記されている。

列王紀下一三章冒頭によればヨアシの在世中にエホアハズが北王国イスラエルの王に即位し（在位八一八―八〇二年）、彼は「主の目の前に悪を行い、イスラエルに罪を犯させた……ヤラベアム（一世）の罪を行い続けてそれを離れなかった」ため、神の怒りをかって北王国はアラム人の属領（属国）となる。しかしエホアハズの祈りが通じ、神は「アラム人によって引き起こされたイスラエルの悩みをご覧になり」「一人の救助者（MT: moshi [y] a' = 士師記三9。LXX: soteria= 救い）をイスラエルに遣わした」ため（この匿名の救助者が誰かについては諸説ある）、イスラエルは（アッシリアがダマスコを征服したため）アラム人の圧迫から解放されたにもかかわらず、「彼らはイスラエルに罪を犯させたヤラベアム（一世）の家の罪を離れず、それを行い続け」、アラム人の王に滅ぼされる。ここでは悪王がいったんは罰せられたものの、祈りによって救われたが（北王国の王の中では唯一人）、それにもかかわらず悪行を続けて再び罰せられている。この「救助者」（モーシーアー）と「メシア」（マーシーアハ）と「モーセ」（モーシェー）の音韻（綴り字）上の類似と、それによる語呂合せの可能性については、別稿で考えることにしたい。

エホアハズの死後その子ヨアシが北イスラエルの王となるが（八〇二―七八七年）、彼もまた「主の目の前に悪を行い……ヤラベアム（一世）の諸々の罪を離れ」なかった。ヨアシの死亡記事の直後に、預言者エリヤの弟子で死の床にあったエリシャとヨアシとのやりとりが記され（エリシャがヨアシを叱り、ヨアシはアラムを撃退できないであろうと預言）、エリシャの死後モアブ人のイスラエル侵攻への短い言及に続いて、エリシャの墓に投げ込まれたある死者の遺体がエリシャの骨に触れて甦ったことが伝えられている。

旧約聖書の中で自然死せず神が（天上に？）取ったのでいなくなった最初の人物はエノクであるが、同様に自然死せず天へと上げられ、かつ死者を甦らせているのは預言者エリヤただ一人である。エリヤの弟子エリシャは自然死して埋葬されるが、生前にも死者を甦らせ、死後その骨が死者を甦らせている。そのためユダヤ教ではエノクは高く評価され（たとえば「第一エノク書」がクムラン宗団において重視され、後にキリスト教によって保存伝承された）、エリヤは復活（甦り）をもたらす者とされ、新約聖書では洗礼者ヨハネとイエスのモデルとなる。ルカ福音書四章ではエリヤとエリシャが異邦人のもとで働いたことがイエスの働きの先駆けとして取り挙げられている。拙著『はじめての死海写本』参照。ヨナ書がヨナをくり返しエリヤになぞらえていることは、これまで見てきたとおりで、これが福音書でヨナが重視されている一つの理由である。ヨナもエリヤと同様に異邦人の中で働いている。

このエリシャの骨の奇跡の直後に、列王紀下一三22、23はなぜか、再び前の悪王エホアハズの時代に話を戻して、神が「アブラハム、イサク、ヤコブと結んだ契約のゆえに、（アラム人によって悩まされていた）イスラエルを恵み憐れみ……これを滅ぼそうとせず……見捨てなかった」と、同24、25はヨアシが父エホアハズの時代にアラム人に奪われていた領土を取り戻したことを伝えている。ここでは神は全く無条件に、モーセをとおしてのトーラー授与以前の族長たちへの約束に従ってイスラエルを一方的に恵み、またエリシャの預言に反して（読み方によっては則して）ヨアシはアラムに勝利している。

列王紀下一四章に入ると、すでに一二章の最後に記されていたユダの王アマジヤの即位に再びふれ、彼は「主の目にかなうことを行ったが、先祖ダビデのようではなく、父ヨアシ」にならい、「高い所（異教祭壇）」を除かなかった（一四2、3〔3、4〕）とある。アマジヤは続いて父王の暗殺者たちを殺し（ただし申命記二四16に従って暗殺者の子どもは殺さなかったと、トーラー遵守を確認）、「塩の谷でエドム人一万人を殺し（nakah）」ている。これは明瞭にサムエル記下八13の「ダビデは塩の谷でエドム人一万八千人を殺した（nakah）」にならったもので、前言にもかかわらず（それと矛盾して）アマジヤをダビデになぞらえている。

この勝利に驕り高ぶったアマジヤ（留保付きながら善人）はイスラエル王ヨアシ（悪人）に宣戦布告する。ヨアシは「レバノンのいばら（アザミ。創世記三18、サムエル記下二三6参照。アマジヤをさす）がレバノンの香柏（cedar、スギ?。自分ヨアシをさし、自分を上位に置く）に、あなたの娘（国、領土、首都?）を私の息子の妻にください、と言い送ったところ、レバノンの野獣（異邦人）がそのいばらを踏み倒した」というたとえ話でこれに応じ（いばらとレバノンの香柏の比喩は士師記九14、15に由来し、アマジヤ［ヨアシの子］を士師ではあるが乱暴者で呪われたアビメレク［別のヨアシの孫、ギデオンの末子。「我が父は王」の意。創世記二六章の同名の王参照］にたとえている）、「今の栄誉に満足して家に留まり」、思い上がって自分の身と国に災いを招かないようにと、賢明に助言するが、アマジヤは聞く耳をもたない。両軍は戦火を交えた結果、罪人で不遜であるが賢いヨアシが善人であるが傲慢なアマジヤに勝利を収める。アマジヤは囚われの身となり、エルサレムの城壁は破壊され神殿財宝は奪われ、後にアマジヤは臣民に暗殺される（バビロン捕囚の第二の予兆）。

この後北イスラエル王国の王たちの過ち（罪）が北イスラエルのアッシリア捕囚を引き起こし（列王紀下一七章。同一八章で同時代の南ユダ王国の王ヒゼキヤの正しさが強調される）、その北王国の過ち（罪）の道をやがてユダ王国の王たちもたどることによってバビロン捕囚へといたると予告されていることを考えると、これはアイロニーそのものであり、またここには賢い悪人（罪人）が傲慢な善人（義人）に勝利するという謎めいた逆説が認められる。「傲慢、思い上がり」が非難されているようにも見えるが、ヨアシもアマジヤを「いばら」に自分を「レバノンの香柏」にたとえているので、賢明ではあっても「謙遜」とは言えない。

北イスラエルのヨアシの子ヤラベアム二世の治世にヨナが登場すること、ヤラベアム二世の領土が列王紀上八65に示されているソロモン時代のイスラエル最大の版図に匹敵するまでに拡大したことは、すでに「序章」で見たとおりであるが、その拡張した領土の南端（死海）はユダ王国の領土に食い込んでおり、そのことからも文意不明・曖昧とされている列王紀下一四28は「彼（ヤラベアム二世）はダマスコとハマテをイスラエル領域内のユダ（のため）に取り戻し（回復し）た」という意味である可能性が高い。つまり北イスラエルを南ユダから分離させたヤラベアム一世と同じ名前の王によって、南ユダが北イスラエルの属国と化し併合された、つまり一時的に南北王国が統一されたということを言いたいのかもしれない。

また列王紀下一四26の「主はイスラエルの悩みが非常に深いのをご覧になった」は、同一三4の（ヤラベアム二世の祖父）エホアハズの時代の「困難」（MT: lakhats, LXX: thlipsis）への言及に似ている。「序章」でふれたように、一四26の「つながれた者も自由な者もいなくなり」は、列王紀上一四10（ヤラベアム一世時代）の「私（神）は……イスラエルにおいてつながれた者も自由な者もことごとく断つ」と同じことばを用いており、ヤラベアム二世の時代をヤラベアム一世の時代になぞらえている。同じ表現は列王紀上二一21と列王紀下九8にもあり、いずれもLXXはsynekhomenonとenkataleleimmenonである。MTの「つながれた者」はʿatsur（ʿtsrの受動態分詞）で、エレミヤ書三三1「獄舎に拘留され（閉じ込められ）ている」の同じヘブル語をLXXはdedemenos（縛られた者。deinの完了受動態分詞）と訳している。ヨセフスも同じdedemenosを「捕縛された者、囚人」の意味で用いている。

このヘブル語動詞ʿtsrは「抑える、抑制する、妨げる、閉ざす、拘留・監禁する、支配する、保護する」という意味である。同じく「自由な者」はʿazubhで「解放する、自由にする」の意のʿzbhの受動態分詞。この動詞は普通「（から）離れる、捨てる、放棄する、やめる、委ねる、任せる」という意味で（創世記二24の「男は父母を捨て（離れ）て」など）、「解放する、自由にする」という意味の用例は多くない。詩篇二二2（1）の「見捨てた」（→十字架上のイエスの最期の叫び）も同じヘブル語である。LXXはこの動詞ʿzbhを何か所かでaphiein, aphienai（自由にする、解放する、［罪を］赦す）で訳している。aphienaiは後で取り挙げるlyeinと部分的に語義が重なる。ここと同じヘブル語の対句は申命記三二36b「主は……そのしもべらを憐れみ……つながれた者も自由な者もいなくなる……」にも現れる。列王紀下一四26と申命記三二でくり返されている「いなくなった」の原語ʾephesは「限界、果て」という意味で、「地の果て」という意味の句で多用され（エレミヤ書一六19の「地の果て」など参照）、LXXでは何か所かでperasと訳されている。本書一七、一六七頁参照。ここをLXXは「災難に遭って疲れ果て、衰弱し（弱っ）ている者たち（自由にされた者たちと訳せなくもない）」と訳している。「ベン・シラの知恵」二八2はこれらの同じ三つの動詞を用いて「あなたの隣人の過ちを赦せ（aphienai）、そうすればあなたが（神に）祈願する（deomai=dein の中受動態）時にあなたの諸々の罪も赦される（lyeinの未来受動態）」と記している。これは「主の祈り」によく似ている。

LXXは列王紀下一四26を「主はご覧になった、イスラエルのあまりにもひどい悩みを、（民が）非常に少なく（なり）、閉じ込められ（苦しめられて悩み。①synekhomenous）、欠乏（貧窮）し（② espanismenous）、見捨てられた（③ enkataleleimmenous）のを」と訳している。ちなみにVは「（民は）牢獄に閉じ込められた者たち（clausos carcere）と悲惨な（絶望的な）者たち（extremos）にいたるまで、衰弱（疲弊）した（consumpti. あるいは滅ぼされた）」と訳している。

①（受動態分詞複数対格）はマタイ福音書四24（さまざまな病と苦しみ［拷問］に苦しめられている人々）と全く同じ形であり、能動態 synekhein は使徒行伝七57の「（耳を）ふさぐ」、ルカ福音書八45、一九43の「押し寄せる」、ルカ福音書二二63の「監視する」に現れる。新約聖書の用例は十二である。

②の spanizesthai の LXX の用例は四（MTに対応するのはヨブ記一四11「海の水がひく」［LXX: spanizetai thalassa, MT：アーザル」のみ）で新約聖書には用例がない。ヘブル語アーザルは右に取り挙げたばかりの申命記三二36c「彼らの力が消え失せ」に現れ、LXXはこれを paralelymenous < paralyein で訳しており、paralyein は LXX では「弱める、無力化する、麻痺させる」、受動態で「疲労（困憊）する、弱まる」、手や膝が「麻痺する、弱くなる」を意味し、手や膝を伴うことなく受動態分詞で「障害者、病人、中風患者（？）」という用例があり、新約でも同じ意味でルカ福音書五18、24、使徒行伝八7、九33、ヘブル書一二12（萎えた手と弱った膝。LXXイザヤ書三五3と「ベン・シラ」二五23の kheires pareimenai kai gonata paralelymena の引用）に現れる。

③（受動態分詞複数対格）の enkataleipein は LXXヨナ書二9と、マタイ福音書二七46とマルコ福音書一五34の十字架上のイエスの最期の叫び（詩篇二二2＝LXX二一2の引用）で「見捨てる」の意で用いられている。同じ動詞の受動態分詞複数主格がコリント後書四9に現れる。新約聖書の用例は十である。

この「見捨て（打ち捨て）る、見放す」（enkataleipein）はLXXに非常に数多く現れる。たとえば申命記三一6、8には「主なる神は決してあなた（ヨシュア＝イエス）を見捨てない」、ヨシュア記一5には「私

(神)はあなた(ヨシュア＝イエス)と共におり、あなたを見捨ても見放しもしない」とある。新約聖書のイエスはギリシア語ではイエースースであるが、イエースースはそのままLXXヨシュア記のタイトルである。申命記とヨシュア記で「神が(決して)見捨てない」とくり返し約束していたイエスが、神に見捨てられたとしか表現することのできない事態に直面したのである。マルコ福音書一五34、マタイ福音書二七46の伝えるイエスの最期の叫びは、これらを踏まえたものであり、そこに著(編)者の伝えたい訴えたい主眼がある。古代の読者たちもそのことにすぐに気づいたに違いない。

　申命記三二36dの「つながれた者」(ʿatsur)に対応しているLXX(疲れ果てた者たち)のekleloipotas＜ekleipeinはLXXヨナ書二8の「私の魂が衰える」(詩篇一四二4と一四三7による)とルカ福音書一六9「(財産、お金が)減る」と二二32「あなたの信仰が少なく(弱く)ならないように」に現れる。また申命記三二36dの「自由な者」(ʿazubh)に対応するLXXのpareimenoi(衰弱している者たち)＜pareinaiは、新約聖書ではルカ福音書一一42の「おろそかにする」と先ほどのヘブル書一二12の「萎《な》え(弱っ)た手」の二か所にのみ現れる。クムラン(死海)写本の聖書外文書の中には、ʿzbはleave, forsake(捨てる、放置する、委ねる、解放する)という意味で約七十回、ʿtsrはrestrain, withhold(抑える、抑制する、保留する、拘束する)という意味で十四回現れる。

　ヨセフス『ユダヤ戦記』一・一一一に「(王女アレクサンドラは)彼ら(パリサイ派)の望むままに解放(lyein)したり捕縛(投獄dein, desmein)したりした」と、同二・二八には「獄に入れられていた者たち(囚人dedemenous)を解放(釈放)した(lyein)」とある。

　マタイ福音書一六章ではヨナのしるしへの言及に続いて、キリスト告白をしたペテロにイエスが

「バル・ヨナ（ヨナの息子）シモン」と呼びかけた直後、19節でペテロに対してイエスが「あなたに天国の鍵（kleidas、複数）を与えよう。あなたが地上で縛る（dein）もの（中性単数）は天でも縛られ、地上で解放する（lyein）ものは天でも解放される」と語る。兄弟の罪への対処との関連で一八18にもこれとほとんど同じことばが現れる。イザヤ書二二22に「私（神）はダビデの家の鍵（LXXは「栄光doxan」と読む写本と「家の鍵kleida oikou」と読む写本に分かれる）を彼（エリアキム＝エホヤキム。エレミヤ書二二13―19が強く批判）の肩に置く。彼が開けば閉じる者はなく、彼が閉じれば開く者はない」（ヨハネ黙示録三7が引用）とある。

これをうけて旧約偽典「シリア語（第二）バルク黙示録」一〇18に「祭司たちよ、聖所の鍵（複数）を取って最も高い天へ放り投げよ」と、同「エレミヤ余録」四3、4にも「エレミヤは聖所の鍵を取り……太陽に向かって放り投げ『太陽よ……神の聖所の鍵を取り、主がそれをお求めになるまで守りなさい』と言った」とある。「ギリシア語バルク黙示録」一一2には「天国の鍵を持っている（天使）ミカエルがやって来」れば、「神の栄光を見る」ことになるとある。「鍵」と「栄光」とのつながりに注目。「縛る、解放する」をVはligoとsolvoで訳しているが、ligoは「聖書古代誌」三二4「アブラハムがイサクの両足を縛った」と同四三7「サムソンが柱のそばに縛り付けられていた」に、solvoは同六10「（牢屋から）解放された」と八10「ヨセフがパロの夢を解いた」と二六6「鉄が溶けた」に現れる。

マタイ福音書の主要な註解者たち（W. Bauer- F. W. Danker と Kittel も含めて）は後代のラビ文献を典拠として「（誓いや教えが）拘束力をもつ、もたない」、あるいは佐藤研訳と註のように「（天の王国に）入ることを禁ずる、許す」(forbid, permit) という意味であると説明しているが（佐藤訳の「結ぶ」が「禁ずる」へとつながる根拠理由はよくわからない）、特に後者は（ラビたちの律法解釈に関することば遣いを引き合いに出して）「もの」を「者」と解しており、原文は中性なので疑問が残る。そもそもラビ文献は新約よりずっと後代である。実際はマタイ福音書一六19は、直前のヨナへの二度めの言及をうけて、おそらく列王紀下一四のヨナが登場する文脈の中に現れる「つながれた者も自由な者も」という定型句を前提してそれと関連させつつ、ヨセフスの「捕縛・投獄する (dein)」と「解放（釈放）する (lyein)」と、「聖書古代誌」の ligo と solvo の背後に想定されるギリシア語〈（アラム語?）〈ヘブル語の同じことば遣いを用いているものと思われる。参考までにヨハネ福音書二〇23には「誰の罪であれあなたがたがそれらの罪を赦す (aphienai) ならば赦され……（赦さずに）留め置く (kratein) ならば留め置かれたままである」とある。最後の kratein はふつう「つかむ」「支配する」という意味である。

列王紀下一四26の「助ける者」(H: ʿozer, LXX: boethon) は創世記二18、20の「助け手」(H: ʿozer, G: boethos) とほとんど同じで、詩篇一一八6（ヘブル書一三6が引用）、イザヤ書三一3、六三5、哀歌一7、エゼキエル書三〇8、ダニエル書一一45の「助ける者」と同じことばであり、詩篇以外の五か所すべてが「助ける者はいない、つまずく、滅びる」という否定（的な意味の）文であることが注目される。なおLXXではこれらは boethos（新約ではヘブル書一三6一か所のみ）ないし boethon である。

気になるのはヨハネ文書に頻出する「助け主」（＝聖霊）との関連である。ヨハネ一四16、26、一五26、一六7、一ヨハネ二1（＝イエス・キリスト）の「助け主」は parakletos で「慰め（励ます）者」という意味であるが、このことばはLXXにもヘレニズム時代のユダヤ人ギリシア語著作にもヨセフスにも現れず、フィロンが十一回用いていることから、広く認められているヨハネ福音書に対するフィロンの影響によることは明瞭である。

列王紀下一四26、27は明らかにイスラエルに同情的である。注目されるのは一三章で同じ北イスラエルの悪王エホアハズの時代には王の祈りに応えて「悩み」の中にある民に神から「救助者」が与えられたとあるのに、ここでは民の「悩み」に対して神は領土拡大によって応えたかのごとくであるが、「助ける者」はいなかった（祈らなかったから？）とあり、それにもかかわらず神はイスラエルの名を消し去ろうとはせず悪王「ヤラベアム二世の手によって民を救った」（MT: ysh῾, LXX: soizein）とあることである。王が神に祈ったとも呼びかけたとも悔い改めたとも書かれていない。因果応報はあてはまらず、神は罪深い王の手を通してイスラエルを救ったと明言されている。このような最悪の王が救い主となるなどとは、常識からは全くかけ離れている。ヤラベアムの「罪（悪）」はヨナ書一2のニネベの「悪」と同じヘブル語である。

列王紀上下の中で「救う」はここ一か所のみで、また聖書には「敵の手から救う」という表現は多いが、「～の手によって救う」は旧新約聖書全体の中でもここと士師記六36、37、（七2「私の手が私を救った、と言うであろう」）、とサムエル記下三18の四か所のみである。士師記はギデオンが神に自分の手でイスラエルを救わせようとしていることの確証を求める文脈で、「救った」ではない。サムエル記下では、アブネルが「私のしもべダビデの手によってイスラエルを救う」と神が言っていると告げてイスラエルの長老たちにはっぱをかけている。

このアブネルはサウルの息子の後ろ盾となってダビデに対抗し、サウルの息子を王位につけた将軍で、形勢がダビデ側有利に傾いていることを察知してダビデ側への乗り換えをはかった（寝返った）のであるが、ダビデの将軍によって暗殺されてしまう。つまり実際に「その手で民を救った」と言われているのは列王紀下一四のヤラベアム二世のみということになる。列王紀下一四はこれを意識しており、ヨナ書の著者はほぼ間違いなくこのことに気づいて注目している。前に見たように、マタイ福音書二章もヤラベアム一世を幼児イエスのモデルとして用いている。

「〜の手によって」beyadh の用例は少なく、創世記三八20とサムエル記下一一25に現れるが、いずれも常識外れの場面である。前者の物語はユダとカナン人シュア（shw'）の娘（バトゥ［バテ］・シュア）との結婚に端を発する。ユダはバテ・シュアの死後、死んだ息子の嫁（おそらく非ユダヤ人）タマル（ナツメヤシ、シュロの意。ダビデの娘と同名）をそれと気づかずに娼婦と思い込んで関係をもち、その代金として約束した子山羊を友人の「手に」託して送ったが「娼婦」が見つからず、この結果生まれた子どもがダビデ王の先祖となるという、およそいかなる倫理道徳観に照らしても正当化することのできない、弁解の余地のない醜聞である。後者はそのダビデ王が部下の軍人ウリヤの妻バトゥ・シェバ（shb'）＝シェバの娘＝バテシバ（おそらく非ユダヤ人）を寝取り、バテシバが懐妊すると不倫がばれないようにウリヤを戦地から呼び戻し自宅で妻とくつろぐよう進めるが、ウリヤは戦友の苦労を思ってそれを拒んだため、ダビデはウリヤを前線の激戦地へ送って戦死させる。預言者ナタンがダビデを譴責《けんせき》し、その結果生まれた子どもは罰として死亡するが、信じがたいことにその後にダビデとバテシバの間にソロモンが生まれ、何とヤハウェはソロモンを愛し、そのことを「ナタンの手によって」（ソロモンに）伝えたというのである（普通は「口によって」伝える）。目を疑わざるをえない。「手によって」というまれな表現がこれらの箇所に集中していることは偶然とは考えにくい。バテシュアとバテシバの類似と微妙な（wとbの）相異は明らかに意図的であろう。歴代志上二3と三5は二人の女の名前をバテシュアに統一している。バテシバのシバとシバの女王のシバの綴りの相違はごくわずかなもの（ֶとַ）である。

前に記したように、ヨナ書はヨブ記や伝道の書などと関連していると思われるが、いわゆる申命記主義的な因果応報思想に納得していない点においては必ずしも列王紀上下に異を唱えているわけではないようである。旧約聖書の主要な登場人物（主人公）たちが決して模範的な英雄ではなく、人間的な弱さを抱えた罪人であることは、多少とも聖書を丁寧に読めばすぐにわかることで、聖書入門書のたぐいの定番である。しかし右に挙げたようなユダやダビデ（そしてソロモン）の例はあまりにも道から外れすぎており、しかもユダは最後に「正しいのは彼女（死んだ息子の妻タマル）だ、私ではない」とつぶやいている。ユダの妻バテシュアもダビデの姦淫不倫相手のバテシバも（おそらくタマルも）非ユダヤ人である（らしい）ことは右にふれたとおりである。

創世記一二章には、神から選ばれ全世界の全民族を祝福する（全民族に神の祝福を媒介する）という使命を託された（これは一二2―3、一八18、二二18、二六4、二八14などで何度もくり返して念を押されている）アブラハムが、その直後にエジプトで妻サラを妹と偽ったためサラはエジプト王の宮廷へ召し入れられ、その結果「激しい疫病」がエジプトを襲ったとある。アブラハムの嘘に起因するあまりにも愚かしい過ちの咎（罰）をなぜ（罪のない）エジプト人が受けねばならないのであろう。同じような話が二〇章でもくり返され、サラを召し入れたゲラルの王アビメレクは夢で神から警告され（サラの体にふれていないことが二度明記されている）、アビメレクとその家臣たちは「非常に恐れる」（9）が、詰問されたアブラハムは「ここには神を恐れることが全くないので、身の安全を考えてのこと」と弁解し、「サラは同じ父の娘で、同じ母の娘ではなく、妹だ」などと（一一章末を含めて）聖書のどこにも書かれていないその場しのぎの苦し紛れの言い逃れをしている。読者は神を恐れているのは異邦人アビメレクの方で、恐れていないのはアブラハムの方であることを、強く印象づけられる。ヨナ書の乗船者たちの「恐れ」を思い起こす。創世記二六章でもアブラハムとほとんど同じ過ちをイサクが同じアビメレクに対して犯している。彼らは世界中の全民族を祝福するどころか、災いをまき散らしている。祝福が呪いとなっている。言うまでもなくこれらはすべて創世記（旧約）の物語の話である。

十字架上のイエスの最後の叫び「神よなぜ私を見捨てたのですか」へときわまる一連のことばは、神のみ心に対するイエスの深刻な疑念、誤解を恐れずに言えばイエスの神への信の根源的な崩壊の危機を示している。ヨナ書は神からヨナへの問いかけで終わり、これに対するヨナの沈黙（無応答）で終わっている。これは読者に対する問いかけであり、問題提起である。これをうけ、これを前提して、イエスの受難物語（マルコ）はこの視点を一八〇度転換して、神への信の崩壊の危機からのイエスの命がけの問いかけに神が応答せず沈黙していることを示すことによって、読者一人ひとりに対してその信（と不信）の内実の吟味を促している。

前記のように、ソクラテス（プラトン）の「神中心的」な愛知（哲学）の探索の道にならうならば、真実・真理とは固定化された教説ではなく、真理の探求の過程にほかならない。初期ユダヤ教と聖書と深くかかわるが、プラトンは書かれたことば（logos）・文字（gramma）・書物の限界にくり返し注意を促し、魂（心）の中に刻まれる「生命を持った生きていることば（logos zon kai empsykhos）」こそが大切であり、このようなことばを語（り聞かせ）ることを「魂（心）に（種のように）ことばをまく（［sperma］logous speirein）」ことにたとえ、そのような種としてのことば（logos）は必ず実を結び、新たなことばが新たな心の中に生まれて「これ（心？）を永遠に不死なもの（aei athanaton）」とする、と書いている（『パイドロス』など）。福音書（マタイ一三、マルコ四、ルカ八）の種まきのたとえでも「種＝ことば、まく、心」と同じことばが用いられている。

旧約聖書から初期ユダヤ教を経て新約聖書とキリスト教へ受け継がれたディアスポラはこの「種をまく」というギリシア語（dia）speirein に由来する。詳しくは拙著『初期ユダヤ教研究』と近刊予定の『七十人訳聖書入門』参照。ヨハネ福音書一 4「そ（のことば、logos）の中に命（zoe）がある」、同六68「永遠の命のことば（rhemata zoes aioniou）」、使徒行伝五20「この命のことば（ta rhemata tes zoes tautes）」、同七38「生きていることば（logia zonta）」、ピリピ二16「命のことば（logos zoes）」、ヘブル書四12「神のことばは生きている（zon）」、ペテロ前書一23「神の生きていることば（生きている神のことば？）」、コリント前書一五53、54「この死すべきものが不死性（athanasia）を身にまとう」、テモテ前書六16「（神）お一人のみが不死性をもつ」を参照。

プラトンは「神（のみ）が賢い（sophos）」「ソクラテスは神からアテナイへの贈り物（dosis）」「父なる神が宇宙万物を創造した」（『ソクラテスの弁明』など）などにおいて、「神」を単数 theos で記している。さらにまた、最も肝心な事柄、「真面目に探求されるべき真の実在」についてはプラトンの著作

(syngramma) などは存在せず、そもそもそれはことばで語り伝えることのできるもの (rheton) ではなく(コリント後書一二4「人間が語るべきではない、語りえないことば (arreta rhemata)」参照)、それは一人ひとりの内面のどこか最も美しい場所に (pou en khorai tei kallistei) 置かれている、と記している(『第二、第七書簡』など)。これは聖書と(初期)ユダヤ教とキリスト教を理解する上で大きな意味をもつ。「文字 (gramma) は殺し、霊 (pneuma) は生命を生みだす」(コリント後書三6)参照。仏教にも、「不立文字」(悟りは文字や言説をもって伝えることはできない)、「経外別伝」(仏の悟りは経文に説かれてはいない)のようなことばがある。それは、そもそも悟りに達したとか達していないということを超えた世界である。

「憤り、怒り」と「激しい衝撃」がギリシア文学と西洋哲学の出発点となり、キリスト教の原点ともなったことは前に述べたが、洗礼者ヨハネの「まむし (ekhidna) の子らよ」という激しい表現をイエスが受け継いでいる(マタイのみ)。この「まむし」の背景として旧約聖書と死海文書の他に、ギリシア神話に現れる「まむし=エキドナ」の物語も考慮すべきである。エキドナはまさに何世代も続く呪いの源である。

プラトンは、当時のアテナイで最も賢く・正しく・優れた人物であると信じるソクラテスが、国益の名のもとに「(神をも恐れぬ) 不敬虔きわまりない (anosiotatos) 罪状で」告発され裁判にかけられ瀆神罪で死刑判決をうけて処刑されたことに、すべてがひっくり返ったとしか言いようのない強い衝撃をうけ、激しい「憤り」(aganaktesis) を感じ、現今の国家体制 (民主政も含めて) はすべて悪政であるとの認識に到達する。anosios (不敬虔、不敬神な) はテモテ前書一9、テモテ後書三2に現れる。

興味深いのはプラトンの『饗宴』二一七E―二一八Bに「まむしekhidna」が現れ、若者アルキビアデスがソクラテス（この上なく優れた人間になりたいという自分の望みをかなえるために、最も適任有能であると信じる人物）を前にした自分の様子を「まむし、むしろまむしよりももっと激しい痛みを与えるものに、魂をかまれた」状態にたとえ、それを言い換えてソクラテスによって一種の狂気にほかならない哲学のことばに襲いかかられた者は（哲学的な）狂気（mania）に陥らざるをえない、と語っていることである。プラトンは「神から授かる狂気（mania）は我々に最上の善きものをもたらす」（『パイドロス』）とも記している。使徒行伝二六24のフェストゥスのパウロへのことば「お前は気が狂っている」（パウロの信仰＝狂気mania）を思い起こす。古代世界におけるまむしないし蛇の両義性、一方では呪いの源であり、他方では賢さの象徴ともされていることは、善悪の知識の木の実を蛇がエバに食べさせて、人間の呪いのもととなっていることと、マタイ福音書一〇16の「あなたがたは蛇（opheis）のように賢く（phronimoi）鳩のように純粋（混じりけのない者、akeraioi）となりなさい」（「賢い」はLXX創世記三1の蛇が「神が造った野の生きものの中で最も賢かった」の「賢い」と同じギリシア語）などに光を投げかける。

なお創世記三1の「賢い」の意のヘブル語は直前に現れる「裸」と全く同じことば（子音ʿrwm）である。善悪を知る前の人間の「裸」は「賢」に通じ、テキストに明記されてはいないけれども、善悪を知っ（て局所を覆い隠し）た人間の姿は「愚」に通ずると言いたいのかもしれない。創世記三章の本文では、人間は善悪をわきまえることによって神々の性質の一部を手に入れたが、もう一つの神々の性質である永生を獲得する道を断たれたことになっている。

これらの先行伝承・思想を受け継ぎ、ヨナ書の著者は「神は選民イスラエルのみでなく異邦人をも恵みと祝福の対象としている」というに留まらず、むしろイスラエルを代表する、神のみ心をよく知っていると豪語する預言者ヨナではなく、異邦人、それも乗船者たちのみならず、悪の枢軸・イスラエルの仇敵アッシリアの首都ニネベの王と市民たちこそが、神の前にへりくだって真に神を恐れ神に身を委ね、ヨナに神が命じたことをヨナではなくて彼ら異邦人たちこそが実行しており、ヨナに対して神のことばを代弁すらしていること、これと対照的にヨナは神の命令に逆らい、怪魚の腹の中から吐き出された後はやむなくしぶしぶ命令に従うが、神のみ心を全く理解していないことを示している。そして謙遜な異邦人に、「知っている」というせりふをくり返す傲慢なヨナを対置し、そしてそれにもかかわらずヨナが異邦人への預言者宣教者として大成功を収めたことを、エゼキエル書三4―7（やエレミヤ書一5など）を範として、ユーモアとアイロニーを湛《たた》えたパロディーのかたちで描いたのである。これこそが福音書の「ヨナのしるし」ということばが示しているものであろう。マタイ八10―12、二七54、ルカ七9、二三47などはこれと軌を一にしている。

ソクラテスとプラトンについて興味深いエピソードが伝えられている。ディオゲネス・ラエルティオス（後三世紀前半頃）によれば、プラトンはソクラテスの裁判に際してソクラテスを弁護するために演台に「のぼり（anabainein）」、「アテナイ人諸君……」と演説を始め（ようとす）るが、裁判官たちが「降りろ、降りろ（katabainein）」と二度叫んでこれを遮ったとのこと（『ギリシア哲学者列伝』二・四一）。

前述のように「（上に）のぼる」「立ち上がる」と「（下へ）降る」はヨナ書の重要なキーワードで、LXXヨナ書は前者を五か所でanistemiと四か所（一2、3、二7、四6）でanabaineinと、後者をkatabainein

（一3、5、二7）と訳している。これは偶然かもしれないが示唆に富んでいる。マタイ福音書二七40、42とマルコ福音書一五30、32でも指導者たちが人々と共に瀕死のイエスに向かって「十字架から降りろ（katabainein）」と同じ動詞をそれぞれ二度くり返して嘲っている。このような類似したむしろ同じ表現の重なりを、単なる偶然として片付けにくいことは、これまでの記述からうかがわれるとおりである。

この項を終える前に、二、三の点にふれておきたい。前述のようにマルコ福音書一四34とマタイ福音書二六38によればイエスはゲッセマネの園で三人の弟子に向かって「私の魂は死ぬほど深く悲しい（perilypos）」と語る。まれなことば perilypos はLXX創世記四6の神から弟殺しカインへの問いかけ「お前はなぜ深く悲しむ（perilypos）にいたったのか」と一致する。（このあと、普通のしかたで生まれた最初の人間が、一番めに生まれた人間を殺すことになる）。「死ぬほど深く悲しい」という表現は聖書の中にはこの三か所とLXXヨナ書四9にのみ現れる。外典「ベン・シラの知恵」三七2に「友人が敵になってしまえば死ぬほど悲しい（lype eni heos thanatou）ではないか」、三八17に「悲しさから死が生まれる」とある。マルコ福音書一四章でもこの前に弟子ユダの裏切りの記事と、イエスによるその予告と、弟子たちの躓きの予告、つまり弟子が敵になり背くことが記されている。ゲッセマネの園でのイエスの姿は（LXXの）ヨナと弟殺しカインの姿に重ねられている。「ベン・シラの知恵」が両者の間に介在しているのかもしれない。LXX詩篇四一6、12、四二5の影響については前述のとおり。

イエスもヨナも自分に使命を与えた神の真意をはかりかねている。イエスは続けて弟子たちに「ここに留まっていて（私と共に）眼を覚ましていてください」と頼む。イエスは弟子たちの支え・支援を必要としているが、弟子たちはヨナと同じように眠り込んでしまう。この直前にイエスは「動揺（苦悩）し（ekthambeisthai. マルコ。ヨナ四1と動詞は異なるが意味はほぼ同じ。マタイでは「悲しみ」）狼狽し（うろたえ、悩み）始めた」とある。ekthambein は「ベン・シラの知恵」三〇9「子どもを甘やかすがよい、そうすれば子どもはお前を脅かす（ekthambein）であろう。子どもと共に戯れるがよい、そうすれば子どもはお前を悲しませる（lypein）であろう」に現れ、ここでも ekthambein と悲しみが並記されている。

マルコではこの直後の35節でイエスは「できればこの時間（he hora）が自分から去って（自分にふれないで通り過ぎて）行きますように（parerkhesthai）」と祈っている。時間と訳した hora は普通「ちょうどよい時、〜に相応しい時、定刻、（神の定めた）時（LXX）、若い盛りの時、期間、季節、（一日を十二等分した）時間（=hour）」を意味する。ギリシア語には他に「（特定の）時期、機会、好機」の意味の kairos と、一般的な「時間」の意味の khronos がある（本書四〇頁参照）。マルコ福音書一15に「時（kairos）は満ちた（マルコのみ）、神の国は近づいた」とあるが、この「近づいた」は LXX ヨナ書三6と同じことばである。ガラテヤ書四4「時（khronos）の充満が到来した時に」、エペソ書一10「時（kairos）の満ちるに及んで」によれば、少なくともパウロは kairos と khronos を同義的（互換的）に用いているように思われる。

またマルコ福音書一四41（=マタイ二六45）に「時（he hora）が来た。見よ人の子が罪人たちの手に引き渡される」、ヨハネ福音書一二23に「人の子が栄光を受けるべき時が来た（elelythen he hora）」、同一三1「イエスはこの世を去って父のもとへ移る（行く）べき自分の時（autou he hora）が来たことを悟って」とある。マルコ一四35の he hora もこれらと同じ意味で用いられていたと考えてよいであろう。

ヨハネ福音書一二27に「今、私の魂はかき乱された（he psykhe mou tetaraktai. LXX 詩篇六3ｂ：etarakhthe ta osta mou「私の骨はかき乱された」と4ａ：he psykhe mou etarakhthe sphodra「私の魂は非常にかき乱された」に酷似）……『父よ、この時から私を救い出してください（soson me ek tes horas tautes. 前半は LXX 詩編六5ｂ：soson me「私を救ってください」と同じ）』とでも言おうか。けれどもこのため（ゆえ）に、この時間の中へと私はやって来たのだ（elthon eis ten horan tauten）」とある。ルカ福音書一12「ザカリヤはうろたえ（etarakhthe）」、同29「（マリヤは）そのことばにひどくうろたえた（dietarakhthe）」にも同じ（ほぼ同じ）動詞が現れる。

マルコ福音書一四36には「どうかこの杯（poterion, 死の定め）を私からそらして（取り去って）ください（parenenke）」とあるが、並行するマタイ福音書二六39は「この杯が私から通り過ぎますように（parerkhesthai）」であり、マルコ福音書一四35や LXX イザヤ書二六20「主の怒りが過ぎ去るまで」と同じ動詞なので、実質的に「時間」と「杯」が等置されている。旧約聖書にはしばしば「主の怒りの杯、よろめかせ（倒れさせ）る杯」が神の審判（刑罰）の象徴として現れる。イザヤ書五一17（LXX: to poterion tou thymou, ～ tes ptoseos）、エレミヤ書二五15、四九12、ヨハネ黙示録一四10、一六19などを参照。殉教者ポリュカルポス（七〇年頃―一五六年頃）は死を前にして「キリストの杯に与ることを許された」ことを感謝し神を賛美している。

ソクラテスは毒にんじんの入った「杯」（kylix）を飲み干して亡くなっている（『パイドン』一一七）。

ソクラテスを念頭に置いたプラトンによる「磔刑」への言及を思い起こされたい。これらによってマルコ福音書一四35の前半は「苦悩狼狽悲嘆の時、(神の怒りによる)受難、死の定めを、私から遠ざけてください」という意味であると考えてよいであろう。イエスはヨナと同じように自分の置かれている状況あるいは自分に課せられた使命の重さに耐えられない。しかしヨナは(口先のみであるが)死を願い求め、イエスは死を忌避しようとしている。

ヨナ書は伝道の書やヨブ記と共に、人間は超越的な神あるいは究極的な奥義・真理を直接的に知ることはできないこと(ソクラテス、プラトンに通ずる)、これに応じて人間の神への信には突き詰めれば何の理由も根拠もないこと(ヨブ記)、さらに神について「憐れみ深い」のような何らかの認識を持つ(抱く)ことの無意味さ、否むしろ虚偽性を読者に突きつけている。これはことばを換えれば、信実・真実とは固定化された教説とその受容のことではなく、真理(神)の探究を続ける営みのことであるということにほかならない。(それは創世記三二章の伝えるヤコブ改めイスラエルの故事にならえば「神と相撲を取ること」である)。神は人間からの問いに(沈黙を含む)問いかけをもってこたえ、人間は神からの問いかけの前に佇むのみの存在にすぎない。この姿勢は、新約聖書のマタイ福音書一〇8、コリント前書一三12「今は鏡を通して謎の内に見ている」、ピリピ書三12—13(今はまだつかみ取っているわけではなく、追い求めているのみである)などに受け継がれている。

こうしてヨナ書は旧約聖書を新約聖書へとつないでおり、ヨナ書を学ぶことは「時が満ちた」(ガラテヤ書四4、エペソ書一10、マルコ福音書一15)という言い表しの意味のいささかの理解へと導いてくれる。ヨナ書の最後が神からヨナへの問いかけで終わっていることが示すように、人間は神から問いかけられている。そしてこれを逆転したイエスの最期の絶望の叫びに神からの応答がないことが意義深く示しているように、人間からの神への（生をかけた）問い（叫び）に答えは存在しない。あるいはいずれの場合にもその問いに対する答えは開かれており、いかなる意味においても固定的な（固定化される）ものではない。したがって誰かから教えられるものでもなく、一人ひとりが神からの問いかけを心に留めつつ、神に問いかけながら、それぞれが探し求め続ける他はないこと、そのことをヨナ書のみならず聖書全体は我々に語りかけている。

付論 (一)

私が前々から折にふれて話したり書いたりしているように、そして日々いっそうその思いを強くしているのであるが、二十世紀の最高最大の人類の叡智の結晶・成果である原子力とコンピューターが、人類に最も愚かで最大の害悪をもたらしている。ノーベル賞は莫大な遺産を残したスエーデン人ノーベル（一八三三—九六年）の遺志により創設されたものであるが、ノーベル Nobel はダイナマイトを発明し、世界各地で爆弾工場を経営して大富豪になった人物である。ノーベル賞の創設は自らのあやまちに対する罪滅ぼしの気持ちの表れであろう。ちなみにダイナマイト dynamite は「力」を意味するギリシア語デュナミス dynamis に由来し、Nobel は noble（気高い、高潔な、高貴な）に通ずる。私は佐藤栄作がノーベル平和賞を受賞したことを誇りにしている日本人に一人も出会ったことがない。日本の某小説家のノーベル賞を目指してくり広げられる毎年恒例の騒ぎは言うまでもなく、多くの（ほとんどの?）小説家が直木賞や芥川賞レースに加わって一喜一憂している光景は、何かおかしいと感じるのは筆者だけであろうか。イスラエルの「タカ派」シオニスト、メナヘム・ベギン首相へのノーベル平和賞授与と同様、オバマ大統領のノーベル平和賞受賞はブラックユーモアと揶揄されている。ノーベル賞獲得競争が最近日本で醜く悲惨な出来事を生み出している。

私は高校生の頃、ある英語の先生（クリスチャン）に「どき君」と呼ばれていた。それ以来ある時期から自分自身を、コリント後書四7「神の力（dynamis）が溢《あふ》れるために、私たちはこの宝物を（粗末で卑しく壊れやすい）土の器の中に（en ostrakinois skeuesin）持っている」にある「土器」に重ねるようになった。人間は「神」を迎えるためには、いわば粗末な空の土器にならねばならない。コリント後書の「器」はLXXエレミヤ書二八34の「器」（skeuos）の複数形であり、「土の」はLXXダニエル書二33—34の「粘土の」と同じことばである。

その先生以外には私を「どき」と呼んだ人は、生まれてこの方一人もいない。今にして思えば、私の父は名古屋を中心とする日本キリスト教団中部教区では広く知られた牧師であり、土岐を「どき」と読む人は皆無であった。その英語の先生は当時の名古屋の熱心なクリスチャンとして、そのことを十分承知していたに違いなく、その上でわざと私を「どき君」と呼ぶことによって、私に重要なメッセージを伝えようとしてくださっていたのかもしれない。私が生まれ育った場所の地名は御器所《ごきそ》通で、この地名は熱田神宮に器を納めていたことに由来するとのこと。その先生はまた私たち生徒にナサニエル・ホーソン（一八〇四—六四年）の『緋文字』（*The Scarlet Letter*, 1850）を読むように勧めてもいた。ピューリタンの青年牧師の姦通をテーマとする『緋文字』はおよそ「文部省推薦図書」の対極に位置する文学であろう。またハーマン・メルヴィル（一八一九—九一年）はその『白鯨』（一八五一年）をN・ホーソンに献呈し、「その天才への私の賞賛のしるしとして本書を献げる」という献辞を書いている。言うまでもなく『白鯨』（*Moby- Dick or The Whale*）はヨナ書から題材（想）を得ている。『白鯨』の舞台は、日本沿岸及び日本の沖の漁場にも及んでいる。二十世紀を代表する神学者カール・バルトが自らを「鯨」にたとえた(と伝えられる)のもヨナ書を意識したものであろう。

私の一番上の姉は「疫痢《えきり》」で私が生まれる前に亡くなっている。今では死語になった感のある疫痢の「疫」は疫病の疫で「はやりやまい」の意。そのため両親は私たち子どもの口に入るものについて異常に潔癖(puritan)であった。幼い頃、農家の親戚の家で従兄が土間に落ちたお菓子を、手でよごれをぱっぱっと払って口に入れるのを見て、非常に驚いた記憶がある。私と同世代以上の方々の多くは、多かれ少なかれこれに似た体験をしているようである。これが現在にいたる私の異常なまでの潔癖症の原点であり、私の学問の性格の骨格の背景でもあるかもしれない。最近は、床などに落ちたものを拾って食べることを勧める医者もいるらしい。最近気づいたのだが、ばい菌も細菌も英語ではどちらもバクテリア(ないしgerm)である。ばい菌ということばは日本語(と中国語?)に特有な俗語である。バクテーリアという古代ギリシア語は「杖」という意味で、これに由来する中世ラテン語バクテリアから英語のbacteriaが生まれた。「杖」は旧新約聖書のみならず、ギリシア・ローマ文学とオリエントの神話文学においてさまざまな重要な象徴的な意味を担っている。この点については稿を改めて検討したい。

黴菌《ばいきん》の「黴」はかびという意味であるが、「黒」という字を含み、黒くよごれた小さい(かすかな)もの(斑点)という含みがある。黴菌と細菌の「菌」も「きのこ、かび」という意味であるが、「病原菌、大腸菌」のように身体に悪いものという含みがあり、そのような含みで用いられている。赤ん坊は無菌状態では育たず、床を這い回りばい菌だらけのものをなめて生長(成長)する。ばい菌・細菌がなければ人は成長して生きていくことができない。しかし運が悪いと「疫痢」で死ぬことになる。

日本の子どもたちは「アンパンマン」と並んで、あるいはむしろそれ以上に（?）「バイキンマン」が大好きである。

ウイルス（virus）はギリシア語で「毒（液）」「さび」を意味するイーオスに由来するラテン語 virus に由来するが、このラテン語は「粘液、精液、毒のある分泌液、毒、薬の力を持つ分泌液」という意味である。最近は「コンピューターがウイルスに感染する」という言い方が一般的である。ラテン語 virus はおそらく「男、夫」の意味の vir と関連する。ラテン語の virtus は「男らしさ、武勇、勇気、道徳的優秀さ」を意味し、これに由来して普通「徳、美徳」を意味する英語 virtue も元来は「男らしさ、勇気」を意味していた。ギリシア語で「徳、有徳、優秀、卓越」を意味するアレテー arete は（元来?）「（戦場での）勇敢さ、武勇」を意味し、おそらく「男」という意味の印欧祖語に由来する。アレテーはおそらく軍神（武神）アレースとも関連がある。最新の生命科学によれば、ウィルスは生物のゲノムに感染して（入り込んで）、生命の進化にとって重要な役割を果たしてきたことが明らかにされている（武村政春、山内一也）。毒と薬は表裏一体というよりはむしろ同一物である。

最近日本で、薬を中心とする雑貨品を取り扱う店を（アメリカを真似て）「ドラッグストア」と呼び、薬屋ないし薬局に「ファーマシー」という名前が使われるようになっている。ドラッグ drug には「薬」と「麻薬」の両義がある。最近は麻薬を合法化する国や地域（動き）が広がっているようである。並行して脱法ハーブ（危険ドラッグ）の問題が広がっている。pharmacy のもととなるギリシア語 pharmakon にも「薬」と「毒」の（両義というよりは）正反対の意味がある。pharmakon はこの相対立する意味で LXX でも用いられている。LSJ によれば pharmakos は「魔法使い」「魔術師」「毒殺犯、毒害者」（poisoner）を意味するが、挙げられている用例はLXX出エジプト記七11とマラキ書三5とヨハネ黙示録の二か所のみである。

LSJによれば(同じ綴りでアクセントのみ異なる)pharmakosはone sacrificed or executed as an atonement or purification for others,scapegoatという意味である。つまり人々の罪を担って、身代わりとして追放され、さらに祭儀的に殺される人物がpharmakosと呼ばれていた。まさに旧新約聖書とユダヤ教に共通し、それを貫いている「罪の贖い」としての「(動物)犠牲(祭儀)」の思想そのものである。このpharmakosの用例は前五世紀にさかのぼる。旧約聖書によれば贖罪日に、イスラエル民族の罪を担う山羊が、荒野へ追放されて、死ぬことになるとされている。ユダヤ教ではヨナ書が贖罪日に朗読されていたことは前に紹介したとおりである。

古代ギリシアでは大規模な疫病や飢饉の発生の際に(カドモスの子孫オイディプス王の物語の発端を参照)、けがれをはらいきよめるために、貧者や醜い者たちの中から複数のpharmakosが選び出され、国立迎賓館(prytaneion)で手厚くもてなされた後、耳障りな音楽に合わせて市中を引き回された挙げ句、石打の刑に処せられ、あるいは「町の外へ」追放された。とりわけアポロンに献げられたタルゲリア祭(五月末頃)の慣例として、市当局が、しばしば犯罪者(のような役立たず)たちを饗応し、衣装を着せて飾り立てた上で、市中を引き回した後市外へ追放し、崖から下へ突き落とした。タルゲリア祭は収穫の初物初穂の祭で、この慣例は初物の収穫(の祭)に備えて市(町)をけがれからきよめるためであったとされている。これは聖書で過越祭と結びついている除酵祭(種入れぬパンの祭)の習慣に相当する。新約聖書でもイエスがこの祭の時期に最後の晩餐を弟子たちと共にした後で刑死(贖罪死）を遂げたとされ、イエス・キリストとキリスト教徒が「初穂、初物」にたとえられている。詳しくは拙訳『西洋古典文学と聖書』と近刊予定の拙著『七十人訳聖書入門』（いずれも教文館）参照。

オイディプスは、自らの呪われた運命を知りそれを避けようとした結果、結局はそれと知らずに実父を殺害し、それと知らずに実母と結婚し、子どもをもうける。その異様異常としか言いようのない過ち（罪）の結果、母親・妻は自害し、オイディプスは両眼を自らの手で潰すことになる。この異様さは、前に紹介したダビデとソロモンの姦淫罪の異常さに対応している。

これはソクラテスとイソップ（アイソポス）の刑死の背景を説明する。ソクラテスは、瀆神罪の嫌疑で訴えられた法廷で有罪判決をうけた後、適切な刑を申し出るように促された際に、オリンピック競技の勝者を国立迎賓館で饗応する慣例を引き合いに出して、自分は、オリンピックの勝者のような見せかけの幸福をもたらすのではなく、同胞市民たちを本当の意味において幸福にしようとつとめているのだから、迎賓館で饗応をうけるのがふさわしいと答えて（『ソクラテスの弁明』三六―七）、ひんしゅくをかい、死刑判決を下されている（オリンピックが見せかけの幸福と結びつけられていることに注目）。奴隷の身であったイソップも、瀆神罪で死刑判決をうけ、埋葬に値しない者として、絶壁から崖下へ突き落とされようとすると、自分の無実の証人としてアポロンを呼び出して崖から投身自殺したとされる。『イエス研究史料集成』（二〇〇九年、教文館）参照。ソクラテスもイソップも醜男で布袋《ほてい》腹（太鼓腹）であったとされている。これらについて詳細は近刊予定の拙著『七十人訳聖書入門』参照。

寄生虫（parasite）ということばも同じである。私の子どもの頃はしばしばギョウ虫に悩まされ、虫下しを飲まされたが、昨今はいずれも姿を消したようである。最近では回虫のような寄生虫が身体に必要なことが明らかにされている。寄生虫の語源であるギリシア語 parasitos は「他人のテーブルで食事をしておべんちゃらやおふざけを言う者」の意である。日本語の「社会の寄生虫」は他人の力にすがってその利益を食い物にして生活する人を罵ることばである。良寛に代表される仏教の托鉢（乞食）僧がこれに似ており、福音書の描くイエスの姿は托鉢僧に重なる。

和製英語パラサイトシングルやフリーターなどということばは、ほぼ同じ頃から日本で広く用いられるようになったハグ（する）やタトゥーなどのカタカナ語と同じように、対応する日本語の持つ負（マイナス）のイメージをごまかし、問題を曖昧にして、そのこと（ば）の持つ毒性（とげ）をやわらげ、問題を糊塗しようとするものである。これに対応して男性が女性を「ハグ」するという異様な現象が教会の中でも見られるようになり、まわりもそれを見過ごす風潮が生まれた。蔓延していると聞くセクハラの背景である。ソフトバンクのソフトも同じ。これは安倍総理の「安」に通ずる。日本人の誰もが好む「安倍川餅」の甘くやわらかい口当たりの良さのイメージが無意識のうちに効果を発揮している。安倍首相のソフトな微笑の裏（陰）に権力志向の強権政治家（ファシスト）の姿を感ずるのは私のみではないであろう。今や日本は、秘密保護法どころか、原発と武器を輸出する軍需産業国家・軍事国家への道をたどりはじめている。

最近の氾濫するカタカナ語、とりわけパソコン関連用語、アマゾン、ヤフー、グーグル、アップル、キンドル、アンドロイド、ウェブ、ログ、ツイッター、チャット、フェイスブックなどのことばのもつ本来の意味とその背景を認識している日本人が果たして何人いるであろう。（ＡＴＭも同じ）。一例を挙げればツイッターのもとになっている英語 tweet や twit には「つぶやく」という意味はなく

（英和辞典参照）、facebookという英語は辞書にはない。フェイスブックが投稿文に勝手に手を加えていたことが最近明らかになった。楽天（のんき、お気楽）、ゆるキャラ、あまちゃん（甘ちゃん）などの流行も、堅苦しさ重苦しさ息苦しさ（生き苦しさ）からの逃避と安息を求める大衆の願望にみごとに迎合しつつ、日々深まりつつある若者（を中心とする国民）を取り巻く過酷な現実と闇（アマゾンを含むブラック企業など）の現実から目を逸らせる役割を果たしている。前述の偽預言者と同じである。性的煽情を中心とする愚民政策が、異様な悲劇と信じ難い出来事を日々生み出し続けている。

秘密や神秘の「秘」は「かくす」という意味である。「密」も「ぴたりと閉じて外から見えない（人にわからない）ように隠す」こと。「黙示、啓示」の意味のギリシア語apokalypsisは「覆い（ふた）をとる」という意味で、隠され（隠れ）ているものを、明らかにすることである。オカルトということばは、何となくカルトと重ねてイメージされるかもしれないが、ラテン語のocculutus（←occulto, occulo=ob+celo）に由来し、occultusは「隠（さ）れた、秘密の」→「超自然的なもの（現象）」という意味であり、後述するようにカルトとは区別され（語源が異な）るが、カルトと微妙かつ絶妙に重なり合っている。カルトに漢字を当てれば「軽人」になることや、大流行のカルチャーセンター（や市民講座など）が文字どおり「軽」い文化を代表していることは、あまりにもうまくできすぎている。『七十人訳聖書入門』で紹介するようにカルトcultとカルチャーcultureの語源は同じである。

真理という意味のギリシア語アレーテイアは、「忘却、健忘症」の意味のレーテーと、「忘れる、忘れさせる、（人に）気づかれないで～する」の意味のランタノー（ランタノマイ）の語根の前に、否定の接頭辞アを置いたものである。したがってアレーテイアは「忘れていたものを思い起こすこと、その内容」「忘れてはならないこと」という意味である。プラトンのマテーシス（学ぶこと、学知）＝アナムネーシス（［忘れていたものを］思い起こすこと、想起）という説を参照。anamnesisはanaとmnesisの合成語で（動詞形はアナミムネーィスコー）、mnesisということばはないがそれに相当するムネーメーは「記憶」という意味で、時に女神として神格化されている。この動詞形ミムネーィスコーは「記憶する、心に留める」「気づかせる、思い起こさせる」という意味であり、さらに「忘れない（忘却しない）こと」である。これは旧約聖書の中に、「思い起こせ」「記憶せよ」「忘れてはならない」という命令が約一七〇回ほど現れることと重なり合う。申命記八11－19などを参照。ユダヤ民族は記憶の民とも言われる。しかし「忘れない」ことも大切であるが、見方によっては「忘れる」ことの方が大切かもしれない。

ギリシア神話の中のカドモス（Kadmos）の物語については前に紹介した。前述のように、カドモスはフェニキア（ポイニキア）のテュロス（ツロ）の王アゲノルの息子であったが、カドモスの父アゲノルとその双子の弟ベーロスの祖母はエジプトの王妃である。カドモスの叔父ベーロスの子孫は、エジプト方面からギリシアへ渡って、ギリシア人の祖先となる。

アゲノルの曾祖母（祖母の母）イーオーはゼウスに見そめられた結果ゼウスまたはその妻ヘーラーによって白く美しい牝牛（ブース）に変えられて、ヘーラーから送られた「あぶ」に悩まされつつ諸国を遍歴し（ソクラテスが自分をアテナイという馬を悩ませ続ける「あぶ」にたとえていることの背景）、ギリシアからアジア（アシア＝小アジア）へと海を渡ったが、そのギリシアとアジアの境界をなす海峡が牝牛の姿のイーオーにちなんでボスポロス海峡（牝牛の渡り。Bosporos）と名付けられて今日にいたっている。ボスポロスに対応する英語がOxfordである。このイーオーは放浪の中で磔刑に処せられ（生殺しのめにあっ）ているプロメテウスと出会い、共にゼウスによって苦しめられている者として、プロメテウスに励まされ、救いを予言されている。ベーロス（Belos）という名前は古代中近東（ないし西アジア）神話（宗教）のバアル（Baal）のギリシア語形であろう。ヘーラー自身ホメロスによって「牝牛の顔の」（boopis: cow-faced）と呼ばれている。

カドモス神話の中にくり返し現れる「牛」（ブースは雄牛も牝牛も意味する）は中近東の神話における「牛」に対応している。カドモスはデルポイの神託の指示により（くびきをつけたことのない）「雌牛」に導かれてテーバイへ至り、その建設者となる。いわば「牛に引かれて善光寺参り」である。（くびきをつけたことのない雌牛が道案内をする話は、サムエル記上六1―14の同様の記事にみごとに対応している）。これは古代インドの（仏教成立の背景である）バラモン教に由来するヒンズー教が牛を神聖なものとして食べることを禁じていることとも関係する。日本でもおそらく仏教の影響により明治時代より前には牛は食べなかったようである。古代インド文明は古代ペルシア・ギリシア・ローマ文明と同じインド・ヨーロッパ語族（民族）が生み出したものである。古代ペルシアと古代イスラエル民族・宗教との関係、前者の後者への影響については稿を改めて検討したい。イスラエル宗教の源泉である（北西）セム語族の宗教神話における年老いた神（最高神）エルが「雄牛」として、そしておそらくエルと組み合わされていた年若い神バアルも「雄牛」としてイメージされており、これらから派生したイスラエルの神ヤハウェもまた雄牛（ないし「（牛の）角」）としてイメージされていることは、これらと符合している。ヘブル語のアルファベットがアーレフで始まり、アーレフが「（雄）牛」という意味であることは、これと無関係ではないであろう。オウム真理教の生き残りの勢力の一部がア（ー）レフと自称していることにはこのような背景がある。

たとえば出エジプト記三二章のイスラエル民族による「黄金の子牛像崇拝」（偶像崇拝の罪として弾劾されている。「序章」参照）では、牛であるエルの子（子牛）としてのヤハウェ（↑バアル）を崇拝していたことになる。フェニキア人カドモスとその妹エウローペー（ヨーロッパの語源）をめぐる神話について、それが旧新約聖書を（そして聖書とオリエント世界とギリシア・ローマ文化との関係を）理解する上で重要な役割を担うことについては、稿を改めて検討したい。カドモス神話を含むギリシア神話に関する書物としては、いまだに呉茂一『ギリシア神話』（新潮社。いろいろな形で版を重ねており、現在も廉価で入手可能）が最も詳しく信頼すべき内容をまとめて提供しており、これを越える類書はない。呉茂一（一八九七―一九七七年）はカトリック教徒の西洋古典学者である。

新約聖書時代のユダヤ教は、くり返し太古の沈黙への言及などによって「沈黙、静寂」を重視しており、新約聖書もそのことを強く意識していた。一世紀（頃）のいくつかのユダヤ教文献を紹介しよう。「第四マカベア書」一〇18「神は沈黙する者たち（のことば）に耳を傾ける」（sioponton akouei ho theos）。「第四エズラ書」六39には天地創造の第一日に天地が生じた直後、暗闇（tenebrae）と共に「沈黙」（silentium）があったとし、七30には終末にも世界は「七日間太古の沈黙（antiquum silentium）」へと戻るとあり、七85には「大いなる沈黙（静寂）（silentium magnum）」ということばが現れる。「シリア語（第二）バルク黙示録」三7も「太古の沈黙（original silence）」に言及している。

マタイ福音書六8には、くどくどと祈る（battalogeo, *NRSV*: heap up empty phrases）などという誡め（ルカ二〇47参照）と「主の祈り」の間に、「あなたがたの父はあなたがたが（祈り）求める前にあなたがたが必要としているものをご存じなのだから」という説明があるが、このような同時代の背景と無関係ではない。マタイ六6には「あなたは祈る時自分の部屋（tameion）に入り、戸を閉じて、隠れたところにいるあなたの父に祈りなさい（隠れたところで父に祈りなさい）」とある。LXXイザヤ書二六20（死者の甦りに言及した直後）に「あなたの私室へ入れ（eiselthe eis ta tamieia sou）、あなたの扉を閉じよ（apokleison ten thyran sou）、しばらく隠れよ（apokrybethi mikron）、主の怒りが通り過ぎるまで（heos an parelthei [parerkhesthai] he orge kyriou）」とある。LXX列王紀下四33に「（エリヤの弟子）エリシャは家に入り、戸を閉じて（死んだ子どもと）二人きりになって、主に祈った」とあり、これをうけてその子どもは甦る。埋葬されたエリシャの骨に死者がふれて甦ったとあることは、前述した。マタイはこれらに拠っている。前述のようにイザヤ書二六20の「通り過ぎる」はマルコ福音書一四35の「時が去って（通り過ぎて）行く」と同じ動詞の同じ形である。エリシャの物語の導入部分では子どもの母親は子どもの死をうけて「ろばに鞍を置いて」（LXX 4: 24: epesaxen ten onon）エリシャのもとへ赴く。アブラハムもイサクの奉献への旅出の際に「ろばに鞍を置いて」、「三日路」の旅をして目的地に到達している。これがイエスがエルサレム入城の際に「ろば」に乗ったとされていることの背景である。このろばをonosと明記しているのはマタイ福音書二一2、5、7のみである。またこの母親がLXX四16でdoule「女奴隷（female slave）」と記されていることはルカ福音書一38、48でマリヤが自分をdouleと呼んでいることの背景である。これらの表現の象徴的な意味については、近刊予定の拙著『七十人訳聖書入門』参照。

もう一か所マタイ福音書六6の背景と考えられるのは、LXX創世記四三30の「ヨセフは部屋(tamieion)へ入り、そこで泣いた」である。この箇所については後述参照。なおマタイ福音書二四26にもう一度だけ「部屋」tameion(pl.)が偽預言者との関連で用いられており、六6が偽善者にふれた文脈の中にあることと類比的である。

「くどくどと祈る」battalogeo(battologeo)はマタイ福音書の影響下にないほぼ同時代の文献としては『イソップの生涯』にのみ現れる。『イソップの生涯』『イソップ寓話』とイエス・福音書との関係については『イエス研究史料集成』(教文館)参照。アレクサンドリアで前三世紀に「イソップ寓話」をはじめて収集したと伝えられるパレロンのデメトリオスは、七十人訳聖書(セプテュアギンタ)の成立にも重要な役割を果たしたと伝えられている。詳細は『七十人訳聖書入門』参照。エッセネ派やテラペウタイにおいて「沈黙」と「静寂」が重視されていたことは、フィロンやヨセフスが証言している。拙著『はじめての死海写本』参照。福音書のイエスにおける沈黙のモチーフについては稿を改めて検討したい。

聖書の冒頭、創世記一1―2(はじめに=ベレーシース=LXXエン・アルケーィ=in the beginning で始まる)には、天地「創造」の際に(後に?)まず「深い淵(G: abyssos, L: abyssus)の表に暗闇(G: skotos, L: tenebrae)」があり――単なる「暗闇」ではなく「深淵の表の暗闇」――その後3節で神のことば「光あれ」(LXX: genetheto=マタイ六10、一五28、二六42)によって「光が生じた」とある。「生じた」(LXX: egeneto)と訳したヘブル語ワッェヒーは「あった」と訳すべきなのか、そしていずれの訳をとるにせよ神が光を創造したのか、神が創造したのではないのか、ここでは不明であるが、本文には神が光を創造したと記されていないことと闇が消滅したとされていないことは確かである。ワッェヒーがヨナ書の冒頭の最初のことばであることは、ヨナ書の著者の明瞭な意図によるものであろう。

ここでは創世記一1を意識しているヨハネ福音書一1とは異なり、はじめにことばがあったとはされていない。なお genetheto をVは fiat と訳しており、英語の fiat「権威ある命令」はこれに由来する。ちなみにイタリアの自動車会社 Fiat（Fabbrica Italiana Automobili Torino の頭文字を並べたもの）はこれを意識したものであろう。ここでは「暗闇があった」で、神が「暗闇」を造ったではなく、イザヤ書四五7がヤハウェが光と暗闇を造ったと記していることとの関係が問題となる。詩篇一八12（【口】11）の「ヤハウェは暗闇を隠れ家とした」参照。伊勢神宮の式年遷宮祭も深夜の暗闇の中でとり行われる。

創世記一2の「地は形なく空しく」は、エレミヤ書四23「私は地を見たが、それは形なく空しかった。天を仰いだが、そこには光がなかった」の前半と同じヘブル語トーフーワボーフーである。ここには「光がなかった」と明記されている。創世記の冒頭を意識しているヨハネ福音書冒頭一5の「闇はそれ（光）をつかま（え）なかった」は何を意味するのであろうか。

創世記一2の「深淵」がヨナ書二6に出てくる。「深淵」の意の G: abyssos は「底なし（の淵）」という意味である。月本訳（岩波版）の「混沌の海」はほとんど誤訳あるいは不適切な訳である。おそらく月本訳は【共】のこの直前の「地は混沌であって」に微妙にずれた（歪んだ）形で引きずられている。引きずられているのではなく、（無意識のうちに）ある種の思い込みを共有しているのかもしれない。対応する月本訳は「地は空漠として」であるが、訳註に「秩序も生命もない創造以前の状態」とある。この註記の根拠は不明であるが、「秩序がない」は暗に「混沌」をさしている。この【共】と月本訳註はきわめて疑問である。月本訳「混沌の海」への脚註には、あるいは「原始の大洋」とあり、「深淵」にあたるヘブル語テホームはバビロニア神話の女神ティアマト「海」に通ずる、とある（この説は近年全面的根本的に見直され、疑問視されている）。このように執拗に「混沌」をくり返すことには、（無意識的かもしれないが）【共】と共通するある種の神学的あるいは思想的な（学問以前の）前提前理解が感じられる。「混沌から秩序へ」である。「混沌」を意味すると考えられているカオス chaos（khaos）は聖書ではなくヘシオドス（前八世紀末頃）の本文に対する後代の解釈ないし誤解に由来する。

ヘシオドス『神統記』一一五―六行には「はじめに（ex arkhes,protista）」「カオスが生じた」とある。「あった」でなく「生じた geneto」とあることに注目。カオスは混沌ではなく、「（大）あくびの状態」あるいは何かをのみこむために「ぽっかりと大きく口を開いた状態」をさす。あくびの意の英語 gape は gap と同じ語根。あくびの漢字は「欠」であり、「欠」は「人が口をあけ、あくびをして背のびする（あるいはかがんだ）さま」をさすとのこと。『神統記』八一四行には「暗鬱なカオス」とある。カオスは後代（ヘレニズム時代）に「底なしの割れ目、深淵」という意味になる。これがLXX創世記一2の abyssos に反映され、新約聖書に引き継がれた。前一世紀以降（後一、二世紀？）のアポロドーロス『ビブリオテーケー（ギリシア神話）』の世界生成神話には「深淵」に当たるものとしてカオスではなく「タルタロス」が登場する。タルタロスは大地の底深くにある地獄（ハデス）のさらに下の暗鬱な場所とされている。このタルタロス（ペルシア語のタータール Tatar ないしタタ＝「蒙古人」と同語根？）はラテン語の Tartarus を経て英語の Tartar の語源である。Tartar（Tatar）はタタール人（ないしツングース人？）を意味し、タタールの音訳が「韃靼《だったん》」であり、韃靼は（一義的にではないようであるが）蒙古と結びつく。「韃」は「鞭打つ」を、「靼」は「なめし革」を意味する。「蒙」は「暗い、愚か」の意であり（啓蒙＝蒙を啓くを参照）、「蒙古」は蔑称である。神風と結びつけられて日本人の記憶に深い「元寇」の「元」は、蒙古民族の支配していた中国の王朝であり、「寇」は「外から攻め込んで荒らす賊」を意味する。元寇の影響は鎌倉幕府の衰亡を早めた。「神風特攻隊」の「神風」は「元寇」の際の神風に由来し、これは「神国日本」に通ずる。日本の乳幼児の顕著な特徴である蒙古斑と、現在の大相撲の三人の横綱がすべて蒙古（モンゴル）人で占められるに至っていることが、日本人と蒙古人のつながりの深さを、紛う方なく示している。右に略述した歴史が、その一人白鵬による先の春場所後の翌朝の定例優勝記者会見拒否事件の背景である。その後の豪栄道の大関受諾の口上の中の「大和魂を貫く」という発言はこの裏返しである。大和魂は第二次世界大戦中の日本の軍国主義のスローガンの一つ。ちなみにアメリカインディアン（原住民）も蒙古斑を（一つの）特徴とするモンゴロイドに属している。

モンゴル人ないしタタール人は、先般ロシアに接収されたクリミア（半島）の歴史に深く関わっている先住民族でもある。タルタルソースやタルタルステーキのタルタルも同語根。

話を戻すと、カオスが「混沌」という意味を担うことになるのは、明確な証拠資料によれば、ローマ帝政初期、新約聖書の直前の時代、（前四八―後一七年頃の）詩人オウィディウスの『変身譚（物語）』冒頭の世界生成物語のようである。これがキリスト教に引き継がれることになる。つまり混沌から秩序へという理解である。

『神統記』の数行後でカオスからエレボス「暗黒、暗闇」と「黒い夜」が生まれる。ヨーロッパの語源であるエウローペーはおそらくこのエレボスと語源を同じくし、それはまたヘブル語のエレブ（夕方）とも関連する。これらは「陽が沈む」という意味のことばに由来する。ヘシオドスをうけて、アリストパネス（前四四五年頃―三八五年頃）の『鳥』六九三―四行には「はじめにカオスと夜と黒いエレボスがあった」とあり、プラトン『アクシオコス』三七一Cはカオスをエレボス（暗闇）と結びつけている。『神統記』ではカオスの直後に「大地（gaia→ge）」が生まれ、その八行後に「日（昼。ヘーメラー。光）」が「夜（闇）」から生まれ、大地（女性）から天（ウーラノス。男性）が生まれるのはさらにその三行後である。

なおLXXの中ではカオスはミカ書一6とゼカリヤ書一四4の二か所のみでいずれも「谷」の意のガ（ー）（gay', ge'）の訳語として現れる。（このヘブル語は右記のギリシア語ge（大地）と酷似しており、実際LXXは何か所かでこれをgeと訳している）。後者は「主の日」（終末）の描写の中で、そこには「その日には彼（主＝ヤハウェ）の両足はエルサレムの東にあるオリブの山の上に立つ。そしてオリブの山は（引き）裂かれ（skhisthesetai）、その半分は東側へ、半分は海側（西側）へと（分かれ）、非常に大きなカオスが（できる）」とある。マルコ福音書一10、一五38などと同じ「引き裂く（skhizo）」という動詞が用いられている。本書一九―二〇頁参照。

創世記一1冒頭を*Tanakh*はWhen God began to create heaven and earthと訳し、2節終わりまでをハイフンでくくって、3節のGod said“Let there be light”へと直接つないでいる。*NRSV*はIn the beginning when God created the heavens and the earthであり、いずれも暗闇の存在を天地創造の後ではなく、その前（ないし並行）に解釈しようと悪戦苦闘している。

「創造（する）」は日本語では「新しいものをつくること」という意味があるが、現代ではこの意味の用例はあまり一般的ではないように思われる。一般的にはもう一つの「神が万物をつくる（こと）」という意味で使われる。これはほぼ間違いなく創世記冒頭の邦訳（「（明治）元訳」から月本訳まで）の伝統に由来する。「（明治）元訳」の「創造《つくり》たまえり」は、その手本となった「ブリッジマン-カルバートソン（BC）訳」「代表訳」「官話訳」などの漢訳聖書の「創造」に由来する。これらを含む漢訳聖書についてはさしあたり『聖書の世界（総解説シリーズ）』（自由国民社、二〇〇一年）四四〇―五四頁参照。この内容は近刊予定の『聖書はどのように翻訳されてきたか』（仮題、一麦出版社）で紹介する。

なお「創造する」の原語バーラーには「切る、刻む。分ける」という意味がある。ヨシュア記一七15「（森、土地を）切り開く」、エゼキエル書二一24（19）「～はじめに（ベローシュ）道しるべ（しるし）を刻め（切れ）」など。漢字「創」も元来「切る」という意味で、素材に切れ目を入れるのは、工作の最初の段階であることから「はじめる」の意味に転じて用いられたとのこと。創傷、（満身）創痍参照。創世記冒頭の二語 bereʼ shith baraʼ は最初の三文字（子音）が同じであり、頭韻（語呂合わせ）が認められる。

フィロンは『世界の創造』で創世記のMTではなくLXX（2節冒頭は「地は目に見えず、形が整えられていなかった」）に依拠しつつ、プラトンの『ティマイオス』を援用している。フィロン（が代表するヘレニズム時代のユダヤ人思想家たち）はプラトンが創世記から学んでいると考えていた（あるいは主張していた）。ちなみにVの一2aは「地は空っぽで空虚であった」（inanis et vacua）であり、ここでは創世記冒頭から伝道の書の「空」のテーマが鳴り響いている。月本訳「空漠」がこれに近いのはたまたまであろう。

フィロンによれば、神は、非物体的な天、目に見えない地、大気（aer → E: air）と空虚（kenon）のイデア（前者は「暗闇（skotos）」に後者は「深淵（abyssos）」に対応）、水（hydor）と霊（pneuma）（の非物質的な本質）、そして七番めに「光（phos の非物質的な本質）」をつくった。その段落の最後に改めて「深淵の表の暗闇」を取り挙げて、「至言」であると読者の注意を促している。

なおフィロンはこの箇所の前で、神が六日間で創造したことを重視し、六は「数の中で……自然の法則上最も生産的」であり、「この世界は交合から生ずるさまざまな産物を含むことになる」ゆえに、「男性のイデアと女性のイデアの両方を抱合する混合数、つまり（六という）最初の偶奇数（二三が六）に基づいて形づくられ」ねばならないと、説明している。これは「六」を意味するギリシア語のヘクス、ラテン語のセクス（sex）が、当時「性（E: sex）」という意味内容を含意するものと考えられていたことを示す証言である。なおラテン語で「性」を意味する sexus はおそらく「切る、区別する」などの意の seco に由来する。

ヨセフスはフィロンほどに哲学的な解釈を加えることなく LXX 創世記一章を要約、敷衍しているが、「（神が天地を）造った」に LXX とフィロンの poieo でなく ktizo をあてている。注目されるのはプラトンも同じ文脈で poieo を用いており、プラトンには ktizo の用例が皆無であるらしいことである。これと対照的に、新約聖書と古代キリスト教ギリシア語文献では poieo よりは ktizo の方が一般的であるように思われる。

なお天地創造の際につくられた最初の生きものが、五日めに造られた「海の大いなる獣」（【口】）、「大きな怪物」(【共】「月本」)(hattanninim haggedolim, LXX: ta kete ta megala ← ketos)(一21)であり、ヨナ書のLXXがヨナをのみこんだ怪魚について同じことばを用いていることは、前述のように明らかに意図的意識的である。後にこの怪魚が「鯨」と理解され、『白鯨』へとつながる。なおヘレニズム時代のユダヤ教ではさまざまな大きなあるいは恐ろしい獣を混ぜ合わせた「怪獣」(mixed monster)のイメージが造りあげられた。

沈黙、静寂と並んで、暗黒、暗闇という主要動機が聖書全体を貫いている。出エジプトに先立ってモーセが手を天に向かって差しのべると「三日間エジプト全土を暗闇がおおう」(出エジプト記一〇22)。一世紀頃のユダヤ教は主の日、終末と関連して間近な出エジプトの再現を待望していた。ルカ福音書九31によれば、山上の変貌の場面で、モーセとエリヤが、イエスのエルサレムでの最期をはっきりと出エジプト(exodos)と表現している。主の日、最後の日について、たとえば、アモス書八9には主が「真昼に大地を闇とする」とあり、ヨエル書二2は主の日は「闇と暗黒の日」であると明記している。漢字の「闇」の中に「音」という文字があることからうかがわれるように、闇には静寂の意味も込められている。『字統』によれば「神の「音なひ(訪れ)」があらわれることを闇という」。

十字架上のイエスが神に見捨てられた絶望を神に対する問いかけの形で叫んで息を引き取る前に、「暗闇が(正午頃から)三時間にわたって全土を覆った」(マルコ一五33)とある。これは三日間にわたってエジプト全土を覆った暗闇に対応しており、三日が三時間に、エジプト全土が(世界)全土へと、一方では縮小され、他方では拡大されている。それと同時に創世記冒頭の光に先立つ原初(太古)の暗闇をさし示しており、預言者たちの預言した世の終わりの主の日の闇と暗黒の到来をも告げている。

福音書の中でイエスの最後のことばである文字どおり命をかけた神への問いかけに、神は一言も答えていない。前述のように、これはヨナ書の最後が神からヨナへの問いかけで終わっていて、これに対するヨナの返答がないこと、ヨナ書がヨナの沈黙で終わっていることに逆対応している。

注目すべきはマルコ福音書一五37に「イエスは大声を発して(放って apheis)息絶えた」とあることで、イエスの発した最後のことば(大声)の内容が何であったのか記されていないことである。この「発した(放った)」にあたるギリシア語は普通「解き放つ」「発射する」「送り出す」そして「(罪を)ゆるす」という意味で用いられていることばで、「声を発する」という用例はまれである。この直前に、イエスに(渇きをいやす?)酸いぶどう酒(?)をなめさせようとした者が、開口一番「放っておいて(構わないで)くれ(二人称複数命令形)」(aphete= Let me be)と語るが、これも「発する」と同じ動詞で、同じ動詞が立て続けに普通の用例とは異なる意味で現れるのは意図的であろう。この動詞については一八二頁参照。並行するマタイ福音書二七49には aphes(二人称単数命令形)とあるが、マルコとマタイでは設定ないし文脈が全く異なる。これについては別稿で検討したい。

「大声を発する」は LXX 創世記四五2と同じギリシア語の動詞と名詞に「大きい」を加えたもので、LXX にはここの他に類例のない表現である。四五1、2には、ヨセフは「自ら(の感情)を抑えることができなくなり」、人払いを「呼ばわった」上で、「大声で(を発して)泣いた」とある。「呼ばわる」のカーラーはヨナ書のキーワード「呼ばわる」と同じヘブル語である。マルコがこの箇所を意識していることはほとんど疑問の余地がない。

一世紀頃の「聖書古代誌」六〇2によれば、主の霊に見放され悪霊にとりつかれたサウル王の求めに応じて、サウルを慰めるべくダビデが竪琴を手にして「世界が造られる前には暗闇と沈黙・静寂(tenebre et silentium)があった」と歌いだす。こうして新約聖書と同時代のユダヤ教文献の中で暗闇と沈黙が結合している。唐突に感じられるかもしれないが、生まれたばかりのイエスとその父母には「身を安らわせる場所がなかった」(ルカ二7)とあり、「人の子は頭を横にする枕を持っていない」(ルカ一〇58、マタイ八20)ともある。これは右記と関連していると考えられるが、これについては稿を改めて検討することにしたい。

聖書では、単純に暗闇が悪として否定され、光が善として肯定されているわけではない。暗闇は(時に雲と共に)神と積極的に結びつけられている。出エジプト記二〇21、申命記四11、五22—23、サムエル記上二二12、列王紀上八12(歴代志下六1)、詩篇九七2などを参照。神は夜に、人に語りかける。創世記二〇2、ダニエル書七2、ゼカリヤ書一8参照。

詩篇一三九11—12には神の遍在への言及に続いて「『闇が私を覆い、私を囲む光は夜となれ』と言っても、あなたには闇も暗くはなく、夜も昼のように輝きます。あなたには闇も光も異なることはありません」とある。いずれも一世紀(頃)のユダヤ教文献である「聖書古代誌」三10には「(時が満ち)世界の年が満ちたとき、その時、光は絶え、闇は消えるだろう。そして私(神)は死人を生かし……」とあり、「第四エズラ書」七章には、「太古(太初)の沈黙」の回復に続いて、終末には闇も光もなくなり、「ただ至高者が明るく輝くのみである」とある。

古代ペルシア(イラン)のゾロアスター教は、最古の啓示宗教であると言われ、古代インドのバラモン教（仏教とヒンズー教の源）と密接に関連しており、ユダヤ教、キリスト教、イスラム教、仏教に、大きな影響を与えている。古代ペルシア語と（サンスクリット語に代表される）古代インド語は、古代ギリシア語、ラテン語と同じ、インド・ヨーロッパ語族に属している。人類の文化と宗教すべてかどうかはさておき、古代イスラエルの宗教もギリシア文化もローマ文化も（仏教もイスラム教も）、すべてそれ自身の担い手となる民族とは異なる、異民族（異教）との交流と対話の中から生まれ、育まれ成長している。宗教改革を準備したルネサンスがイスラム（のアラビア語文献）の大きな影響と恩恵の下に始まり進められたことを深く心に留めねばならない。

ヘシオドスによれば暗闇エレボスから死の運命、死、苦悩、争い、労苦ポノス、飢餓、涙に満ちた悲嘆、戦争、紛争、殺人、嘘、欺瞞、不法、破滅など、人間を苦しめる災いの数々が生まれる。「ベン・シラの知恵」の中のポノス労苦とエルゴン仕事をルターが Beruf と訳し、これが calling を経て、日本語の「召命」につながる。ギリシア（つまりヨーロッパ）最古の文学であるホメロスとヘシオドスに共通するのは、神々は憐れな人間に、苦労を重ねて仕事をし、深く悲しみながら生きるようにと定めているという認識である。聖書も悲しみの書物である。

ヘシオドスは慎み（アイドース）を義憤（ネメシス）と並べて、この二つはみじめな人間にとってなくてはならない最も大切な善いもの・美徳であるとしている。ホメロス『イリアス』一三・一二二にも同じことばで「慎み（恥を知る気持ち）と義憤」がセットで記されており、ほぼ同じ認識が認められる。ヘシオドスは神をおそれ敬うことがなくなり、悪人を重んじ恥知らずと嫉みが蔓延し、力こそが正義であるという世界になれば、慎みと義憤は人間の世界からオリンポスの神々のもとへ去ってしまい、人間のもとには悲惨な苦悩のみが残り、災いを防ぐ手立てもなくなるであろう、と警告する。まさに現代の我々を取りまいている世界そのものではないか。ヘシオドスが詩人として歌を詠むにあたって、ムーサ（詩歌・文芸の）女神たちがヘシオドスに向かって「私たちはまこと（真実）に似た話を語ることもできる、また望めば決して忘れてはならないことを、声を大きくして語ることもできる」と語りかける。ホメロスの『オデュッセイア』の中でも、決して忘れてはならない真実の話がわざと「まことに似た話」と言われている。「決して忘れてはならないこと」はアレーテイアで、普通「真理」と訳されることばである。久保正彰『ギリシァ思想の素地』（岩波新書、一九七三年）参照。

慎み（アイドース）についてはプラトンも次のように書いている。「慎みこそ、親が子どもたちに残すべき遺産である」「裁きと正義の女神ディケーは慎みの女神アイドースの娘である」。前一世紀のユダヤ教文書「第三マカベア書」では、老人を敬い大切にする気持ちと、花嫁・新妻の恥じらいが、アイドースと表現されている。後代のユダヤ教にとって最も重要な（綱領的文書である）『バビロニア・タルムード』も、慎み、とりわけ女性に対する慎みを大切にするようにと、説いている。

アイドースは新約聖書ではただ一か所テモテ前書二9の「女はつつましい身なりをし、適度に慎み深く身を飾るべきであって、髪を編んだり、金や真珠を付けたり、高価な着物を着たりしてはならない」にのみ現れる。アイドースはここにしか現れない。テモテ前書はいわゆる牧会書簡の一つで後一〇〇年頃のもの。このように「慎み」の気持ち（念）が新約聖書において後退し（もちろん「慎み」ないしそれに類するものはアイドース以外のことばで表現されている場合もわずかながらある）、この「慎み」の後退（欠如）ないし歪みが初期古代キリスト教へと受け継がれて、今日に至っている。「慎み」に近いことばとして、「柔和、和やか」に加えて、たとえば「思慮深さ」「節制」を意味するソープロシュネーが思い浮かぶが、ソープロシュネーも新約聖書では（使徒行伝二六25以外には）同じテモテ前書の文脈で二9、15にのみ現れる。

民数記一二3には「モーセはその人となりの柔和（謙遜、ʿanaw）なこと、地上のすべての人間にまさっていた」とある。「柔和（謙遜）」のʿanaw は「苦しむ、虐げられている、貧しい、弱い」などとも訳される言葉で、死海写本では「霊において貧しい者たち」という形で現れ、マタイ福音書五3の背景を提供している。LXX民数記一二3は柔和をプラユスと訳している（Vは mitissimus 最も穏やかな）。新約聖書では「柔和」(prays, praytes) は美徳の象徴であり、「慎み」に近いニュアンスを含んでいる。マタイ五5の「柔和な人々（praeis=prays の pl.）は幸い」は五3と密接に関連しており、LXX詩篇三六（MT三七）9（[忍耐強く]主を待ち望む人々［hypomenontes］は地を受け継ぐ）、11（柔和な人々［praeis］は地を受け継ぐ）をうけたものである。マタイ五3の「霊において貧しい者たち」と五5の「柔和な者たち」は同じヘブル語ʿanaw（ʿaniy）にさかのぼる可能性がある。マタイ一一29（私は柔和で心のへりくだった者）、二一5（ゼカリヤ九9の引用）参照。LXXゼカリヤ九9には来たるべき王は「救う者（soizon）」で「柔和（prays）」である、とある。LXXでは prays はしばしば tapeinos（謙遜な、身を低くする）と結びついている。「柔和な（prays）」は他の福音書には現れない。

「ベン・シラの知恵」四五章には、モーセは「神と人とから愛されていた（egapemenos < agapao）」とあり、ルカ福音書二40、52の、イエスは「神と人とからの恵みをますます豊かに受けた」はこれを意識している。ベン・シラは四五4で pistis（誠実）と praytes（柔和）をモーセの美徳とし、LXX詩篇一三

一1もpraytes（柔和）をダビデの美徳としている。
出エジプト記七1にはヤハウェがモーセに対して「私はあなたをパロに対して神（エローヒーム、テオス、デウス）とした（する）」とあり、同三三11ではモーセが「神の友」と呼ばれている。諸訳は前者を「神のような者」とわざとぼかしている。LXXは後者の「友」をphilosと訳している。これをうけて「聖書古代誌」でも何か所かでモーセが「神の友」（amicus）と呼ばれている。初期ユダヤ教文献の中でモーセを神の友と呼んでいるのは「聖書古代誌」のみであるように思われる。「ソロモンの知恵」七27には「神の知恵は、聖なる魂を、神の友、預言者とする」とある。プラトンは人間を神の似姿、似像と呼んでいるが、さらに神の友（theophiles）とも神々の友（theois philos）とも呼んでいる。これは新約聖書のルカ福音書と使徒行伝が献呈されているテオピロ（Theophilos,Theophiles）と同じである。この言葉には「神に愛されている者」と「神を愛する者」という意味がある。モーツァルトが自分で自分につけた愛称アマデウスも同じ意味である。

洋の東西を問わず、女性蔑視ないし女性差別の根深さは、驚くべきものがある。パンドラ神話については先に記した。前にも記したように、アダムの（あばら骨からつくられたとされる）妻エバを、ウルガタの創世記三20はHava（LXX: zoe= 生命）と呼んでいるが、二23はvirago（LXX: gyne= 女）と呼んでいる。viragoはvir（男）とago（発する、［引き］出す、つくる）の合成語と考えられるので、エバが「男からつくられ（引き出され）た」というこの文脈にはふさわしいことばであるようにも見えるが、viragoは「男の性質・体力をもった女、女傑、烈婦」という意味である（國原、*OLD*）。キリスト教ラテン語辞典である Blaise の virago の項目の冒頭には「アマゾン」（五五頁参照）とある。virago が古典ラテン文学の中でどのように用いられていたのか、またキリスト教ラテン文学の中でどのように受け止められていたのかの調査は、今後の課題である。おそらく virago は virgo（処女）と（語源的に？）関連しており（異論もある）、「処女マリヤ」につながる。

さらにラテン語の Eva（エバ）は綴りかえ（アナグラム anagram）で vae（苦しみ・苦痛に耐える叫び、不幸を嘆き悲しむ声）につながり、vae victis「敗北者の何と哀れなことよ」（くたばれ）という古典ラテン語のフレイズを連想させる。さらに綴りかえると ave となり、これは Ave Maria（ようこそマリヤ）へとつながる。Cf. Joseph T.Shipley, *The Origins of English Words: A Discursive Dictionary of Indo-European Roots*（The Johns Hopkins University Press,1984）. 興味深いアナグラムの例としてローマ Roma を逆にすると「amor= 愛」になるというものがあり、前述のローマ建国の祖アェネアスの母ウェヌスが愛の女神であることと関連する。アナグラムは古代には広く好まれていた。Ave は英語の hail（万歳、ようこそ）に当たり、エバもアウェも共にヘブル語のハーヤー（生きる、存在する）と同じ語源（フェニキア・ポエニ語ハワー）に遡る（らしい）と考えられている。創世記三20のエバの語源説明（living,life と結びつけている）を参照。英語の hail はドイツ語では Heil に相当し、これが「ハイル・ヒットラー」へとつながる。ドイツ語の Heil は「救い、救済」をも意味し、Heiland は「救い主」を意味する。

さらにエバ（ヘブル語ハッワー）は tent-wife の意（ハッワーは tent village「テント村」の意。民数記三二41）、あるいはアラム語 hwh に由来して「蛇」の意、さらにはアッカド語 awa、シュメール語 ama に由来して「母」の意、とする説などがある。

この最後の説は、マリヤ Maria がラテン語 mare「海」の複数形と同じ形であること、日本語の「海」の中に「母」がひそんでいることと、ama が日本語の「あま（海女）」や「あま（尼）」と同じ音であること、「尼」がサンスクリット語の amba の俗語形あるいはパーリー語（仏典に用いられた中期インド語）のアンマに由来するらしいこと、に照らして興味深い。おそらく「うみ」は「生む、産む」とつながる。イオニア自然哲学の祖タレスも「万物の始源（原理、アルケー）は水である」と語ったとされている。

出エジプト記三14でモーセから名前を尋ねられた神は、ハーヤーを使って I am who I am と答え、さらに重ねて自分自身を I am（I will be）と呼んでいる。これは神には名前も定義も存在しないことを示している。ヨナ書の著者のメッセージもこれにつきるのではないだろうか。

アイドース（慎み）は他の人の心、思い、感情、考えを、思いやり尊重すること、という意味である。このギリシア語は、もともと探し求める、探求する、という意味のことばに由来するとも言われる。これは学ぶこと、問うこと、さらには疑うことにつながる。旧約聖書のヘブル語原典にはおよそ七千から八千の単語が現れる。原始的な言語でも最低二万語くらいの語彙をもっていると言われる。旧約聖書のヘブル語の単語の内ほぼ四分の一は一回しか現れない（『聖書神学事典』いのちのことば社、二〇一〇年、の村岡崇光氏による巻頭論文「聖書の言語」参照）。二千年以上も前の文書の中に、ある単語が一回しか現れないということは、その意味はよくわからない（可能性が高い）ということである。

旧約聖書の中に一回しか現れなくても文脈からおおよその意味を推し量ることのできることばもあるかもしれないし、二回以上現れることばでも意味がよくわからない場合もある（少なくない）。しかも古代のヘブル語は子音のみで記されていて母音は付いていないので、母音の付け方によって同じ子音のことばがさまざまに異なる意味をもつ可能性が広がる（右記村岡論文参照）。聖書に書いてあること、聖書に何が書いてあるのかは、一見して（普通）考えられるほどに簡単にわかる問題ではない。「聖書」のことばを持ち出して自説（イデオロギー）を展開することが問題であるのと同じように、そのようにする相手に向かって、「聖書」のことばを引き合いにして応ずること、あるいは自分の立場を「聖書」のことばによって正当化するという構造そのものが問題なのではないだろうか。聖書自体がそれを拒んでいる。

古典語を熱心に学んで、聖書の言語学的文献学的歴史学的な研究に生涯を献げても、聖書の使信を理解するに至ることが保証される訳ではない。むしろよくわからないことを改めて確認することができるのみであろう。わからないからこそ、わかりたい、知りたい、学びたいというのは人間の素朴な気持ち（本能）であろう。これは疑問をもつ、疑うということである。「『問い』は人を一つにし、『教え』は人を分裂させる」（エリ・ヴィーゼル）。そもそも、人に対する「支配」、人の上に立とうとすることと同じく、人に「神のことば」を「教え（ようとす）る」ことが、問題なのである。

キリスト教と教会の歴史は、この素朴な気持ちを「聖書」や教義などの権威の名によって教権をもって抑え込もう封殺しようとする力と、それをはねのけようとする力との、せめぎ合いの歴史である。これは同時にユダヤ民族（に代表され象徴される他者）から「場」を奪い、「非・場」をおしつけ続けてきた歴史でもある。これは古代イスラエルの「神の民」「選民思想」がいわば、基本的にそのまま、あるいはむしろ一層悪いことに、自らの正統性と優位性の（無意識をも含む）意識を伴って、「新しいイスラエル」としてのキリスト教へと引き継がれたことによる。実は旧約聖書の選民は賤民にほかならない。ヨナ書はこの「神の民、選民思想」に対する内部からの自己批判（否定）に基づく批判的な問題提起であり、新約聖書におけるヨナ、ヨナ書、ヨナのしるしは、新しい神の民・選民を自認するキリスト教（会）にとって根源的な問題を提起している。人間（宗教）の中に囚われ（閉じこめられ）た神を、その絶対的な自由へとお還しすることこそが急務である。

付論 (二)

脱稿後、気づいた二点を付記する。

一つは、世界各地の古代文明において重要な役割を果たしていたあるものが、世界中で名古屋にのみ生き残って、今なお生命力を発揮していることである。名古屋人としては迂闊であったが、そのあるものとは、本文中で言及した、創世記一章の「海の怪獣」、レビヤタンなど、ひいてはヨナ書の大(怪)魚にあたるもので、言い換えると海を中心とする大きくて恐ろしい生物・動物を合体させた、空想上の生きものである。多くの場合、龍と鯨(やイルカ)、場合によっては虎やワニなども加えて、それらを合体させた怪獣は、世界各地の古代文明に認められ、時には海の神がその上に乗っている姿で描かれており、時にはそれ自身が海の神(わたつみ)としてイメージされている。ゴジラはゴリラとクジラの合成怪獣であり、この一変種ということになる。海即ち水の神として、火除けの守護神と考えられる(こともある)、名古屋の金のしゃちほこがその世界唯一の現役の生き残りとのこと。シャチは鯨とイルカの中間であり、シャチホコはは魔除けの合成怪獣である。井上章一著『名古屋と金シャチ』(NTT出版ライブラリー、二〇〇五年)参照。

詳しい前史は省略するが、日本の城の天守閣の上に雌雄一対の鯱を設置したのは、織田信長が一五七九年に建てた安土城が最初とのこと。信長はポルトガルから来たカトリックの宣教師たちをあたたかく迎えている。安土城を手本として一六一四年に徳川家康の命によって建てられた名古屋城にも金のしゃちほこが設置されることとなった。なお「天守」は古くは「天主」とも書き、キリシタンの天主（神の漢訳語）に由来する（ないしそれと関連する）という説がある。

詳論は省くが、金のしゃちほこを、名古屋人も含めて、ほとんどの（多くの）日本人が、世界に誇ることのできる文化遺産であると認識していない。金ぴかの単なる成金趣味のようなもの、くらいに、私自身も考えていた。井上氏によれば、名古屋人にとって、金のしゃちほこは、一貫して名誉や誇りの対象であったわけではない。井上氏は名古屋人ではないようである。私自身金のしゃちほこの実物を一度も見た記憶がない。

明治四年に、名古屋は金のしゃちほこを明治政府に謹呈した。尾張徳川家は明治政府に打倒された旧勢力の代表格であり、新政府への恭順の姿勢を示す貢ぎ物だった。金のしゃちほこは予想外に大きくて重かったので、名古屋から東京へ運ぶのに難儀したという。しゃちほこを受け取って保管していた宮内省は、明治五年に、湯島聖堂で開かれた日本初の博覧会にしゃちほこを目玉として出品したところ、大好評を博し、当初予定していた博覧会の期間を延長するほどの人気となったとのこと。これをうけて、しゃちほこは全国各地の博覧会から引っ張りだことなり、陳列品の花形として、全国各地を巡業してまわることになる。いわば新政府の戦利品として、世のご一新を日本中の民衆に見せつける役割を担ったのである。この事態を、名古屋人は、金シャチは新政府への人身御供として、全国各地でさらしものになっていると受け止め、悔しがって嘆いている。これは羞恥心の現れと見ることもできる。

名古屋人は名古屋(とその周辺)には誇るべき文化はないと感じて(ひそかな羞恥心を抱いて)いる。たとえば東京で何かと名古屋にまつわる事柄が嘲笑されても、黙ってうつむくほかない名古屋人気質は、おのずと「和やか」につながらざるをえない。

明治六年に、日本政府は、ウィーンで開かれた万国博覧会に、金シャチを目玉として出展した。この役割を終えた金シャチは、明治七年に一旦名古屋へ戻され、名古屋で博覧会に出品された後、再び博覧会の客寄せとして全国を巡業している。ところが、この金シャチ人気をうけて、名古屋の民間経済人の有志たちが、明治十一年に、経費負担を前提に金シャチの名古屋への返還を宮内省に嘆願し、これが認められて金シャチは名古屋へ戻されたのである。旧藩主が見捨てた城の宝を、城下の市民(町民)たちが取り戻したことになる。名古屋人の複雑で屈折したメンタリティー、コンプレックス感情がうかがわれる。

私の生年である一九四五年に、名古屋への空爆が激しくなったため、名古屋城の美術品の疎開が始まり、当局はまず狩野派の障壁画などをいち早く避難させた。それに続いて金シャチの退避の作業を進めている矢先に、空襲で金シャチ雌雄二体は名古屋城と共に焼失した。つまり、金シャチよりも狩野派の障壁画の方が優先されていたことになる。同時に、金シャチは前述の火除けの守護神としての機能を果たすことができなかったというおまけまでついたことになる。私に金シャチの思い出がないのも、生まれる直前に焼失して、十四歳近くになるまで、名古屋城も金シャチも存在していなかったためであることがわかった。

その後一九五九年に名古屋城が再建され、雌雄二体の金シャチも復元されて天守閣に飾られた。この金シャチの復元は、大阪の造幣局で行われ、大阪、京都、名古屋までの沿道、名古屋市内で、はなばなしいパレードが行われ（七、八月頃）、金シャチ人気が再燃した。ところがこの直後の一九五九年九月に名古屋を伊勢湾台風が襲い、死者行方不明者五〇〇〇人を超える未曾有の被害をもたらした。火除けの守護神であり、防火のための水の神でもあった金シャチが、水を呼び招く呪いの役割を果たしたことになる。いわば再燃したばかりの金シャチ人気は、文字どおり水を差されたことになる。祝福が呪いとなったのである。なお「中日ドラゴンズ」の母体の一つは戦中の「金《きん》鯱《こ》軍《ぐん》」であったとのこと。さらにサッカーチーム「名古屋グランパスエイト」のグランパスは「シャチ」の意の英語であり、これに名古屋のトレードマークである「八」を加えたものとのこと。「八」のマークは、熱田神宮の境内の向き合った二羽（親子？）のハトの姿をイメージしたものらしい。

名古屋にとっての誇りが同時に恥でもあり、祝福をもたらす守護神が同時に呪いでもあったことになる。名古屋城の天守閣の屋根にのっている金のしゃちほこは、ヨナ書の「大魚（怪魚）」ないしその発展形が古代ユダヤ教においてその代表役を担っている、古代の合成（合体）怪獣の系譜の中に位置付けられる。名古屋人である著者がこのことに気づかないままヨナ書の研究に目覚めてそれを続けてきたことは、全くの偶然であるが、それは同時に必然でもあったことになる。

以下、第二点。内村鑑三は一九〇三年の文章の中で、「……芸州人のごとき、長州人のごとき、奸物（土岐註：悪知恵が働く者）にあらざるはまれ」なりと断じ、続いて「……愚なる者は正に入りやすし。救済の希望絶無なる者は、知恵のある者なり。中国人のごとき、名古屋人のごとき、ほとんどこの絶望の淵に瀕する者なり」と、罵倒しこき下ろしている。いわゆる「不敬事件」のあと内村は、大阪、熊本に続いて、ミッションスクール名古屋英和学校で一八九六年から九七年にかけて四、五か月ほど英語教師として教鞭をとっている。内村の名古屋人蔑視は、この名古屋英和学校での不愉快な経験にもとづくものではないかと、推測される。四、五か月ほどという短期間で職を辞していることが、それを暗示している。名古屋英和学校は後の名古屋学院の母体であり、名古屋学院は私が中高六年間を過ごした母校である。名古屋学院の歴史年譜では、内村が同校で短期間教鞭をとっていたことを、誇り自慢している。改めて指摘するまでもなく、内村の周囲には一高東大生を中心とする「知恵のある者」たちが蝟《い》集しており、余りにもアイロニカルであり、苦笑せざるをえない。まさに愚にもつかぬ話である。

内村のいう「中国人」とは日本の本州の西部の中国地方の人のことであるが（芸州は広島県西部、長州は山口県）、これを現代の中華人民共和国（の前身としての中国）の人と誤解して、本にまとめた人があり（岩中祥史『中国人と名古屋人』。岩中氏は東大卒の名古屋人）、その本を信用して引用する人まで現れている。その本の中の引用文で、内村はくり返しChinaを「支那」と明記している。それはともかく私の恩師熊野義孝は（東京生まれであるが）長州人つまり中国人であり、ここに思いもよらない私と恩師との共通点があったことになる。本稿をまとめる過程の終盤で、熊野がヨナ書の重要性に言及して強調していることにも気づいた。もちろん内村のいうことなど何の意味もないし、気にする必要もないが、そこには、自分たちは救われた（救いに値する）キリスト教徒であり、自分の意に沿わない、気にくわない者たちを、「救済の希望絶無なる者」などと断じて切り捨てる、キリスト教に根深い体質・思考の構造（イデオロギー）が、典型的に認められる。キリスト教はキリステ教であると言う人がいるとのことであるが、むべなるかな。

主要参考文献

「聖書」を含む古典の（校訂）本文と主要な研究書・註解書については、「前稿」の参考文献表を参照。以下にはそこと本書本文中に挙げていないもののうち、主要なもののみを提示する。これらのいくつかは本文中で［　］内の形で略記する。（なお U. P. = University Press）。

Bill T. Arnold, *Genesis*.（Cambridge U. P., 2009. Reprint 2013）

G. K. Beale（ed.）, *The Right Doctrine from the Wrong Texts ?*（Grand Rapids: Baker Books,1994）

G. K. Beale and D. A. Carson（eds.）, *Commentary on the New Testament Use of the Old Testament.*（Grand Rapids: Baker Academic, 2007）

Robert Beeks, *Etymological Dictionary of Greek*. 2 Vols.（Leiden: Brill, 2010）

Adele Berlin（ed.）, *The Oxford Dictionary of the Jewish Religion*. 2nd ed.（Oxford U. P., 2011）

Hans Biedermann, translated by James Hulbert, *Dictionary of Symbolism.*（NY: Penguin Books,1994）

［Blaise］Albert Blaise, *Dictionnaire Latin-Français des Auteurs Chrétiens*.（Turnhout: Brepols, 1954）

［Clines］David J. A. Clines, *The Concise Dictionary of Classical Hebrew*.（Sheffield: Sheffield Phoenix Press, 2009）

J. J. Collins and D. C. Harlow（eds.）, *The Eerdmans Dictionary of Early Judaism*.（Grand Rapids: Eerdmans, 2010）

J. J. Collins (ed.), *The Oxford Handbook of Apocalyptic Literature*. (Oxford U. P., 2014)

Albert-Marie Denis, *Concordance Greeque des Pseudépigraphes d'Ancien Testament*. (Université Catholique de Louvain, 1987)

A. Ernout et A. Meillet, *Dictionaire Etymologique de la Langue Latine*.4e édition révision. (Paris: Éditions Klincksieck, 1985)

L. H. Feldman, *Judaism and Hellenism Reconsidered*. (Leiden: Brill, 2006)

Alberto Ferreiro, *The Twelve Prophets*. (Inter Versity Press, 2003)

J. A. Fitzmyer, *Tobit*. (Berlin, NY: Walter de Gruyter, 2003)

E. Frankel and B. P. Teutsch, *The Encyclopedia of Jewish Symbols*. (Jason Aronson Inc., 1995)

[*OLD*] P. G. W. Glare, *Oxford Latin Dictionary*. 2 Vols., 2nd ed. (Oxford U. P., 2012)

Edwin M. Good, *Irony in the Old Testament*. 2nd ed. (Sheffield: The Almond Press, 1981)

Erwin R. Goodenough, *Jewish Symbols in the Greco-Roman Period*. Abridged Edition. (Princeton U. P., 1988)

J. T. Greene, *Balaam and His Interpreters: A Hermeneutical History of the Balaam Traditions*. (Brown Judaic Studies, 1992)

Victor P. Hamilton, *The Book of Genesis*, Chapters 1-17. (Grand Rapids: Eerdmans, 1990). Chapters 18-50. (1995)

R. Hanhart (ed.), *Septuaginta*, (A. Rahlfs ed.), Revised Edition. (Stuttgart: Deutsche Bibelgesellschaft, 2006)

Thomas Harrison, *Greeks and Barbarians*. (Edinburgh U. P., 2001)

R. A. Harrisville, *Fracture: The Cross as Irreconcilable in the Language and Thought of the Biblical Writers*.

（Grand Rapids: Eerdmans, 2006）

Graham Harvey, *The True Israel.Uses of the Names Jew,Hebrew and Israel in Ancient Jewish and Early Christian Literature.* （Leiden: Brill, 1997）

［Hatch-Redpath］ Edwin Hatch and Henry A. Redpath, *A Concordance to the Septuagint……* （Oxford: Clarendon Press, 1897. Reprint 版複数あり）

Morna D. Hooker, *The Signs of a Prophet. The Prophetic Actions of Jesus.* （London: SCM Press, 1997）

S. Hornblower, A. Spawforth and E. Edidinow（eds.）, *The Oxford Classical Dictionary.* 4th.ed.（Oxford U. P., 2012）

Adam Kamesar（ed.）, *The Cambridge Companion to Philo.* （Cambridge U. P., 2009, Repr., 2010）

E. Kessler and N.Wenborn（eds.）, *A Dictionary of Jewish-Christian Relationship.* （Cambridge U. P., 2005, Paperback, 2008）

Ernest Klein, *A Comprehensive Etymological Dictionary of the English Language.* （Amsterdam: Elsevier, 1971）

Ernest Klein, *A Comprehensive Etymological Dictionary of the Hebrew Language.*（NY: Macmillan, 1987）

Miriam Leonard, *Socrates and the Jews: Hellenism and Hebraism from Moses Mendelssohn to Sigmund Freud.* （University of Chicago Press, 2012）

［LSJ］H. G. Liddell, R. Scott and H. S. Jones, *A Greek-English Lexicon.* With a revised Supplement. （Oxford: Clarendon Press, 1996）

J. Lust, E. Eynikel and K. Hauspie, *Greek-English Lexicon of the Septuagint.* Revised edition. （Stuttgart: Deutsche Bibelgesellschaft, 2003）

David Marcus, *From Balaam to Jonah: Anti-prophetic Satire in the Hebrew Bible*.（Brown Judaic Studies, 1995）

Joel Marcus, *Mark* 1-8, 8-16.（The Anchor Yale Bible. NY: Doubleday, 2000（2005）, 2009）

I. Howard Marshall, *Moulton and Geden: Concordance to the Greek New Testament*. 6th ed.（T & T Clark, 2002）

Takamitsu Muraoka, *A Greek-English Lexicon of the Septuagint*.（Louvain: Peeters, 2009）

Takamitsu Muraoka, *A Greek≈Hebrew/Aramaic Two-Way Index to the Septuagint*.（Louvain: Peeters, 2010）

Joseph Naveh, *Early History of the Alphabet*.（Jerusalem: Magness Press, 2nd ed., 1987）

Nestle-Aland, *Novum Testamentum Graece*. 28th Revised ed.（Stuttgart: Deutsche Bibelgesellschaft, 2012）

Édouard des Places, *Platon. Oeuvres Complètes, Lexique*. 2 Vols.（Paris: Société d'Édition ≪Les Belles Lettres≫, 1970）

D. T. Runia, *Philo of Alexandria. On the Creation of the Cosmos according to Moses*.（Leiden: Brill, 2001）

David Stern and Mark J. Mirsky（eds.）, *Rabbinic Fantasies*.（Yale U. P., 1990）

Kostas Vlassopoulos, *Greeks and Barbarians*.（Cambridge U. P., 2013）

B. G. Webb, *The Book of Judges*.（Grand Rapids: Eerdmans, 2012）

M. L. West, *Hesiod:Theogony and Works and Days*.（Oxford World Classics, 1988, Reissued, 2008）

M. L. West, *The East Face of Helicon: West Asiastic Elements in Greek Poetry and Myth.*（Oxford U. P., 1997. Reprint, 2003）

M. L. West, *Indo-European Poetry and Myth*.（Oxford U. P., 2007. Reprint, 2010）

主要参考文献

石上・イアゴルニッツァー・美智子『良寛と聖フランチェスコ』(考古堂書店、一九九八年)
伊藤義教『古代ペルシア』(岩波書店、一九七四年)
伊藤俊太郎『十二世紀ルネサンス』(講談社学術文庫、二〇〇六年)
大野晋(編)『古典基礎語辞典』(角川学芸出版、二〇一一年)
岡田明子・小林登志子『シュメル神話の世界』(中公新書、二〇〇八年)
國原吉之助『古典ラテン語辞典』(大学書林、二〇〇五年)
高津春繁『ギリシア・ローマ神話辞典』(岩波書店、一九六〇年)
白川静『新訂　字統』(平凡社、二〇〇四年)
白川静・梅原猛『呪の思想』(平凡社ライブラリー、二〇一一年)
高橋通男『ヘレニズムの詩とホメロス』(慶應義塾大学出版会、二〇〇五年)
竹下節子『カルトか宗教か』(文春新書、一九九九年)
月本昭男『ギルガメシュ叙事詩』(岩波書店、一九九六年)
月本昭男『この世界の成り立ちについて――太古の文書を読む』(プネウマ舎、二〇一四年)
寺澤芳雄『英語語源辞典』(研究社、一九九七年、縮刷版［第二刷］、二〇〇四年)
中村元(編)『仏教語源散策』(東京書籍、一九七七年)
中村元『古代インド』(講談社学術文庫、二〇〇四年)
羽入辰郎『マックス・ヴェーバーの犯罪』(ミネルヴァ書房、二〇〇二年)
ミハエル・バフーチン『ドストエフスキーの詩学』(ちくま学芸文庫、一九九五年)
フィロン『世界の創造』(野町・田子訳、教文館、二〇〇七年)
藤沢令夫編『プラトン全集、別巻、総索引』(岩波書店、一九七八年)(プラトンの語彙のすべて

を収録しているわけではない〕
藤縄謙三『ギリシア神話の世界観』（新潮選書、一九七一年）
舟山徹『仏典はどのように漢訳されたのか』（岩波書店、二〇一三年）
ペトロニウス、国原吉之助訳『サテュリコン』（岩波文庫、一九九一年。セネカ『アポコロキュントシス』を含む）
ホメロス、松平千秋訳『イリアス（上・下）』（岩波文庫、一九九二年）
メアリー・ボイス、山本由美子訳『ゾロアスター教』（講談社学術文庫、二〇一〇年）
前田礼子『白鯨——そのヘレニズムとキリスト教思想』（大阪教育図書、一九九四年）

コンコーダンスないしインデックスについて。フィロンについてはI. LeisegangのものとP. Borgen他二名のもの、ヨセフスについてはK. H. Rengstorfのもの、死海（クムラン）写本についてはM. G. Abegg他二名のものを、利用参照した。

定年退職の際に、狭い自宅書庫に収納できない（大学研究室所蔵の）数千冊の書籍を処分したため、今回出典にあたって再確認できない場合が少なくなかった。典拠の提示に粗密ないし遺漏が生じているのはそのためである。

あとがき

何事のおわしますかは知らねども かたじけなさに涙こぼるる　（西行。伊勢神宮にて）

序章に記したように、本書は規格外の書物である。著者は旧約聖書学者でも新約聖書学者でもなく、これらの分野に関しては「素人」である。ある分野の専門家に見えることと見えないことがあり、素人に見えることと見えないことがあるように思う。

規格外とはいえ、単なるエッセイともいえない学術書（のようなもの）をまとめるにはそれなりの知識がなければならないが、それを出版するのは無知な愚者のみである。真の愚者（賢者）は書物などは出さない。ましてや、その中でことばと書物の無力さを説く古典のことばを（同意して）引用しているに至っては、何をか言わんやである。

これまでも書いたり語ったりしてきたように、「正論」が「邪論」を駁すという構造を著者は嫌忌する。自らを相対化することにつながるからである。ただしそれは自ら（の説）を絶対化（視）することとは全く逆である。そもそも著者には自説（イデオロギー）などはない。ただ何ものかのひそかな声に耳を傾け（ようとす）るのみである。

日本語では、キリスト教界の内外を問わず、バイブル（Bible）を「聖書」と呼びならわしている。「聖書」をバイブルと呼ぶ日本人は私の周囲に多くはなく（最近はほとんどいない）、数少ないそのような人の口癖について、私自身若い頃からアメリカかぶれの浅薄とキザを感じてきた。しかし最近、「聖書」ということばが、信者であると否とを問わず日本人のBibleに関するイメージを根本的に歪めてきたように感ずる。日本語でバイブルを「聖書」と呼ぶ語法が今日につながる形で定着したのは、一九一〇年頃のことである。いわゆる「明治元訳」の完本（一八八八年）の標題は「舊新約全書」。英語にはHoly BibleとThe Holy Scripture(s)ということばがあるが、いずれについても（とりわけ前者については）Holyという形容詞をつけない方が普通であり一般的である。対応するフランス語とドイツ語でも事情はほぼ同じようである。「聖なる」書物つまり「神聖で、ありがたい」書物という含みを強くイメージさせる「聖・書」という表現よりは、むしろバイブルの方がまだましではないかと考えるに至った。バイブルの他に何かより適切なことばがあればよいのだが。

「聖・書」全体はバイブルと言い換えることができるが、「旧約聖書」(Old Testament)と「新約聖書」(New Testament)に至っては、適切な言い換え表現が存在しないので、より一層やっかいである。「旧約」と「新約」では、何か省略形の印象をぬぐえない。またそこには「新約」の「旧約」に対する、キリスト教のユダヤ教に対する、優位性の意識すらひそんでいる。これらについては近刊予定の『聖書はどのように翻訳されてきたか』(仮題、一麦出版社)の中で、具体例を挙げて考えてみたい。

本書は長期にわたるヨナ書とヨナのしるしの問題の取り組みの「とりあえずの」まとめである。あくまでも中間報告であり、暫定的なものである。これをまとめる作業は、『ユダヤ教の福音書』（教文館、二〇一三年十二月）の翻訳と、それに付した長い「解説・訳者あとがき」の執筆と並行して進められた。したがって『ユダヤ教の福音書』を含むダニエル・ボヤーリンのいくつかの著書が、本書をまとめる上で触媒の働きをしている。またシリアの南部であるフェニキアとの関係の見直しを軸にした、新たなガリラヤ理解の展望の萌芽を、本文中に示唆しておいた。健康が許せば、これを一書にまとめたいと考えている。

並行して仏教と儒教と老荘思想からの声にも耳を傾けるように努めた。邦訳聖書の歴史もそれを促している。四十年以上前にサンスクリット語を集中的に学んだのも、同じ姿勢による。なお学ばねばならない事柄の目のくらむばかりの膨大さに、圧倒されるばかりである。

同時に小岸昭氏の諸著書から多くを教えられたことを感謝をもって付記したい。それらにおいて提起されているキリスト教の抱える根本的な問題を受け止め、咀嚼し消化してことばにまとめるには、なおいささかの時間が必要である。

間口を広げると中身が浅くなるという。本書の間口が広くなったのは、複雑に入り組んだ事柄に即（そうと）したためである。その結果、当然にも記述内容について箇所によって学問的な責任の負い方に違いが生ずることとなった。素人のやや無責任な（論拠の弱い）部分については、それぞれの「専門家」からのご教示を願うこと切なるものがある。

結局、肝心なことはよくわからないことを再確認したにすぎない。割り切ら（切れ）ないこと、まとまりがつかないこと、つじつまが合わないことが、大切なのかもしれない。よくわからないことについての、わからないなりの解釈の一つの試みとしてお読みいただければ幸いである。いつものことながら、何かを書き過ぎていたり、書きたりなかったり、不適切なことばを用いていることと思う。

なお、本書に先行および続行して刊行を予定している、ジョン・テイラー著（拙訳）『西洋古典文学と聖書』と拙著『七十人訳聖書入門』（いずれも教文館）を併せてお読みいただければ幸いである。本書で言及あるいは詳説できなかった事柄について、それらが補足するであろう。後者は各論としての本書の総論に当たる。いわば各論が総論に先行することとなった。

採算を度外視して、本書の出版を進んで引き受けてくださった、一麦出版社の西村勝佳さんに心から感謝申し上げる。歴史学的文献学的な事実の積み重ねを述べるようにとの、西村さんからの忠告に応じようと努めたつもりであるが、必ずしも禁欲を徹くことができなかったかもしれない。しかしキリスト教によってこの世から「場」を奪われ続けてきた「ユダヤ人」（異者）と共に、「非・場」を生きる者、生きざるをえない「キリスト教徒」としての覚悟は大切にしたつもりである。最近の「イスラム国」を巡るきな臭い動きも、キリスト教世界から虐げられ場を奪われ続けてきたイスラム教徒の積年の思いの発露の一端であり、キリスト教と連動して形成されてきた欧米文化・社会が全世界を単独支配し続け、異者に対して暴虐の限りをつくしてきたことのつけがまわってきたのである。イスラム国の使用する武器類は、基本的にすべて欧米世界から調達したものである。欧米世界自身がまいた種である。その前のガザをめぐる紛争も、ウクライナをめぐる問題も、根は同じである。

私の出身地は「哲学（philosophia＝愛知）」県であり、私の名前はギリシア語の「ソークラテース」（ソーは「健」、クラテースは「（統）治者」の意）に通ずる。前者はもともと「あゆち」であったものが（明治以降たまたま）「あいち」となまったにすぎず、両親はソクラテスにちなんで私を命名したわけではない。しかし、私が生まれてこうして生きて（生かされて）いること自体が偶然としかいいようがなく、それは同時に私の理解を超える必然であるとしか考えようがないとすれば、そのような偶然にも何かの意味があるのかもしれない。

日本人から最も嫌われている歴史上の人物と言われる明智光秀（細川ガラシャの父親で、没落する土岐家の再興を目指していた）の縁者。

世の中を捨てて捨てえぬ心地して　都離れぬ我が身なりけり　（西行）

二〇一四年晩秋

土岐健治

ヨナのしるし――旧約聖書と新約聖書を結ぶもの

発行日……二〇一五年二月十日　第一版第一刷発行
定価……［本体二、四〇〇＋消費税］円
著者……土岐健治
発行者……西村勝佳
発行所……株式会社一麦出版社
札幌市南区北ノ沢三丁目四―一〇　〒〇〇五―〇八三二
郵便振替〇二七五〇―三―二七八〇九
電話（〇一一）五七八―五八八八　FAX（〇一一）五七八―四八八八
URL http://www.ichibaku.co.jp/
携帯サイト http://mobile.ichibaku.co.jp/
印刷……株式会社アイワード
製本……石田製本株式会社
装釘……須田照生

ISBN978-4-86325-077-2 C0016

一麦出版社の本

テゼ
――巡礼者の覚書
黙想と祈りの集い準備会編

テゼ共同体とはフランスのテゼにある超教派の男子修道会。多くの青年たちが訪れ、そこで歌われる祈りの歌は、世界中で歌われている。黙想と祈りの集い準備会の植松功氏が、霊性の日常的で、具体的な景色を語る――。
A5判変型　定価［本体1800＋税］円

永遠の泉――いま、泣いているあなたは幸いです
ジャン・バニエ　佐藤仁彦訳

ラルシュの「契り」のリトリートで語られた心打つ言葉。バニエの講話の中でも、本書はバニエの思想が最もよく表れており、人間関係を生きる真理と知恵が満ちている。
四六判　定価［本体1800＋税］円

神の揺さぶり

キリストの福音は、すべての人に対して揺さぶりをかけ、希望、勇気、喜びを与える。これこそが真実に生きる力となるのである。現代の人間の状況と問題を的確に捉え、現在の青年の実在にふれる、定評あるキリスト教入門書。A5判　定価［本体2000＋税］円

信仰のいろはをつづる――魂の解剖図と告白
――はじめてキリスト教と出合う人たちへ
伊藤悟

フラウミュンスター教会説教集I　スイスで今最も注目を集める説教者！　神のみ前に生きるわたしたちを心底肯定するメッセージ。むずかしい神学用語を用いずわかりやすい言葉で説き明かす。
四六判　定価［本体2400＋税］円

ニクラウス・ペーター　大石周平訳

あなたの怒りは正しいか
――ヨナ書講解説教
久野牧

「あなたは真に祈っていますか」と人々に問われるヨナ。それは、今日の世にある教会の姿でもある。〈内なるヨナ〉を抱えた私たちの生き方は？　いつも共にいてくださる慈しみと忍耐の神を見出す。
四六判変型　定価［本体1600＋税］円